基于主题引领和任务驱动融合的
高中历史教学

主　编：陈振晓
副主编：刘洁怡　马修松　　王　海
编　委：陈振晓　刘洁怡　　马修松　王　海
　　　　朱惠婷　班滕凌波　梁　克

湖南大学出版社
·长沙·

图书在版编目（CIP）数据

基于主题引领和任务驱动融合的高中历史教学／陈
振晓主编. -- 长沙：湖南大学出版社，2024.12
ISBN 978-7-5667-3882-0

Ⅰ. G633.512

中国国家版本馆 CIP 数据核字第 202461W0L2 号

基于主题引领和任务驱动融合的高中历史教学

JIYU ZHUTI YINLING HE RENWU QUDONG RONGHE DE GAOZHONG LISHI JIAOXUE

主　　编	陈振晓
责任编辑	崔　桐
印　　装	长沙创峰印务有限公司

开　　本：710 mm×1000 mm　1/16　印　张：22.25　字　数：342 千字
版　　次：2024 年 12 月第 1 版　　印　次：2024 年 12 月第 1 次印刷
书　　号：ISBN 978-7-5667-3882-0
定　　价：88.00 元

出 版 人：李文邦
出版发行：湖南大学出版社
社　　址：湖南·长沙·岳麓山　　邮　　编：410082
电　　话：0731-88822559（营销部），88821594（编辑室），88821006（出版部）
传　　真：0731-88822264（总编室）
网　　址：http://press.hnu.edu.cn
电子邮箱：1697604281@qq.com

序

在教育的长河中，历史这一学科以厚重的底蕴和丰富的故事吸引着我们。然而，传统的历史教学往往因缺乏活力与互动性而难以激发学生的学习兴趣。面对这一挑战，《基于主题引领和任务驱动融合的高中历史教学》一书应运而生，旨在为教师提供一种全新的视角和方法，以唤醒学生对历史的热情，并培养他们的历史思维能力。

本书的核心理念在于主题引领和任务驱动。这意味着教学设计不仅仅围绕知识点展开，还要通过精心挑选的主题来组织教学内容，使学生能够在探索具有吸引力的历史话题的过程中自然而然地掌握知识。同时，通过设计各种富有挑战性的任务，教师能够引导学生主动参与，进行合作学习，提高他们解决问题的能力和培养他们的批判性思维。

在这一理念的指导下，本书不仅介绍了如何选择和构建主题，而且展示了如何设计有效的任务，以及如何通过评价促进学生的学习。书中还融入了丰富的案例分析和实用的教学策略，帮助教师理解并运用这一教学模式。

此外，本书还强调了教师在教学过程中的角色转变的重要性。在新的教学设计中，教师不再是知识的单向传递者，而是成了教学中的引导者和协助者。他们需要更多地倾听学生的声音，关注学生的思考过程，并在必要时提供支持和引导。这样的角色转变为课堂带来了更多的互动和生命力，使历史教学变得更加生动和有意义。

　　亲爱的读者，无论您是对历史教学充满热情的教育工作者，抑或是对历史学习有着浓厚兴趣的学生，本书都将是您的宝贵财富。让我们一起翻开这本书，探索历史的深邃，体验学习的愉悦，在历史的长河中寻找智慧、获得启迪。

　　在此，我衷心希望本书能够为您的历史教学之旅或历史学习之旅带来新的思考与灵感，愿我们在历史的洪流中，发现知识的力量，感受时代的脉动。

陈振晓

2024 年 2 月

目 录

CONTENTS

上编 理论探究

第一章 主题式教学的理论与实践 ·············· 003

第一节 主题式教学的基本认识 ·············· 004

第二节 高中历史主题式教学的实施 ············ 011

第二章 问题链教学的理论与方法 ·············· 023

第一节 问题链设计教学的理论基础 ············ 023

第二节 问题链的设计技巧与误区 ············· 029

第三章 高中"主题+问题链"互动式教学法的理论与实践 ········ 048

第一节 "主题+问题链"互动式教学法的理论 ········· 048

第二节 "主题+问题链"互动式教学法的优势 ········· 050

第三节 "主题+问题链"互动式教学法的设计技巧 ······· 051

第四节 "主题+问题链"互动式教学法的设计误区 ······· 053

第五节 "主题+问题链"互动式教学法的未来 ········· 059

附 "主题+问题链"互动式教学案例 ·········· 060

下编 教学设计

第四章 《中外历史纲要(上)》教学设计 ……………………… 075

第一节 "中华文明的起源与早期国家"教学设计 ……………… 075

第二节 "诸侯纷争与变法运动"教学设计 …………………… 078

第三节 "秦统一多民族封建国家的建立"教学设计 ………… 081

第四节 "西汉与东汉——统一多民族封建国家的巩固"教学
设计 …………………………………………………… 084

第五节 "三国两晋南北朝的政权更迭与民族交融"教学
设计 …………………………………………………… 087

第六节 "从隋唐盛世到五代十国"教学设计…………………… 089

第七节 "隋唐制度的变化与创新"教学设计………………… 092

第八节 "三国至隋唐的文化"教学设计 …………………… 095

第九节 "两宋的政治和军事"教学设计 …………………… 097

第十节 "辽夏金元的统治"教学设计 ……………………… 100

第十一节 "辽宋夏金元的经济、社会与文化"教学设计 ……… 103

第十二节 "从明朝建立到清军入关"教学设计……………… 105

第十三节 "清朝前中期的鼎盛与危机"教学设计…………… 108

第十四节 "明至清中叶的经济与文化"教学设计…………… 110

第十五节 "两次鸦片战争"教学设计 ……………………… 113

第十六节 "国家出路的探索与列强侵略的加剧"教学设计 …… 116

第十七节 "挽救民族危亡的斗争"教学设计………………… 119

第十八节 "辛亥革命"教学设计 …………………………… 122

第十九节 "北洋军阀统治时期的政治、经济与文化"教学
设计 …………………………………………………… 124

第二十节 "五四运动与中国共产党的诞生"教学设计 ………… 127

第二十一节 "南京国民政府的统治和中国共产党开辟革命新道路"

　　　　　教学设计 …………………………………………… 129

第二十二节 "从局部抗战到全国抗战"教学设计 ……………… 132

第二十三节 "全民族浴血奋战与抗日战争的胜利"教学

　　　　　设计 …………………………………………………… 134

第二十四节 "人民解放战争"教学设计 ………………………… 137

第二十五节 "中华人民共和国成立和向社会主义的过渡"教学

　　　　　设计 …………………………………………………… 140

第二十六节 "社会主义建设在探索中曲折发展"教学设计 …… 143

第二十七节 "中国特色社会主义的开创与发展"教学设计 …… 146

第二十八节 "改革开放和社会主义现代化建设的巨大成就"教学

　　　　　设计 …………………………………………………… 148

第二十九节 "中国特色社会主义进入新时代"教学设计 ……… 151

第三十节 "新时代中国特色社会主义的伟大成就"教学

　　　　　设计 …………………………………………………… 154

第五章 《中外历史纲要(下)》教学设计 ………………………… 157

第一节 "文明的产生与早期发展"教学设计 ………………… 157

第二节 "古代世界的帝国与文明的交流"教学设计 ………… 159

第三节 "中古时期的欧洲"教学设计 ………………………… 162

第四节 "中古时期的亚洲"教学设计 ………………………… 164

第五节 "中古时期的非洲与美洲"教学设计 ………………… 167

第六节 "全球航路的开辟"教学设计 ………………………… 169

第七节 "全球联系的初步建立与世界格局的演变"教学

　　　　设计 …………………………………………………… 171

第八节　"欧洲的思想解放运动"教学设计 …………………… 174

第九节　"资产阶级革命与资本主义制度的确立"教学设计 …… 176

第十节　"影响世界的工业革命"教学设计 …………………… 178

第十一节　"马克思主义的诞生与传播"教学设计 …………… 181

第十二节　"资本主义世界殖民体系的形成"教学设计 ……… 183

第十三节　"亚非拉民族独立运动"教学设计 ………………… 185

第十四节　"第一次世界大战与战后国际秩序"教学设计 …… 187

第十五节　"十月革命的胜利与苏联的社会主义实践"教学
　　　　　设计 …………………………………………………… 190

第十六节　"亚非拉民族民主运动的高涨"教学设计 ………… 192

第十七节　"第二次世界大战与战后国际秩序的形成"教学
　　　　　设计 …………………………………………………… 195

第十八节　"冷战与国际格局的演变"教学设计 ……………… 197

第十九节　"资本主义国家的新变化"教学设计 ……………… 200

第二十节　"社会主义国家的发展与变化"教学设计 ………… 202

第二十一节　"世界殖民体系的瓦解与新兴国家的发展"教学
　　　　　　设计 ………………………………………………… 205

第二十二节　"世界多极化与经济全球化"教学设计 ………… 207

第二十三节　"和平发展与合作共赢的时代潮流"教学设计 …… 210

第六章　《选择性必修1》教学设计 ……………………………… 213

第一节　"中国古代政治制度的形成与发展"教学设计 ……… 213

第二节　"西方国家古代和近代政治制度的演变"教学设计 …… 216

第三节　"中国近代至当代政治制度的演变"教学设计 ……… 219

第四节　"中国历代变法和改革"教学设计 …………………… 222

第五节　"中国古代官员的选拔与管理"教学设计 …………… 224

第六节 "西方的文官制度"教学设计 …………………………… 228

第七节 "近代以来中国的官员选拔与管理"教学设计 ………… 231

第八节 "中国古代的法治与教化"教学设计 …………………… 234

第九节 "近代西方的法律与教化"教学设计 …………………… 236

第十节 "当代中国的法治与精神文明建设"教学设计 ………… 239

第十一节 "中国古代的民族关系与对外交往"教学设计 ……… 241

第十二节 "近代西方民族国家与国际法的发展"教学设计 …… 243

第十三节 "当代中国的民族政策"教学设计 …………………… 246

第十四节 "当代中国的外交"教学设计 ………………………… 249

第十五节 "货币的使用与世界货币体系的形成"教学设计 …… 252

第十六节 "中国赋税制度的演变"教学设计 …………………… 255

第十七节 "中国古代的户籍制度与社会治理"教学设计 ……… 258

第十八节 "世界主要国家的基层治理与社会保障"教学

设计 ………………………………………………… 260

第七章 《选择性必修2》教学设计 ……………………………… 264

第一节 "从食物采集到食物生产"教学设计 …………………… 264

第二节 "新航路开辟后的食物物种交流"教学设计 …………… 266

第三节 "现代食物生产、储备与食品安全"教学设计 ………… 269

第四节 "古代的生产工具与劳作"教学设计 …………………… 271

第五节 "工业革命与工厂制度"教学设计 ……………………… 273

第六节 "现代科技进步与人类社会发展"教学设计 …………… 276

第七节 "古代的商业贸易"教学设计 …………………………… 279

第八节 "世界市场与商业贸易"教学设计 ……………………… 282

第九节 "20世纪以来人类的经济与生活"教学设计 …………… 285

第十节 "古代的村落、集镇和城市"的教学设计 ……………… 288

第十一节 "近代以来的城市化进程"教学设计 ……………… 291

第十二节 "水陆交通的变迁"教学设计 …………………… 294

第十三节 "现代交通运输的新变化"教学设计 …………… 297

第十四节 "历史上的疫病与医学成就"教学设计 ………… 299

第十五节 "现代医疗卫生体系与社会生活"教学设计 ………… 302

第八章 《选择性必修3》教学设计 ……………… 305

第一节 "中华优秀传统文化的内涵与特点"教学设计 ………… 305

第二节 "中华文化的世界意义"教学设计 …………… 307

第三节 "古代西亚、非洲文化"教学设计 …………… 310

第四节 "欧洲文化的形成"教学设计 ………………… 313

第五节 "南亚、东亚与美洲的文化"教学设计 …………… 316

第六节 "古代人类的迁徙和区域文化的形成"教学设计 ……… 319

第七节 "近代殖民活动和人口的跨地域转移"教学设计 ……… 321

第八节 "现代社会的移民和多元文化"教学设计 …………… 324

第九节 "古代的商路、贸易与文化交流"教学设计 ………… 326

第十节 "近代以来的世界贸易与文化交流的扩展"教学

设计 ……………………………………… 329

第十一节 "古代战争与地域文化的演变"教学设计 ………… 331

第十二节 "近代战争与西方文化的扩张"教学设计 ………… 334

第十三节 "现代战争与不同文化的碰撞和交流"教学设计 …… 337

第十四节 "文化传承的多种载体及其发展"教学设计 ………… 339

第十五节 "文化遗产：全人类共同的财富"教学设计 ………… 342

上 编

理 论 探 究

第一章　主题式教学的理论与实践

传统的教学设计是以课文内容的授受为基本过程和主要环节的，这种设计思路不适于高中新方案、新课程、新教材的教学，而且也不可能完成教学任务，必须进行改变。这就要以核心素养导向的学习设计替代知识记诵导向的教学设计，使历史教学的过程围绕着学生对历史问题的自主探究来展开。这种以学生自主探究为特征的教学过程，主要由情境创设、问题引领和任务驱动、材料研习、自主探讨和交流提升等几个环节构成，重在学生学习活动的展开，以及在认识和解决历史问题的过程中核心素养的提升。

——叶小兵《钻研新教材，用好新教材——统编高中历史必修教材使用的若干建议》

诚如叶小兵教授所说，历史教学的过程要围绕学生对历史问题的自主探究来展开。这种以主题为引领的教学方式，能够改善历史教学现状，提高学生解决问题的能力，帮助学生成长。本章节旨在探讨高中历史主题式教学模式的现状与挑战，并提出一些可行性的建议，以期为教学实践提供有益的参考。

第一节　主题式教学的基本认识

一、主题式教学的概念

主题式教学（thematic teaching）是一种以学生为中心，围绕某一主题或核心概念设置教学内容和组织教学活动的教学方法。这种教学方法超越了传统的以学科为中心的教学方式，强调跨学科的融合与协作，旨在通过深入探究某一主题或问题，培养学生的综合能力和批判性思维。

在主题式教学模式中，主题是教学的核心，它通常与学生生活、社会热点或科技发展等密切相关，能够引起学生的兴趣和共鸣。教师根据主题内容，整合不同学科的知识和技能，设计一系列富有挑战性和探索性的学习活动。这些活动可能包括课堂讨论、小组合作、项目研究、实地考察等，旨在引导学生主动参与、积极思考、创新实践。

主题式教学模式强调学生的主体性，鼓励学生自主探究和合作学习。在教师的引导下，学生围绕具体主题展开学习，通过收集资料、分析问题、提出假设、进行实验等方式，逐步深入理解主题内容。在这个过程中，学生不仅掌握了相关的知识和技能，还学会了如何运用这些知识和技能解决实际问题。此外，主题式教学模式还注重培养学生的综合素质和跨学科思维。通过跨学科的学习和实践，学生能够更好地理解和应对现实生活中的复杂问题。同时，这种教学模式也有助于提升学生的创新思维和批判性思维能力，使他们在未来的学习和工作中更具竞争力。

总之，主题式教学模式是一种以学生为中心、以主题为核心、强调跨学科融合的教学方式。它有助于激发学生的学习兴趣和动力，提升他们的综合能力和素养，为培养具有创新精神和实践能力的人才提供有力支持。

二、主题式教学的产生与发展

主题式教学的历史渊源与发展可以追溯到多个阶段。19 世纪末至 20

世纪初，教育者开始探索新的教学方式以应对日益复杂的教育环境。在这一背景下，主题式教学的理念开始萌芽。其核心理念在于通过针对特定主题的深入学习和思考，提升学生的综合素质和思维能力。20 世纪初期，主题式教学的理念逐渐传播到世界各地。许多教育者开始尝试将主题教育应用于不同的学科和领域，如科学、人文、艺术等。这种尝试不仅扩大了主题式教学的应用范围，也进一步丰富了其内涵和形式。同时，关于主题教育的理论研究和实践研究也开始涌现，为这一教育模式的进一步发展提供了有益的启示。到了 20 世纪中叶以后，主题式教学在全球范围内得到了更为广泛的关注和应用。随着人们对教育质量和效果的追求不断提高，主题式教学的优势逐渐凸显出来。它能够激发学生的学习兴趣，提高其主动性，培养他们的综合素质和创新能力，因此备受推崇。在一些国家和地区，主题教育甚至被纳入基础教育课程体系中，成为主流教育方式之一。进入 21 世纪以后，主题式教学得到了进一步发展和完善。它强调跨学科整合，将不同学科的知识内容围绕一个主题进行有机组合，使学生能够在学习中进行学科间的综合应用。同时，主题式教学也注重现实生活应用，关注学生的生活经验和现实问题，将学习内容与学生的日常生活紧密结合，增强学习的可操作性和实用性。此外，学生主动探究也是主题式教学的重要特点，它强调学生的主动性和参与度，通过启发式、探究性的学习活动，激发学生的自主学习兴趣，提高其积极性。

总的来说，主题式教学的历史发展经历了一个不断探索和实践的过程。随着教育理念的不断更新和教育技术的不断进步，主题式教学将继续发展和完善，为培养具有综合素质和创新能力的人才发挥更大的作用。

三、主题式教学的理论基础

主题式教学的理论基础是多元且相互融合的，这些理论共同为主题式教学提供了坚实的支撑和指导，有助于教师更好地理解和实施教学，促进学生的全面发展。

1. 建构主义

建构主义理论是一种关于知识和学习的理论，它强调学习者的主动性，认为学习是学习者基于原有的知识经验生成意义、建构理解的过程，这一过程常常是在与社会文化的互动中完成的。建构主义理论在教育、心理学以及组织管理等领域都有广泛的应用。在主题式教学中主要体现以下建构主义思想。

（1）知识观：知识不是客观的东西，而是主体的经验、解释和假设，是人在实践活动中面对新事物、新现象、新信息、新问题所作出的暂定性的解释和假设。

（2）学习观：学习不是被动地接受信息，而是学习者主动建构知识的意义，生成自己的经验、解释、假设。每个人根据自己的经验和对经验的信念来理解和解释世界，因此每个人对外部世界的理解可能都有所不同。

（3）教学观：根据建构主义的知识观和学习观，教师不仅是知识的传递者，而是扮演引导者和促进者的角色。学生被鼓励积极参与、探索和实践，通过与他人合作、讨论和反思来建构自己的知识体系。

总的来说，建构主义理论提供了一种全新的视角来看待知识和学习，强调了学习者的主动性和与社会文化互动的重要性，对于深化我们对学习和教育的理解具有重要意义。

2. 人本教学理论

人本教学理论是在人本主义学习观的基础上形成并发展起来的，它根植于自然人性论，强调人的本性、潜能、价值和自我实现。人本教学理论主要观点体现为学生中心观、潜能发展观、情感与认知并重、自由与责任并行。

（1）学生中心观：该理论主张教学应以学生为中心，尊重并理解学生的需求和兴趣，关注学生的个体差异，以促进学生的全面发展和个性成长。

（2）潜能发展观：人本教学理论强调每个人都有发展自己潜力的能力和动力，教学应致力于激发学生的潜能，帮助他们实现自我价值。

（3）情感与认知并重：人本教学理论不仅关注学生的认知发展，还注重学生的情感教育和价值观念的培养，以使学生形成健全的人格。

（4）自由与责任并行：在教学中，人本教学理论提倡为学生提供自由的心理氛围，鼓励他们自主学习，同时培养他们的社会责任感和公民意识。

人本教学理论在教学方法上也有所体现，如合作学习、情感教学、探究式教学等，这些教学方法都旨在激发学生的学习兴趣，增强他们的学习动力，培养他们的创新能力和实践能力。

3. 合作学习理论

合作学习理论主要基于社会学和心理学的角度，研究学习者的学习活动中各种因素的作用，从而提出在教学活动中进行合作学习的理论。合作学习理论的核心观点是，在教学活动中应鼓励全体学生共同进行学习，加强学生之间的交流，以达到全体学生共同发展、师生教学相长的目的。其特点可以概括为互动性、自主性、探究性、团体性、个性化。

（1）互动性：合作学习强调团队合作，通过学生之间的互动和交流，达到共同学习、共同进步的目的。

（2）自主性：合作学习鼓励学生自主探索、自主思考，通过自己的努力解决问题，从而培养其独立思考和解决问题的能力。

（3）探究性：合作学习注重学生对问题的探究，鼓励他们通过团队合作的方式寻找答案，并在这个过程中相互启发、相互学习，培养学生的创新思维和批判性思维。

（4）团体性：合作学习注重团队成员之间的配合和协作，强调团队的集体努力。每个成员在团队中都有自己的角色和职责，通过合作实现共同的目标。

（5）个性化：合作学习尊重每个学生的个性差异和特点，允许他们在团队中发挥自己的优势和特长。

在实施合作学习时，教师需要注意小组的有效管理和活动的合理安排，确保学生能够真正参与到合作学习中，实在现提高学习效果和培养合作能力的目标。评估合作学习的效果时，可以通过观察学生的互动情况、听取学生的自我评价、评估学生的参与度和贡献度，以及观察学生的个人发展等多种方式进行。这些评估方法可以帮助教师全面了解学生在合作学习中的表现，从而调整教学策略，进一步提升教学效果。

总的来说，合作学习理论为现代教学提供了一种有效的方法，有助于培养学生的团队合作精神、创新能力和解决问题的能力，同时也能够促进学生之间的交流和互动，提升教学质量。

4. 有价值学习理论

有价值学习理论主要关注如何使学习过程对学习者产生真正的价值和意义。这一理论强调学习者的主动性、参与性和对知识的深度理解与应用，而非仅仅停留在知识的表面记忆或应试技巧上。有价值学习理论的主要观点体现在学习者的主动性、深度理解与应用、情境化学习、反思与评估、终身学习等方面。

（1）学习者的主动性：有价值学习理论认为，学习者应该是学习过程的积极参与者，而非被动接受者。学习者需要主动探索、发现、思考和应用知识，通过解决问题和完成任务来深化对知识的理解。

（2）深度理解与应用：有价值学习不仅仅关注对知识的记忆，更强调对知识的深度理解和应用。学习者需要将所学知识与实际情境相结合，解决现实生活中的问题，这样才能真正体现学习的价值。

（3）情境化学习：有价值学习理论强调学习应该在真实的或模拟的情境中进行，这样有助于学习者更好地理解和应用知识。通过情境化学习，学习者可以将所学知识与实际经验相结合，形成更加深刻的认知。

（4）反思与评估：有价值学习理论认为，反思和评估是学习过程中不可或缺的部分。学习者需要定期回顾自己的学习过程和成果，分析自己的优点和不足，以便及时调整学习策略和方法，提升学习效果。

（5）终身学习：有价值学习理论还强调终身学习的观念。随着社会的不断发展和变化，学习者需要不断更新知识、拓展技能，以适应新的需求和挑战。

总的来说，有价值学习理论旨在帮助学习者实现深度学习、提高问题解决能力，并培养终身学习的习惯。这一理论对于教育工作者和学习者来说都具有重要的指导意义。

四、高中历史主题式教学的优势

作为一种新型的教学方法，主题式教学近年来逐渐受到教育工作者的关注与推崇。它以鲜明的主题为核心，整合相关教学内容与资源，通过师生围绕主题开展的一系列探究活动，有效地促进了教学目标的达成。其在高中历史教学中的优势主要体现在以下几个方面。

1. 激发学生兴趣，提升学习动力

高中历史主题式教学以生动、有趣的主题为引导，将枯燥的历史知识转化为富有吸引力的学习内容。通过选择与学生生活紧密相关、具有时代意义的主题，如"近代中国的社会变革""全球化时代的国际关系"等，能够激发学生的学习兴趣和好奇心，使他们更加主动地投入到历史学习中来。

此外，主题式教学注重学生的参与和体验，通过组织丰富多彩的教学活动，如角色扮演、模拟辩论、实地考察等，让学生在亲身参与中感受历史的魅力，从而进一步提升学习动力。

2. 深化历史理解，培养历史思维

传统的高中历史教学往往注重知识的灌输和机械记忆，导致学生对历史事件的理解只能停留在表面。而主题式教学则注重引导学生深入探究历史事件的背景、原因和影响，帮助他们形成对历史的全面、客观的认识。

通过围绕主题开展的一系列探究活动，学生可以更加深入地了解历史事件的复杂性和多面性，学会从多个角度思考问题，培养历史思维。同时，主题式教学还鼓励学生进行批判性思考，对历史问题进行独立思考和判断，从而提升他们的思维能力和创新能力。

3. 促进跨学科学习，拓宽知识视野

历史学科与其他学科之间存在着密切的联系。主题式教学通过整合不

同学科的知识和资源，实现了历史与其他学科的有机融合。例如，在探讨"文艺复兴时期的欧洲"这一主题时，可以引入文学、艺术、哲学等多个学科的内容，帮助学生从多个角度理解这一时期的文化和社会变革。

这种跨学科的学习方式不仅有助于拓宽学生的知识视野，还能提升他们综合运用知识的能力。学生在探究主题的过程中，需要运用不同学科的知识和方法，这有助于培养他们的综合素质和创新能力。

4. 强化学生的主体性，培养自主学习能力

在传统的高中历史教学中，教师往往占据主导地位，学生处于被动接受知识的状态。主题式教学强调学生的主体性和参与性，鼓励学生积极参与到教学活动中来。

在主题式教学中，教师需要设计富有挑战性的学习任务，引导学生主动探究、合作学习。学生需要在教师的指导下，通过查阅资料、分析问题、讨论交流等方式，独立完成学习任务。这种教学方式有助于培养学生的自主学习能力和合作精神，为他们未来的学习和生活奠定坚实的基础。

5. 提升教学实效性，促进师生共同成长

高中历史主题式教学以主题为核心，将教学内容进行有机整合，使得教学更加具有针对性和实效性。通过围绕主题开展的一系列探究活动，学生能够更加深入地理解历史知识，掌握历史学习方法。同时，教师在教学过程中也能够不断反思和调整教学策略，提升教学水平。

此外，主题式教学还促进了师生之间的交流和互动。在探究主题的过程中，师生之间共同讨论、合作解决问题，这有助于建立和谐的师生关系，促进师生共同成长。

综上所述，高中历史主题式教学具有多方面的优势。它能够激发学生的学习兴趣和动力，深化他们对历史的理解，培养他们的历史思维。同时，主题式教学还能够促进跨学科学习，拓宽学生的知识视野，强化学生的主体性，培养自主学习能力。最终，这种教学方式将提升教学的实效性，促进师生共同成长。因此，我们应该积极推广和应用高中历史主题式教学，为培养具有历史素养和创新精神的人才贡献力量。

第二节　高中历史主题式教学的实施

一、高中历史主题式教学的基本原则

1. 主题核心原则

历史主题式教学中的主题核心原则，是指整个教学过程应紧密围绕所选的历史主题进行，确保所有教学活动、内容设计和学生的学习体验都聚焦于该主题。这一原则的核心在于凸显主题的统领性，深化学生对历史主题的理解，并培养他们的历史思维与素养。

首先，主题核心原则要求教学活动紧密围绕历史主题展开。从课堂导入到内容讲解，从案例分析到讨论交流，每一个环节都应与主题紧密相关，形成一条清晰的教学主线。这样有助于学生在学习中形成对主题的整体认识，避免知识的零散和碎片化。其次，主题核心原则强调对历史主题的深入挖掘。教师需要对所选主题进行深入研究，了解其背景、内涵、影响等方面，并引导学生从不同角度、不同层面进行探究。通过深入挖掘，学生可以更加全面地了解历史主题，把握其本质和精髓，从而提升对历史的理解与认识。此外，主题核心原则还注重培养学生的历史思维与学科素养。通过围绕历史主题展开的学习与探究，学生可以学会运用历史思维分析问题、解决问题，培养批判性思维、创新精神和人文素养。这不仅有助于学生在历史学科中取得更好的成绩，还能为他们的全面发展打下坚实基础。

在运用主题核心原则时，教师需要注意以下几点：一是要确保所选历史主题的适宜性和价值性，主题应既符合课程要求，又能引起学生的兴趣；二是要设计富有启发性和挑战性的教学活动，引导学生主动探究、积极思考；三是要注重学生的参与和体验，让他们在活动中感受历史的魅力，提升学习的效果。

总之，历史主题式教学中的主题核心原则能够帮助学生更加深入地理解和掌握历史知识，提升他们的历史思维与素养。在实际教学中，教师应充分遵循这一原则，确保历史教学的质量和效果。

2. 教学整合原则

历史主题式教学的教学整合原则主要强调在教学过程中，对各类教学资源和要素进行有效整合，以形成一个完整、连贯且富有深度的教学体系。这一原则旨在打破传统教学中知识碎片化的现象，通过整合不同历史阶段、不同主题间的相关知识，形成一个具有内在逻辑关联的整体，帮助学生建立对历史全面深入的理解。

具体而言，历史主题式教学的教学整合原则包括以下几个方面：首先，内容资源的整合，这包括教学内容整合、学生新旧认知整合以及课内外资源整合。教学内容整合要求以教学主题为核心，将相关的教材知识进行系统梳理和整合，形成具有内在逻辑联系的知识体系。学生新旧认知整合则关注学生在学习过程中新旧知识的联系与衔接，促进知识的内化与迁移。课内外资源整合则强调将课堂教学与课外实践活动、历史文化资源等相结合，拓展学生的学习视野和实践能力。其次，师生活动的整合，在主题式教学模式下，教师不再是单纯的知识传授者，而是教学的引导者、合作者和促进者。学生则从传统的知识接受者转变为知识建构者。通过有效互动和合作，师生共同参与到教学主题的探究和学习中，实现教学相长。最后，教学时空的整合，历史主题式教学需要打破传统课堂的时空限制，充分利用现代信息技术手段，构建线上线下相结合的教学环境。通过线上资源的共享和线下实践活动的组织，让学生在不同的时间和空间内都能进行有效的学习。

通过遵循教学整合原则，历史主题式教学能够帮助学生更好地理解历史知识的内在逻辑联系和发展脉络，提高学生的历史文化素养和批判性思维能力。同时，也能促进教师不断更新教学理念和方法，提升教学效果和教学质量。

3. 以学生为中心原则

历史主题式教学以学生为中心的原则主要体现在以下几个方面。首先，教学设计应充分尊重学生个体差异。每个学生都有独特的学习风格、兴趣和能力，因此，在历史主题式教学中，教师应根据学生的差异为其提供个性化的学习机会和资源。这有助于激发学生的学习积极性和主动性，使他们在学习过程中能够更好地发挥自己的优势。其次，教学方法应致力于激发学生的学习动机。通过提供有趣、具有挑战性的学习任务，教师可以激发学生的兴趣和求知欲，从而提高他们的学习积极性。这有助于学生更加深入地了解历史主题，并主动发现、探索和理解历史知识。此外，历史主题式教学还应注重促进学生的合作与交流。通过小组合作学习等方式，学生可以相互协作、分享知识和经验，培养团队合作精神和沟通能力。这不仅有助于拓宽学生的视野和改进思维方式，还能让他们在合作中共同成长和进步。最后，教师应扮演引导者和促进者的角色，引导学生自主学习。在历史主题式教学中，教师应鼓励学生主动发现、探索和理解知识，培养他们的自主学习能力。通过个性化的任务和探究性学习，学生可以充分发挥自身优势，提高解决问题的能力和培养创新思维。

综上所述，历史主题式教学主题核心、教学整合、以学生为中心的原则强调尊重个体差异、激发学习动机、促进合作与交流以及引导学生自主学习。这些原则共同构成了历史主题式教学的核心理念，有助于提高学生的历史学科能力和思维能力，促进他们的全面发展。

二、高中历史主题式教学的实施过程

1. 合理分析确定主题

主题式教学的关键是制定合理恰当的主题。那么如何确定合适的主题，教师可以从以下几个方面入手。

（1）分析课程标准，确立教学主题

研读课程标准，确立高中历史教学主题是一个至关重要的过程，它确保了教学内容的准确性和教学目标的明确性。首先，教师需要对高中历史课程标准进行全面的研读，理解其整体框架和核心理念。这包括对课程目标、课程内容、教学建议、评价建议等方面进行深入了解。通过研读，教师可以对历史教学的整体要求有一个清晰的认识。其次，在全面研读的基础上，教师需要进一步提炼课程标准中的关键内容与要求。这包括重要的历史事件、历史人物、历史概念等，以及课标对学生历史素养、思维能力、情感态度等方面的具体要求。这些关键内容与要求将为确立教学主题提供重要的参考。再次，在提炼关键内容与要求后，教师需要分析哪些内容适合作为教学主题。教学主题应具有一定的代表性、启发性和综合性，能够涵盖多个历史事件、人物或概念，并有助于培养学生的历史素养和思维能力。同时，教师还需要考虑教学主题的可行性，确保它符合学生的认知水平和兴趣特点。最后，通过分析，教师可以初步确定几个可能的教学主题。接下来，教师需要对这些主题进行进一步的筛选和比较，确定一个最符合课标要求、最有利于达成教学目标的主题。

（2）结合教学内容，确立教学主题

合理的主题一定是围绕教学内容展开的。它有助于教师从教材中提取核心信息，构建有针对性的教学框架。首先，教师需要全面研读教材，了解教材的整体结构和内容安排。在研读教材的基础上，教师需要进一步分析教材的重点和难点。在了解教材的重点和难点后，教师需要进一步提炼教材的主题思想。其次，通过提炼主题思想，教师可以更加清晰地把握教材的主旨，为后续的教学设计提供指导。然后，教师还需要结合学科特点和教学目标来确定主题。最后，教师需要对以上步骤进行综合分析和调整。根据教材的内容、学科特点、教学目标和学生实际情况，教师可以对初步确立的主题进行进一步的完善和优化。这包括调整主题的表述方式、增加或删除相关内容等，以确保主题的准确性和有效性。

通过以上步骤，教师可以围绕教材确立出具有针对性、准确性和有效性的教学主题。这将有助于教师更好地把握教学内容，提高教学效果，促进学生的全面发展。

（3）根据学生学情，确立教学主题

新课改之下，突出以学生为中心的导向，所以主题的设定要重点考虑学生的学情，确保教学主题能够充分符合学生的需求、兴趣和能力，从而激发他们的学习动力，提升学习效果。

以学生为中心确立教学主题的原则强调关注学生的需求、兴趣和能力，注重培养他们的关键能力和跨学科素养，同时鼓励他们积极参与教学过程并提供及时的反馈与调整。

（4）联系时政热点，确立教学主题

联系时政热点，确立教学主题是一个很好的教学策略，可以帮助学生更好地理解当前的社会、经济、文化和科技等方面的动态，并提高他们的批判性思维和解决问题的能力。

联系时政热点，确立教学主题需要教师对当前的社会动态有敏锐的洞察力，同时还需要教师具备深厚的学科知识和教学技能。通过这种方法，教师可以帮助学生将课堂知识与现实世界联系起来，提高他们的学习兴趣和参与度。

2. 根据主题明确教学目标

在高中历史主题式教学实施过程中，根据主题明确教学目标是至关重要的一步。首先，教师需要仔细研读课程标准，这是确定教学目标的根本依据。课程标准体现了国家对高中学生历史学习的基本要求，包括知识与技能、过程与方法、情感态度与价值观三个维度的目标。通过研读课程标准，教师可以明晰课程的三维目标，确保教学目标的全面性和整体性。其次，在确定教学主题后，教师需要深入分析主题内容，提炼出教学要点。这些教学要点应涵盖主题所涉及的核心知识、关键能力和情感态度与价值观。通过分析主题内容，教师可以明确哪些知识点是学生必须掌握的，哪些能力是需要培养的，以及哪些情感态度与价值观是需要引导的。再次，在明确教学要点的基础上，教师需要结合学生的实际情况，设计具体的教学目标。这些目标应具有可操作性和可检测性，能够指导学生的学习和教师的教学。最后，教学目标的设计应具有层次性和系统性。通过层次性和系统性的设计，教师可以帮助学生更好地理解和掌握历史知识，提高他们的历史素养和综合能力。

3. 围绕主题进行教学设计

（1）基于主题的情景创设

基于教学主题下的情景创设是教学设计中一项重要而富有创意的任务。通过创设与主题紧密相关的情景，教师可以帮助学生更好地理解和感受教学内容，激发学生的学习兴趣和积极性。

下面是一些基于教学主题进行情景创设的方法：第一，可以选择与主题相关的历史事件或故事作为背景，创设相应的情景。例如，如果教学主题是"近代中国的社会变革"，可以选取辛亥革命、五四运动等关键事件，通过讲述这些事件的过程和影响，引导学生进入历史情境，感受当时的社会氛围和变革动力。第二，可以模拟现实场景进行情景创设。比如，在教学"五四运动"这一主题时，可以组织学生进行角色扮演，模拟学生、工人、商人、列强等各方在巴黎和会前后的表现，身临其境地去感悟历史。第三，教师可以利用图片、视频、音频等多媒体素材，为学生呈现一个生动、直观的教学场景。例如，在教学"文艺复兴"这一主题时，可以展示文艺复兴时期的绘画、雕塑等艺术作品，让学生感受那个时代的文化气息和艺术魅力。第四，通过设计互动游戏或活动，让学生在轻松愉快的氛围中学习和理解主题。比如，教学历史上的重要战役时，教师可以引导学生分组扮演不同势力的军队，通过制定战略、调配兵力、进行战斗等方式，重现战役的整个过程。这种方式不仅可以帮助学生了解战役的经过和结果，还可以培养他们的团队协作和策略思考能力。第五，将现实生活中的案例引入教学情景中，可以使学生更加关注现实问题，增强学习的实用性和针对性。例如，在教学"经济全球化"这一主题时，可以引入当前国家经济发展的热点话题或政策，引导学生分析经济发展的影响因素和未来趋势。

通过以上方法，教师可以创设出与主题紧密相关、生动有趣的教学情景，帮助学生更好地理解和感受教学内容，增强教学效果，提高教学质量。同时，情景创设也有助于激发学生的学习兴趣，提高其积极性，培养他们的探究精神和创新能力。

（2）问题引领下的合作探究

在主题式教学下，问题设置和合作探究是两个至关重要的环节。它们不仅能够帮助学生深入理解主题，还能提升他们的合作能力和解决问题的能力。

在问题设置和合作探究的结合中，教师需要注意以下几点：第一，确保问题与主题紧密相关，能够引导学生深入探究主题内容。第二，鼓励学生在合作探究中发挥自己的特长和优势，同时也要学会倾听和尊重他人的观点。第三，教师要在探究过程中给予适当的指导和支持，帮助学生解决遇到的困难和问题。第四，及时总结和评价学生的表现，肯定他们的努力和成果，同时也要指出存在的问题和不足，引导他们进一步完善和提高。通过问题设置和合作探究的结合，主题式教学能够更有效地促进学生的学习和发展，提升他们的综合素质和能力。

（3）依据史料来完善教学

史料对于历史主题式教学的作用至关重要，主要体现在以下几个方面。

首先，史料是构建历史主题式教学的基础。历史主题式教学强调围绕特定的主题来设置教学内容，而史料则是构建这些主题的基石。通过搜集、整理和分析相关史料，教师可以清晰地勾勒出历史主题的脉络，为学生呈现出一个完整、连贯的历史画面。

其次，史料能够增强学生的历史感知。史料通常以原始、生动的形式展现历史事件和人物，包括文字、图片、视频等多种类型。这些直观、具体的材料可以让学生更加直观地感受到历史的真实性和生动性，从而增强他们对历史的感知和理解。

再次，史料能够培养学生的历史思维能力。通过分析史料，学生可以学会如何辨别史料的真伪、如何理解史料的背景和含义、如何运用史料进行历史解释和论证等。这一过程不仅有助于提升学生的批判性思维和分析能力，还能够培养他们的历史意识和历史素养。此外，史料能够激发学生的学习兴趣，提高主动性。相较于传统的讲授式教学，史料的引入使得历史课堂更加生动、有趣。学生可以通过研究史料来探索历史事件的真相，提出自己的见解和观点，从而积极参与到历史学习中来。这种主动探索的学习方式不仅能够提升学生的学习效果，还能够培养他们的自主学习和终身学习的能力。

最后，史料有助于提升学生的历史解释和论述能力。在历史主题式教学中，学生通常需要围绕主题进行论述或解释。通过运用史料，学生可以更加有说服力地阐述自己的观点，提升论述的深度和广度。同时，通过与其他同学交流和讨论史料，学生还可以学会如何倾听他人的观点，如何尊重并理解不同的历史解释。

综上所述，史料对于历史主题式教学具有不可或缺的作用。通过运用史料，教师可以更好地构建历史主题、提升学生的历史感知和思维能力、激发学生的学习兴趣，提高主动性，以及提升学生的历史解释和论述能力。因此，在历史主题式教学中，教师应充分利用史料资源，发挥其独特的教育价值。

（4）通过升华主题来立德

在主题式教学中，升华主题与立德树人二者相辅相成，共同构成了教育教学的核心目标。

升华主题，意味着在深入探讨和理解主题内容的基础上，进一步提炼和深化主题的内涵和价值。这不仅要求学生对主题有深入的认识和理解，更要求他们能够在掌握基础知识的同时，发掘主题背后的深层意义和社会价值。通过升华主题，学生可以更好地把握历史发展的脉络，理解社会变迁的规律，从而形成正确的世界观、人生观和价值观。

立德树人，则是教育的根本任务。它强调在传授知识的同时，更要注重培养学生的道德品质、人格魅力和社会责任感。在主题式教学中，立德树人主要体现在以下几个方面：首先，通过主题的选择和内容的呈现，引导学生形成正确的道德观念和价值取向；其次，在问题设置和合作探究的过程中，培养学生的团队协作精神、沟通能力和批判性思维；最后，通过评价和反馈机制，引导学生反思自己的行为和态度，不断完善和提升自身的道德素质。

升华主题与立德树人二者相互促进。一方面，升华主题可以为立德树人提供更为丰富和深刻的教育资源；另一方面，立德树人也为升华主题提供了必要的道德支撑和价值引领。在主题式教学中，只有将二者紧密结合起来，才能真正实现教育的全面发展和学生的综合素质提升。

因此，教师在进行主题式教学时，应充分重视升华主题与立德树人的重要性，通过精心设计教学内容、创新教学方式方法、完善评价和反馈机制等手段，将二者有机结合起来。

三、高中历史主题式教学的设计误区

高中历史主题式教学的设计误区是一个复杂且多面的议题，它涉及教学理念、教学方法、教材内容、学生实际等多个方面。下面将深入探讨高中历史主题式教学设计的几个常见误区。

1. 主题与教材内容脱节

高中历史主题式教学设计的首要误区是主题与教材内容脱节。教师在选择主题时，往往容易追求新颖、独特，而忽视了与教材内容的紧密联系。例如，某教师在设计关于"中国近代化进程"的主题式教学时，选择了"清末民初的服饰变迁"作为主题。这个主题虽然看似新颖，能够引起学生的兴趣，但与教材内容关联度不高，难以达到教学目的。学生在学习过程中，可能会过于关注服饰的变迁，而忽略了中国近代化进程中更重要的政治、经济、文化等方面的变革。

2. 忽视学生实际，主题设定难度过高或过低

高中历史主题式教学的另一个误区是忽视学生实际，主题设定难度过高或过低。有些教师为了追求教学的深度和广度，选择了难度较高的主题，导致学生无法理解和接受。例如，在设计世界史的主题式教学时，教师选择了"全球化背景下的文化冲突与融合"作为主题。这个主题涉及全球化的多个方面，需要学生具备较高的历史素养和思维能力，对于大多数高

中生来说难度较大，因此难以取得良好的教学效果。相反，有些教师则选择了过于简单的主题，导致教学内容过于浅显，无法满足学生的求知欲。例如，在设计中国古代史的主题式教学时，教师选择了以"古代的交通工具"作为主题。这个主题虽然能够引起学生的兴趣，但内容过于简单，无法涵盖中国古代史的丰富内涵。

3. 形式大于内容，忽视教学的本质

高中历史主题式教学的第三个误区是形式大于内容，忽视教学的本质。有些教师在设计主题式教学时，过于注重教学形式的创新和多样化，而忽视了教学内容的质量和深度。例如，在设计中国近现代史的主题式教学时，教师采用了多媒体展示、角色扮演、小组讨论等多种形式，课堂氛围十分活跃。然而，由于教学内容缺乏深度和广度，学生并没有真正理解和掌握相关的历史知识。

4. 缺乏评价反馈机制，教学效果难以评估

高中历史主题式教学的最后一个误区是缺乏评价反馈机制，教学效果难以评估。有些教师在设计主题式教学时，没有建立完善的评价反馈机制，无法及时了解学生的学习情况和教师的教学效果。这导致教师在教学过程中无法及时调整教学策略和方法，也难以对学生的学习成果进行客观评价。

综上，为避免这些误区，教师应充分研读教材、了解学生的实际情况和兴趣点，选择难度适中、具有挑战性的主题；注重教学内容的质量和深度，灵活运用多种教学形式；建立完善的评价反馈机制，及时了解学生的学习情况和教师的教学效果。只有这样，才能充分发挥主题式教学的优势，提高和增强高中历史教学的质量和效果。

四、对高中历史主题式教学的期望

随着教育改革的不断深入和信息技术的迅猛发展，主题式教学作为一种富有创新性的教学模式，正逐渐受到广大教育工作者的关注和青睐。我们对主题式教学寄予了厚望，期待它能够带来更加深入、全面和生动的教

学体验，为学生的全面发展提供有力支持。

首先，我们期待主题式教学能够更加注重跨学科整合。历史学科本身就是一个综合性很强的学科，它涉及政治、经济、文化等多个领域的知识。通过主题式教学，我们可以将这些不同领域的知识有机融合，形成一个个具有深度和广度的主题。这样的教学方式不仅能够帮助学生建立起更加全面和系统的知识框架，还能够培养他们的跨学科思维能力和综合解决问题的能力。在未来的主题式教学中，我们期待看到更多的跨学科整合实践，让历史课堂变得更加丰富和多彩。

其次，我们期待主题式教学能够更加关注现实生活。历史是过去的现实，现实是未来的历史。通过主题式教学，我们可以将历史知识与现实生活紧密联系起来，让学生在理解历史的同时，也能够对现实生活有更深入的认识。在未来的主题式教学中，我们期待教师能够更多地引入现实生活中的案例和问题，引导学生将历史知识应用到实际生活中去。这样的教学方式不仅能够激发学生的学习兴趣，提高主动性，还能够培养他们的实践能力和社会责任感。

此外，我们期待主题式教学能够更加注重学生的个体差异和兴趣点。每个学生都是独一无二的个体，他们有着不同的学习需求和兴趣点。我们期待教师能够更加注重学生的个体差异，根据他们的学习特点和兴趣点来设计和组织教学活动。通过这样的教学方式，我们可以更好地满足学生的学习需求，激发他们的学习潜力，让每个学生都能够在历史学习中找到自己的价值和成就感。

同时，我们也期待主题式教学能够更加注重创新和实践。创新是教育发展的动力源泉，实践是检验真理的唯一标准。在未来的主题式教学中，我们期待教师能够敢于尝试新的教学方法和手段，不断探索和创造出更加适合学生的教学方式。我们也期待学生能够积极参与到主题式教学的实践中来，通过亲身参与和体验来加深对历史知识的理解和运用。

最后，我们期待主题式教学能够更加注重评价与反馈。评价是教学过程中的重要环节，它不仅能够检验学生的学习成果，还能够为教师教学提供反馈和指导。在未来的主题式教学中，我们期待建立起更加科学、全面和客观的评价体系，通过多元化的评价方式来全面反映学生的学习情况和发展水平。我们也期待教师能够及时给予学生反馈和指导，帮助他们发现问题、解决问题、不断进步。

综上所述，我们对主题式教学寄予了厚望。我们期待它能够带来更加深入、全面和生动的教学体验，为学生的全面发展提供有力支持。同时，我们也相信，在广大教育工作者的共同努力下，主题式教学一定会在未来教育领域中发挥更加重要的作用，为培养新时代的优秀人才做出更大的贡献。

然而，要实现这些期待并非易事。它需要我们不断地探索和实践，不断地总结和反思。在未来的主题式教学中，我们需要更加注重教师的专业素养和教育教学能力的提升，加强教师培训和学习交流；我们也需要更加关注学生的学习需求和兴趣点，注重培养学生的自主学习能力和创新精神；同时，我们还需要加强与家长和社会的沟通和合作，形成教育合力，共同推动主题式教学的深入发展。

总之，主题式教学是一个充满机遇和挑战的领域。我们相信，在广大教育工作者的共同努力下，我们一定能够克服各种困难，实现主题式教学的美好愿景，为培养新时代的优秀人才贡献我们的智慧和力量。

第二章　问题链教学的理论与方法

掌握历史知识不是历史课程学习的唯一目标和最终目标，历史课堂不应执着于知识的灌输，而应该着重培养学生的历史学科核心素养。近年来，我们加快课程改革步伐，不断探索适合一线教师历史课堂的教学方式。我们发现只有将历史新学科核心素养扎根于学生的历史学习和体验过程中，才能取得最有意义和价值的教学成果。在课堂教学中，以问题链的形式引发学生思考，以交互讨论的方法培养学生的核心素养和主动性，让学生在思考、探究的过程中加深对知识的理解，在解决问题的过程中培养关键能力，实践证明这是一种能培养学生历史素养、能适应新时代的教学需求的重要方式和途径。

第一节　问题链设计教学的理论基础

一、问题链教学的内涵

问题链教学是问题驱动教学的典型方式，是指教师为实现一定的教学目标，根据学生的已有知识或经验，针对学生学习过程中将要产生或可能产生的困惑，在研究教学内容的过程中，事先将教材知识转化为层次鲜明、有系统的、有中心、有序列、相对独立而又相互关联的一连串教学问题，然后将这些问题按照需要的顺序联系起来构成一条或几条问题链，让学生在课堂学习过程中，通过不断地解决这些问题，逐层深入教学内容，直到实现教学目标的教学方式。

在一节课中，问题链通常由几个核心问题串联起课堂教学活动的主线，每个核心问题再由若干个子问题构成一个群组，而每个子问题往往又包含一些必要的追问、反问、诘问等。教师设计出的问题之间环环相扣、层层递进、前后呼应，具有较强的逻辑性，能够将知识有机穿插、连接在一起。这种教学方法以学生的实际生活和思维层次为基础，根据教学的核心内容和目标精心设计，能够引领学生积极参与、深度思考。值得强调的是，问题链并非几个简单、随意问题的叠加，而是通过精心构思、综合考量、整体架构，形成的具有目的性、环环相扣、层层递进的系统化问题组。

与传统的问题教学模式相比，问题链能更有效地激发学生的探究思维。在思考的过程中，学生的分析能力和科学思维会得到调动，从而切实满足当前新课标中对学科核心素质的培养要求。此外，问题链在教学中对学生学法的形成有较强的导向作用，是促进学生理解和掌握知识、提升学生思维能力、评价教学效果以及推动学生实现预期目标的一种有效方式。

二、问题链教学的研究理论

在问题链设计上，教师可采用多种教学理论和教学方法，比如，布鲁姆的认知教育目标分类法、祝智庭提出的"五何"问题设计理论、斯克维（Schiever）和梅克（Maker）的问题连续体理论等，这些理论的运用增强了问题链设计的可操作性，便于教师在教学实践中灵活运用。下面对这三种理论进行简单的介绍。

1. 认知教育目标分类法

认知教育目标分类法是由美国教育心理学家本杰明·布鲁姆（Benjamin Bloom）于1956年提出的，这是一种旨在描述认知领域中的学习目标和层次的分类系统。此方法将教学活动所要实现的整体目标分为三大领域：认知领域、情感领域和动作技能领域。布鲁姆将人的认知教育目标由简单到复杂、由低级到高级的顺序分为知识、领会、运用、分析、综合、评价六类。知识（knowledge）是指对特定事物和普遍事理的认识和记忆。这一层次所涉及的是具体知识或抽象知识的辨认和回忆。领会(comprehension)是指对事物初步的领会,包括区别、解释、推断、归纳等对知识理解后的转化。运用(application)是指对所学的概念、原理的运用。这里的运用是初步的直接应用,而不是全面地、综合地运用知识。分析(analysis)是指把材料分解成各个组成部分,弄清楚各部分间的相互关系及其构成方式,详细地阐明基础理论和基本原理。综合(synthesis)是指将各个要素和组成部分组合起来,以形成一个整体。这是全面加工已分解的各要素和组成部分,并再次把它们组合成整体,以便综合地创造性地解决问题。在认知领域,综合是对学习者的创造性行为明确提出的要求。评价(evaluation)是指为了某种目的,对事物本质的价值做出深入的判断,它综合内在与外在的资料、信息,做出符合客观事实的推断。

布鲁姆的认知教育目标分类法为学生的认知培养要求、思维层次构建提供了具体的目标。问题设计不能仅仅局限于初级认知问题,还要关注高级认知问题。高级认知问题更能够激发学生的思维,培养学生的思维能力。

2. "五何"问题设计理论

1979年,美国著名的"学习公司"总裁麦克卡锡(Bernice McCarthy)在克尔伯有关学习风格研究的基础上,综合了脑科学研究的相关成果,提出了"4MAT"教学模式,即"原因(why)""内容(what)""方法(how)"和"其他(whatelse)",这四个因素构成自然的环路从而形成一个持续性学习的框架。"五何"问题设计理论是一种基于问题逻辑指向的问题分类方法,它由我国学者祝智庭在四何问题分类法的基础上拓展形成的。该理论为问题设置的思维层次提供了较容易操作的方法。具体分为以下五个层次:是何(what),主要涉及一些表示事实性内容的问题,这类问题的解决通常对应着获取事实性的知识;为何(why),主要涉及一些表示目的、理由、原理、法则、定律和逻辑推理的问题,它的解决通常对应着获取原理性的知识;如何(how),主要涉及一些表示方法、途径与状态的问题,这类问题的解决通常对应着获取策略性的知识;若何(if how),主要涉及一些表示条件发生变化,可能产生新结果的角色迁移和情境问题,这类问题易于产生思维迁移;由何(by what),关于"由……引起的"的问题。

这种理论为问题设计提供了较容易操作的理论指导,能够很好地帮助教师设计和评估课程,同时也可以帮助学生了解他们需要达到的目标,从而提高学习效果。

3. 问题连续体理论

问题连续体理论是一种教育心理学理论,它把问题按解决该问题所需的创造性的程度来划分等级。该理论起源于美国"以问题为中心"的教学改革,斯克维根据解决问题所需的创造性程度将问题划分为三类,后来梅克等人将其扩充为五类,并形成"DISCOVER 问题连续体矩阵"。问题连续体理论指出:封闭的问题为半开放问题奠基,半开放问题为全开放问题服务,他们构成了一个有机的、具有内在逻辑联系的连续体。

该理论认为,通过解决一系列的问题,学生可以逐渐提高他们的创造性和解决问题的能力。根据问题连续体理论,问题可以分为五个类型:Ⅰ单一性问题、Ⅱ再现性问题、Ⅲ引导性问题、Ⅳ参与性问题和Ⅴ开放性问题,如表 2-1 所示。

表 2-1　问题连续体理论五种类型问题

问题类型	问题		方法		答案	
	教师	学生	教师	学生	教师	学生
Ⅰ 单一性问题	已知	已知	已知	已知	已知	已知
Ⅱ 再现性问题	已知	已知	已知	未知	已知	未知
Ⅲ 引导性问题	已知	已知	系列	未知	系列	未知
Ⅳ 参与性问题	已知	已知	开放	未知	开放	未知
Ⅴ 开放性问题	未知	未知	未知	未知	未知	未知

这些问题相互衔接、有着内在的逻辑关系,且逐渐递进深入。其中,第一、二类问题注重对事实的认知,属事实水平的问题,要求学生在对事实进行感知的基础上解决问题;第三类问题侧重于抽象概念及思维能力的

形成，学生在教师的引导下学会解决问题的方法，并概括总结出解决此类问题的普遍特征和规律，进而形成概念、掌握规律或原理；第四类问题侧重于概念或原理的特定应用，通过问题情景创设，要求学生解决主题范围内的定向问题；第五类问题侧重于学生综合能力的强化提升，要求学生在主题范围内自行发现与主题相关的综合性问题，自行提出解决方案。

问题连续体理论对教学问题设计具有重要作用和帮助，它不仅能优化问题设计结构、激发学生学习兴趣和动力、培养学生的思维能力、提高教学效果，还能够促进知识的迁移和应用。

三、问题链教学的特点与优势

1. 问题链教学的特点

问题链教学方法具有一些显著的特点。其特点如下：

第一，针对性强。问题链是教师根据学生的已有知识或经验，针对学生学习过程中将要产生或可能产生的困惑，将教材知识转化为层次鲜明、具有系统性的一连串的教学问题。

第二，逻辑性强。问题链中的问题环环相扣、层层递进、前后呼应，具有较强的逻辑性，能够将知识穿插、连接在一起。

第三，引导性强。通过设计一系列的问题，按照需要的顺序联系起来构成一条或几条问题链，课堂教学要通过解决这些问题而逐层深入教学内容，直至实现教学目标。

第四，激发思维。与传统的问题教学模式相比，问题链在激发学生的探究思维上具有更强的效果。在思考的过程中，学生的分析能力和科学思维会得到调动，从而切实满足当前新课标中对学科核心素质的培养要求。

第五，培养价值判断和创新能力。问题链不仅有助于提升学生分析和解决问题的能力，还能帮助学生对事物做出正确的价值判断，并创造性地表达自己的观点，从而引领学生的思维发展。

第六，类型多样。根据实际教学需求和内容，问题链可以分为引入性问题链、史料式问题链、情境式问题链和比较式问题链等多种类型。如引入性问题链可以帮助引入课题，为后续教学内容埋下伏笔；史料式问题链可以培养学生获取信息的能力；情境式问题链能增强学生对历史的体验；比较式问题链有助于激发学生的探究欲望，推动学生持续学习。

2. 问题链教学的优势

问题链设计的核心目的是通过有逻辑结构的问题群，引导学生进行逻辑思考，培养高阶思维，促进学生深度理解。在课堂教学中通过设置问题链进行提问，有以下优势：第一，有效克服提问的细碎、离散、低认知及随意等不足，提高教学效率。第二，帮助学生完成知识建构，使学生在学习过程中形成完整的知识体系。第三，引导学生进行高水平的思维活动，培养学生的创新和批判性思维。第四，促进学生深度理解，使学生对知识有更深入的认识。第五，帮助学生获得解决问题的技巧策略，提高学生的实际应用能力。第六，实现系统论中所说的"整体大于部分之和"的功效，使学生能够从整体上把握知识。

问题链的设计应具有明确的目的性，紧扣教学目标的实现和核心素养的养成。每一个问题在问题链中都有其特定的目的，教师在设计时应有充分的准备与估计。同时，由于学生的探究活动是多样的，可能会伴随很强的不可控性，教师在问题链设计中应适当修正目标，确保教学效果达到最佳。

四、问题链教学法理论研究存在的不足

问题链教学法在实际应用中可能存在一些不足之处，这些不足可能体现在以下几个方面。

第一，专门研究历史学科的教学理论建设相对薄弱，尚未形成较为完整的体系。

第二，提问的分类不够明确。问题链教学法中对于问题的分类可能没有明确的指导，对于如何设计开放式问题与封闭式问题，以及如何合理地将它们融入问题链中，仍需要进一步研究。

第三，教师专业发展能力不够。教师在使用问题链教学法时可能需要

更多的专业发展能力，包括如何设计高效的问题链、如何引导学生进行深入思考等问题解决技能的培养。

第四，实证研究不足。尽管问题链教学法在实际教学中取得了一定的成效，但目前仍缺乏足够的实证研究来支持这种方法的有效性和普适性。

第五，评价体系不完善。问题链教学法的评价体系可能还不够完善，如何评价学生在问题链教学中的表现，以及如何通过评价来指导教学实践，是需要进一步探讨的问题。

第六，教学内容的适应性不强。不是所有的教学内容都适合使用问题链教学法，如何选择适合的问题链教学内容，以及如何调整问题链以适应不同的教学目标和学生需求，也是需要考虑的问题。

第七，学生参与度不够。虽然问题链教学法能够在一定程度上激发学生的学习兴趣，但如何确保所有学生都能积极参与问题链的解决过程中，提高学生的参与度和学习效果，仍然是一个挑战。

第八，教学资源匮乏。设计和实施问题链教学法可能需要额外的教学资源，如时间、材料和技术支持，这些资源的匮乏可能会限制问题链教学法的应用和发展。

综上所述，问题链教学法作为一种有效的教学策略，其潜力是巨大的，但同时也面临一些挑战和存在一些不足。未来的研究可以在提问分类、教师专业发展能力、实证研究、评价体系、教学内容适应性、学生参与度以及教学资源等方面进行深入探讨，以进一步提升问题链教学法的理论和实践水平。

第二节　问题链的设计技巧与误区

一、问题链的设计技巧

问题链是由一连串有关联、成体系的问题所组成的整体。问题链中的问题设计需要强调培养学生的学科思维，遵循从简单到复杂、从单一到综合的设计原则。因此要设计问题链，首先需要解决的是"要问哪些问题"，即解决"问题是如何形成的"的问题，其次是需要搞明白"怎样设计这些问题的逻辑关系"，即"怎样设链"的问题。如图 2-1 所示。

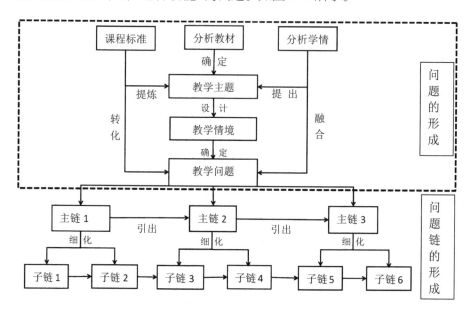

图 2-1　问题链的设计技巧

（一）问题的形成

问题的形成主要以单元的主要问题、课标的具体内容还有学生的学情为基础，其核心是将课程标准的要求转化为一个个教学问题，简称课标问题化。其主要步骤包括以下内容。

1. 确定单元的主要问题和教学主题

教师需要认真研读课程标准与相应的教材内容，分析本单元的地位、作用，从而形成本单元的主要学习内容和教学主题，其中教学主题必须符合"立德树人"或者学科核心素养的目标。

案例①：以《中外历史纲要（上）》第五单元"明清时期的内忧外患与救亡图存"为例。

本单元我们需要掌握两个重点。首先，列强是入侵者。对中国权益的不断侵犯和夺取，使中国失去了诸多主权，失去了独立与平等地位，所以帝国主义与中华民族的矛盾是最深刻的矛盾，决定了近代中国的嬗变主要以救亡图存为出发点。其次，列强是先进工业文明的传入者。近代社会各阶级的抗争既是顺应世界潮流的因应而为，也是晚清时期中国自我转型道路的探索。列强侵华、抗争、挽救危机等关键性历史事件贯穿了整个单元的学习，所以这个单元的学习可以围绕一条主线，那就是中国现代化的历程。鸦片战争是惊醒，"变器"开启现代化的第一棒，"变政"是现代化的第二棒，所以本单元的三课分别设置"天朝梦碎，国运转折""国人寻路，图强御辱""救亡与国难"的主题。这样的基于单元的整体设计，能使学生轻易勾画出对这段历史的整体认识，奠定了整节课的情感基调，更利于学生获得历史认识，汲取历史智慧。

2. 细化课标，将知识问题化

根据课标内容与教材编排情况拆解课标，梳理出该课时需要重点解决的内容。结合核心素养的要求，初步确定学生需要掌握哪些知识点，需要解决哪些具体问题，需要具备什么样的能力。

案例②：以《中外历史纲要（上）》第二单元第 2 课"诸侯纷争与变法运动"为例。

课标对本课的要求是，通过了解春秋战国时期的经济发展和政治变动，理解战国时期变法运动的必然性；了解老子、孔子学说；通过孟子、荀子、庄子等了解"百家争鸣"的局面及其意义。将课标拆解成若干个问题，如表 2-2 所示。

表 2-2　知识拆解

课标原文	知识拆解	知识问题化	预设需要具备的核心素养
通过了解春秋战国时期的经济发展和政治变动，理解战国时期变法运动的必然性	1. 春秋战国时期的经济发展情况 2. 春秋战国时期的政治变动情况 3. 战国时期的变法运动的时代背景	1. 春秋战国时期的经济有何新气象？ 2. 春秋战国时期的政治局势如何？ 3. 战国时期，各国为何纷纷变法？	1. 时空观念 2. 史料实证 3. 历史解释
了解老子、孔子学说；通过孟子、荀子、庄子等了解"百家争鸣"的局面及其意义	1. 老子学说的内容 2. 孔子学说的内容 3. 百家争鸣的内容及意义	1. 面对混乱的社会秩序，老子提出了怎样的学说？ 2. 孔子的主张与老子的学说有何不同？ 3. 为何会出现百家争鸣的现象？这一时期出现了哪些有代表性的思想家？ 4. 他们的"争鸣"带来了哪些影响？	1. 家国情怀 2. 唯物史观

3. 分析授课对象的学情

维果茨基认为，新知识的建构应建立在学生已有的知识水平上。学情分析是制定教学目标的依据，同时也是设计教学内容和问题、确定教学方法的前提，因此教师在设计问题时需要提前了解学生的学情，根据学生已具有的基本知识和能力来设置具体的问题任务。学情分析一般需要遵从全面性原则、深刻性原则、多样性原则和具体性原则。具体需要分析的基本内容有：

（1）学生的认知特点分析

课程内容对不同的年级的学生在要求上要有所不同，这体现在对学生能力方面的要求上。例如，同样是讲鸦片战争，高一年级第一学期的学生只需要掌握两次鸦片战争的大概经过、所签署的条约内容与其带来的影响即可。但是对于高三年级学生来说，除了掌握以上基础的内容以外，还需要掌握这两场战争与工业革命之间的联系，也需要把两次鸦片战争放置在全球范围内加以分析。同理，高一年级学生只需要简单掌握北洋政府与南京国民政府时期的经济发展概况，但高三年级学生需要从第一次世界大战、美国经济危机、第二次世界大战等层面了解这些大事件对国内民族资本主义工业发展的影响。因此，教师应该在高中三年的课程规划中有一个通盘的设计，才能设计出更加符合学生认知力与理解力发展的问题链。

（2）学生的知识基础与结构分析

基于"跳一跳，便能摘到桃子"的原则，提前了解和分析学生已有的历史知识基础与历史知识结构，有利于历史教师更有针对性地、更合理地设置历史教学问题。教师可以在课前通过经验法、访谈法、考试法等了解学生的情况。

（3）学生的个性特质分析

生源与分班方式不同，会使不同的班级呈现出不一样的班风与学风。如对于学习主动性强、相对自觉的学生，教师可以安排一些课前预习任务单让学生自主完成课程要求的内容，课堂上只作答疑与拓展。对于体艺类的学生，教师往往需要讲述基础知识中的趣味性，提高他们的积极性与参与度。

（4）学生的学习环境分析

学生的学习环境会直接影响到学生的学习状况，这是做好学情分析应注意的重要一环。由于经济发展水平、教育资源不均衡，不同地区的教学软硬件有着比较大的差异。教师在进行教学设计时要结合具体的学习环境实事求是，不能盲目照搬模仿。

（二）问题链的形成

教师基于"课标要求的单元主要问题""课标的具体内容"还有"学生的学情"等内容，解决了"要问哪些问题"后，接下来就是"怎样设计这些问题的逻辑关系"，即"怎样设'链'"的问题。具体步骤如下：

1. 精心设计问题链的主链

主链就是课堂问题中的主问题，就是从教材整理的角度或者学生的整体参与性上引发思考、探究和应用的重要提问或问题，是引导学生自主探究的重要问题、中心问题或者关键问题。主链是教材内容的关键点，是课堂教学的着力点，也是师生对话的胶着点。教学问题的"主链"以一连串相互关联的问题的形式呈现，贯穿整个教学过程，让学生在教师的设问和自身的释问的过程中萌发出自主学习的动机和欲望，在分析和解决具体的历史问题的过程中获得新知识和技能，逐渐形成能解决同类问题的关键能力。如图2-2所示。

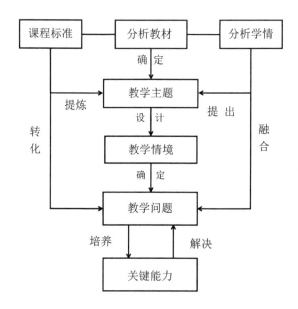

图2-2　问题链的主链设计

要设计问题链主链，首先，要研读教材，不仅要看到知识编排这根明线，还要深挖隐含其中的思维训练线和思想渗透线，从本质上、整体上理解、把握教材；其次，要了解学情，基于教材与学情，根据教学内容及教与学的规律，确定教学的主要思路，创设教学情境，再对教学思路进行问题化的设计，从各主要环节中提炼出核心问题，从而形成问题链的主链。教学过程中的主链的设计需要遵循以下原则：

第一，有针对性。问题设计应围绕教学目标，针对教学内容的重点、难点和关键点进行设计。

第二，逐步递进。问题之间具有一定的逻辑关系，问题要按照一定的逻辑顺序排列，从简单到复杂、由浅入深地呈现给学生。问题的递进性是问题链教学的核心要素，它能够有效地引导学生进行深入的思考和学习，从而实现教学目标。

第三，相互关联。每个问题都应该与前一个问题或后续问题相关联，后面的问题建立在前面问题的基础上，逐步深入，环环相扣、层层递进，形成一个完整的知识链条。

第四，引导思考。问题链的核心目的是通过有逻辑结构的问题群，帮助学生完成知识建构，激活学生的思考力，并引导学生进行高水平的思维活动。好的问题应该具有一定的难度，能够激发学生的思考和探究欲望，激发他们的学习兴趣和动力。

第五，注意多样性。问题应该具有多样性，包括开放性问题、封闭性问题、情境性问题等，以满足不同学生的需求。

案例①：以《中外历史纲要（上）》的第 13 课"清朝前中期的鼎盛与危机"为例，本课的主题设置为"清帝国的荣光与阴影"，根据课文子目安排，依次分为三个分主题，分别为"一、清帝国的荣光""二、荣光中的阴影"与"三、转角处的抉择"。与之相对应的问题主链为：

分主题一：清帝国的荣光

主链 1：为何会出现"康乾盛世"？这种盛世有何意义？

分主题二：荣光中的阴影

主链 2：这种盛世能否千秋万代？背后隐藏着怎样的危机？

分主题三：转角处的抉择

主链 3：清朝统治者有意识到这种危机吗？面对世界日益走向一体化的趋势，清朝统治者做出了怎样的抉择？这种抉择又给中国带来怎样的影响？

案例②：再以《中外历史纲要（上）》的第 16 课"国家出路的探索和列强

侵略的加剧"为例,本课的主题设置为"国人寻路,图强御辱",根据课文子目安排,依次分为四个分主题,分别为"一、农民寻路:改朝换代""二、地主寻路:自强求富""三、梦断半途:甲午国殇""四、回首来路:以史为鉴",与之相对应的问题主链为:

分主题一:农民寻路:改朝换代

主链1:19世纪50年代的太平军为何要选择改朝换代的路?这条奔向"天国"的路为何会精彩开场悲情落幕?

分主题二:地主寻路:自强求富

主链2:内忧外患接踵而至,清王朝是如何走向"自强求富"道路的?清朝的"中兴"背后是否有阴影?

分主题三:梦断半途:甲午国殇

主链3:"中兴"的清朝王何以最终无力抵挡"新兴"的日本?甲午一役给中国留下怎样的后患?给我们哪些思考?

分主题四:回首来路:以史为鉴

主链4:你如何看待以上两条救国之路?它们为我们做了什么?

以上主链贯穿整个教学过程,每个主问题都与前一个问题或后续问题有关联,后面的问题建立在前一个问题的基础上并形成递进关系,逐步深入,环环相扣、层层递进,有效地引导学生进行深入的思考和学习,从而实现教学目标。

2. 细致设计问题链的子链

问题主链中的问题都是教学中的核心问题,具有较大的思考空间,学生往往不可能一步就能解决问题,因此学生在解决问题的过程中往往需要把较大的问题逐步拆解成一个个小问题,即问题链的子链。通过小问题的逐步推进解决,最终解决核心问题。如图2-3所示。

子链中的问题的设计同样需要遵循一定的原则,具体如下:

(1)目的性

教学设计要有明确的目的,这是教学设计中最重要的原则之一。在教学设计中,目的应该是具体、明确、可操作和可测量的。具体是指目的要

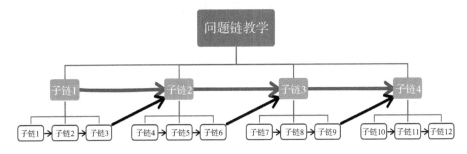

图 2-3 问题链的子链设计

清晰明确，不能模糊不清。明确是指目的要能够被学生理解和接受。可操作是指目的要能够被教师和学生所实施。可测量是指目的要能够通过测试或评估来检验是否达成。教学设计的目的应该根据课程标准、学生的学习需求和教师的教学要求来确定。同时，教学内容、教学方法和评价方式也应该与目的相匹配，以确保教学活动的有效性。为了保证教学的有效性，问题链的设计要以教学目标为前提，更要明确提问的目的性。备课时要做足够的准备，避免随机提问出现无效的问题。总之，教学设计要有明确的目的，问题应该与教学目标相一致，这样才能引导学生深入思考和探究，达到预期的教学效果，这也是提升教学质量和效果的关键因素之一。

（2）基础性

基础性是指问题子链的设计应根据学生已有的认知结构和已具备的能力展开。在教学设计中，教师可以将本课的基础知识作为重点来设计问题链，将课标要求转化为若干个小问题来进行讲解和练习。教师还需要通过学生课堂中的回答情况判断学生的知识掌握情况，关注学生的学习进度和理解程度，及时调整教学策略和方法，确保学生能够真正掌握基础知识。除了注重基础知识的讲解和练习外，教师还应该注重培养学生的学习能力，如培养学生的思维能力、创新能力、合作能力等。问题子链的设计也应该适当考虑学生是否已具有这些能力，只有在学生的能力范围内开展教学活动，他们才能够更好地理解和应用基础知识，进一步提高自己的学习水平。总之，教学设计要注重基础性，只有当学生掌握了扎实的基础知识，并且具备了良好的学习能力，他们才能够在学习中不断进步和发展。

（3）层次性

教学设计的问题子链应具有层次性，要能体现学生认知发展规律，这是因为问题的难度和深度会影响学生的学习效果。如果问题过于简单或过于复杂，学生可能会感到无聊或挫败，从而失去学习的兴趣和动力。问题子链的设计，首先，需要注意问题难度的层次性，教师应该根据学生的认知水平和学习能力来设计问题的难度和深度，注意把问题层次化，从整体方面设计出系统化的问题链。一般来说，问题应该从简单到复杂、由浅入深地呈现给学生。这样可以帮助学生逐步提高自己的思维能力和解决问题的能力。其次，要考虑学生发展的层次性，因为学生发展具有个体差异性，不同学生对同一样事物的理解也有很明显的差异。因此，问题链设计必须照顾到大部分学生已有的认知水平，使得所有学生都能参与历史学习。此外，教师还应该注意问题的多样性和灵活性。不同的学生有不同的学习风格和兴趣爱好，因此教师应该提供多种类型的问题，以满足不同学生的需求。同时，教师还应该鼓励学生提出自己的问题和观点，以激发他们的思考和创造力。总之，教学设计要注意问题的层次，这是提高教学质量和效果的关键因素之一。只有当问题的难度和深度适当，并且具有多样性和灵活性时，才能够激发学生的学习兴趣和动力，促进他们的全面发展。

（4）趣味性

兴趣是个体对事物选择性注意的倾向，当作个人感兴趣的事情时便觉得幸福快乐，而做不感兴趣的事情则感到烦累。所以，教师的问题链要能触及学生的心理，使学生随着问题的深入产生共鸣，进而产生极强的兴趣。教学设计的趣味性是指教师在设计教学活动时，通过各种方式和手段，使学习过程变得有趣、生动、富有挑战性和互动性。历史问题情境中的教师提问可源自日常生活，也可来自历史知识抑或是别的学科知识，能引起学生的兴趣即可。利用历史典故、历史故事可以提高历史的趣味性，再利用问题链教学，一步步引导学生参与其中，深入研究。在教学设计中，教师可以通过以下方式来增加趣味性：利用多媒体技术，使用图片、音频、视频等多媒体元素，可以使教学内容更加生动形象，吸引学生的注意力；采用游戏化教学法，将教学内容与游戏形式结合，让学生在游戏中学习知识，提高学习兴趣和积极性；引入竞赛元素，设置小组或个人之间的竞赛，激发学生的学习热情和竞争意识；利用故事情境，通过讲述有趣的故事或演绎情境，将抽象的知识转化为具体的情境，帮助学生更好地理解和记忆；提供实践机会，让学生参与到实践活动中，如研学汇报、调查访谈等，增强学生的实际操作能力和体验感。总之，教学设计的趣味性是提高教学质量和效果的重要手段之一。通过增加趣味性，可以激发学生的学习兴趣和动力，促进他们的全面发展。

(5) 延展性

设计子问题链不应该只局限于教材的知识，还可引入相关的知识、联系实际或其他领域，设计吸引学生注意的问题链，使学生亲身体会知识的应用。教师可以创设不同的问题情境，让知识可以相互迁移，让学习得到延伸。因此教师在设计子问题时，应该考虑到子问题的延展性，即深度和广度，让学生能够从一个问题中延伸出更多的思考和探索。在教学设计中，教师可以通过以下方式来增加问题的延展性：第一，引导学生提出问题，教师可以鼓励学生提出自己的问题，并引导他们深入思考和探究；第二，提供多个角度，教师可以提供多个不同的角度和视角，让学生能够从不同的角度去思考和解决问题；第三，利用案例分析，通过实际的案例分析，让学生能够将所学知识应用到实际生活中，从而拓展他们的思维和视野；第四，引导学生进行探究式学习，教师可以引导学生进行探究式学习，让他们自己发现问题、解决问题，并从中获取知识和经验。总之，增强教学子问题的延展性是提高教学质量和效果的重要手段之一。通过增加子问题的延展性，可以激发学生的学习兴趣和动力，促进他们的全面发展。

总的来说，问题链中的子链设计需要遵循目的性、基础性、层次性、趣味性、延展性五大原则，下面以《选择性必修1》第7课"近代以来中国的官员选拔与管理"为例进行介绍。以下是对本课涉及的主问题进行分解、拆分后的各教学板块及组织学生研读教材的主问题链设计：

案例3：

分主题一：冲击与革新：晚清

主问题1：中国为什么在近代废除科举制？

主问题2：废除科举制后清政府又采用什么方式选官？

主问题3：为何采用了新选官方式后清政府依然难逃覆灭？

分主题二：移植与嬗变：民国

主问题4：清朝覆灭后，西方文官制度又是如何在民国构建发展的？

分主题三：仿效到特色：中华人民共和国

主问题5：中华人民共和国成立初期采用了怎样的选官方式？

主问题6：为什么说建立公务员制度是干部人事制度的重大改革？意义何在？

在设计核心问题链时，笔者发现其中有一些问题不够具体，有些问题是课堂上临时增加的，需要进一步做出问题链教学设计，所以要针对学生理解困难的核心问题预设出教学需要的子问题链。以下是对以上的主问题链1、2、3进行拆解后的子问题链设计：

【子问题链的预设】：

子问题1.1：中国是什么时候废除科举制的？

子问题1.2：袁世凯为什么在这个时期主张废除科举制？

子问题1.3：清政府为何不让维新派废除科举制，此刻却同意了袁世凯的奏请？

子问题1.4：清廷与袁世凯在这个时期废除科举制的目的有何相同之处？

子问题2.1：废除科举后，清政府选拔官员的形式发生了怎样的改变？

子问题2.2：这时选拔人才的标准与过去有何不同？

子问题2.3：这种选官制度有什么特点？

子问题2.4：新的选官制度社会反响如何？

子问题 3.1：清政府引入新的选官方式的动机和背景是什么？

子问题 3.2：该如何评价晚清的选官制度变革？

……

传统的一问一答形式思维的深度不够，问题的设计缺乏连续性、系统性。问题链的教学方法，用"链"的方式逐步引导学生将问题引向深入，如上文所示的子问题链的设计，由易到难，由简到繁，由浅入深，层层递进，符合学生的认知规律，好比学生走台阶，逐渐推进，以引导学生的思维也随着攀登向纵深发展。这样做的意义在于使每个学生都有思考的机会，有利于调动学生的思维积极性，最终把学生导向预设的"教学目标"。

（三）问题链的教学化设计

赫伯特·斯宾塞（Herbert Spencer）曾说，教育中应该尽量鼓励个人发展的过程。应该引导儿童进行探讨，自己去推论。给他们讲的尽量少些，而引导他们去发现的应该尽量多些。为此，教师可以将设计好的问题链展示给学生，吸引学生的注意力，让学生了解本节课需要解决的问题，进而对问题有一个整体的认识。

要在课堂中充分发挥好问题链的功能与作用，还需要教师根据前期的分析，对问题链进行教学化设计，其核心是"问题情境化、学生主体化"，主要包括将问题化为具体的情境设计和以学生为主体的活动设计两大板块。

1. 情境设计

情境的设计指向素养以及迁移能力的培养。历史作为一门特殊的人文学科，有着丰富的史料，这为历史教师创设情境设计提供了非常好的素材。教师要充分利用典型的史料，将其置于问题链之下，作为解决问题的素材，创设鲜活的教学情境。

【人物言论类】

以《中外历史纲要（上）》第 2 课"诸侯纷争与变法运动"为例。

季氏"八佾舞于庭"的故事反映了当时什么现象？其背后的经济根源是

什么？孔子对此看法如何？老子看法是否一致？

以《中外历史纲要（上）》第 15 课"两次鸦片战争"为例。

有学者认为，就世界大势论，鸦片战争是不可避免的。你怎么理解这句话？那"失败"也是不可避免的吗？

【图表信息类】

以《中外历史纲要（上）》第 12 课"从明朝建立到清军入关"为例。

对比元明两朝的中央机构图片，元朝至明朝中央机构最大的变化体现在哪儿？为什么会有这样的变化？宰相制度的废除带来了怎样的后果？

以《中外历史纲要（上）》第 15 课"两次鸦片战争"为例。

地图上中英两国远隔重洋，为什么会在 19 世纪中期爆发战争呢？为什么号称"天朝上国"的大清帝国会吃了败仗？《南京条约》对中国的影响有哪些？

【认知冲突类】

以《中外历史纲要（上）》第 20 课"五四运动与中国共产党的诞生"为例。

近代中国并不少见屈辱外交，为什么唯独这次会引发轩然大波？当时的口号和言论反映了人民怎样的需求？

以《中外历史纲要（上）》第 22 课"从局部抗战到全面抗战"为例。

①日军区区不到 700 人，石原莞尔何以敢于发动"九一八"事变对抗当时 8000 人的东北军？

②作为蒋介石的下属，张、杨两人为何要选择"背叛"？原本对峙的国共两党为何愿意冰释前嫌共同合作？

需要注意的是，问题情境的设计要具有引导性和启发性，由浅入深，要能帮助学生"设抓手""搭梯子"，要有关联；问题链要能激发学生的探究兴趣，引导学生层层剖析，让学生主动参与到释疑解惑的过程中，建构对知识的理解，有效提升其历史学科核心素养，培养其终身学习能力。

2. 活动设计

新课标在"实施建议"中明确指出，学生的历史学科核心素养不能凭空形成，也不能只靠灌溉形成。只有通过以学生为主体的活动，在做中学，进行自主学习、合作学习、探究学习，在认识历史的过程中联系和运用知识，掌握探究历史的方法和技能，逐步学会全面、发展、辩证、客观地看待和论证历史问题，才能使学生的核心素养得以提升和发展。

活动的设计同样指向关键能力与核心素养的培养，并且作为检测学生的学业水平情况的重要参考。问题链下的活动设计需要做到学生主体化。通过教师的引导，学生分小组围绕问题合作分析史料，通过展示、交流、纠错等环节最终解决问题，形成对历史的总体认识，形成历史思维。学生在认识历史的过程中需要联系和运用知识，掌握探究历史的方法和技能，逐步学会全面、发展、辩证、客观地看待和论证历史问题，潜移默化之下，学生的核心素养得以提升和发展。需要注意的是，教师设计教学活动时，需要设置合理的难度，让学生"跳一跳，便能摘到桃子"，才能让学生有思考、参与的存在感和成就感。

根据新课标在"实施建议"中的说法，历史课程学生活动的任务类型主要有五种：

①搜集类任务：如"搜集资料，了解北洋政府时期实行政党政治为什么不能成功"。

②理解类任务：如"阅读资料，概括提炼资料内容要点、资料所述史实本质，阐释资料中的名词术语、观点结论"。

③考证类任务：如"引导学生学会区分史料类型、鉴别史料价值的方法，在反复查证史料可靠性、合理性的过程中培养学生的史料实证思维"。

④解释类任务：如"比较历史事物的异同，分析历史的因果关系，评价历史任务、事件、制度的地位、作用和影响"。

⑤探究类任务：如"提出历史问题并制定解决方案或对问题进行论述"。

历史解释是历史核心素养培养的关键，以下以《中外历史纲要（上）》第16课"国家出路的探索和列强侵略的加剧"为例，阐述如何设计培养"历史解释"核心素养的课堂教学活动。[1]

第一环节：农民寻路——逐梦天国

学生活动(小组讨论)任务1：结合材料指出蒋介石、陈旭麓和郭廷以对于太平天国运动的评价有何不同。三段解释是否存在矛盾？尝试找出能支撑他们观点的依据并提出你的看法。

材料：

蒋介石：太平天国之历史，为十九世纪在东方第一光荣之历史。

陈旭麓：这是一场悲壮的斗争，其悲剧意义不仅在于他们失败的结局，更在于他们借助宗教猛烈冲击传统却不能借助宗教而挣脱传统的六道轮回。反封建的人没有办法洗净自己身上的封建东西。

郭廷以：天平天国是……神权、极权、愚昧的统治，只为满足自己的无限欲望，丝毫不顾大众的福利……真是中国历史上的一劫惨剧。

设计意图：通过三段对太平天国运动的不同评价，认识农民阶级为挽救危局所做的努力，如后期制定了《资政新篇》，提出了发展资本主义的最初构想；沉重打击了清王朝的势力等。通过不同历史评价的对比，明白历史解释具有多样性，培养学生的史料实证素养。

第二环节：地主寻路——自强求富

学生活动(小组讨论)任务2：①结合材料，指出洋务新政的目的；②指出材料中顽固派对洋务的看法；③请寻找清朝"中兴"的依据。

设计意图：第一，通过曾国藩《复陈购买外洋船炮折》的史料阅读与分析，帮助学生理解洋务新政的目的和开展的背景；第二，通过同文馆之争的相关史料，了解地主阶级洋务派为挽救危局所做的努力；第三，以"同光中兴"为切入点，穿插"边疆危机"的内容，说明地主阶级洋务派在保护国家领土安全，挽救日益严重的边疆危机方面发挥的积极作用。

第三环节：梦断半途——甲午国殇

---

[1] 此课例为刘洁怡老师发表于《中学历史教学》的《历史叙事与核心素养培养教学策略初探》一文中的节选。

学生活动(小组讨论)任务 3：任选一组材料，指出材料中各方对《马关条约》具体条款的态度，并分析该条款对中国带来的影响。

材料 1：我感到不可思议的幸福，思前想后，恍如梦中，我惟有感激而自泣。

——[日]福泽谕吉《还历寿诞的演说》，1895 年

材料 2：台湾士民，义不臣倭。愿为岛国，永戴圣清。

——丘逢甲

材料 3：千金剑，万言策，两蹉跎！醉中呵璧自语，醒后一滂沱！

——梁启超《水调歌头》，1894 年

材料 4：根据国际道德的一切规则及历史上的一切传统，在一场大战中战败国必须向战胜国偿付很大的代价……它只不过同 1870 年之后德国所要求法国的或 1815 年之后盟国所要求法国的一样而已。

——英国《圣詹姆士报》，1895 年 3 月 18 日

设计意图：通过对比福泽谕吉、丘逢甲、梁启超和英国报纸对条约内容的截然不同的态度，引导学生思考甲午中日战争的失败对中日两国，对台湾、西方列强的不同意义，加深对《马关条约》对中国历史发展的深远影响的理解。

学生活动(小组讨论)任务 4：①三则材料共同叙述了什么史实？②三则材料关于这一史实原因的解释有何异同？③说明这些解释差异产生的原因。④你认为中日战争清政府为何失败？

材料 1：以北洋一隅之力，搏倭人全国之师。

——李鸿章

材料 2：昔日本当安政间，受浦贺米舰一言之挫辱，而国民蜂起，遂成维新。吾国则一经庚申圆明园之变，再经甲申圆明园之变，再经马江之变，而十八行省之民，犹不知痛痒，未尝稍改其顽固嚣张之习。

——梁启超《戊戌政变记》

材料 3：甲午一战，日本以彻底的西学打败了中国不彻底的西学。

——陈旭麓《近代中国社会的新陈代谢》

设计意图：第一，通过三则对甲午中日战争失败原因解释的对比，明白不同的立场、角度、时代等都会导致不同的历史解释；第二，让学生对甲午中日战争失败的原因进行归纳，发挥学生主动性，同时也为检验学生对本课内容的掌握程度及其所达到的学业水平提供重要参考。

第四环节：穷则思变——路在何方？

教师活动：展示梁启超对李鸿章的评价。

材料：（李鸿章）"不识国民之原理，不通世界之大势，不知政治之本原……而仅撷拾泰西皮毛，……遂乃自足"。

——梁启超《李鸿章传》

学生活动(小组讨论)任务5：梁启超对李鸿章的评价是基于什么目的？评价是否公允？该如何评价历史人物？

设计意图：第一，帮助学生运用唯物史观的方法正确评价历史人物，提升时空观念、唯物史观的历史学科核心素养；第二，引出维新变法的新的道路探索，回应主题，引出新课。

二、问题链的设计误区

问题链设计涉及将一个大问题分解成一系列小问题，并逐个解决的过程。目前在实施过程中还存在一些误区。

1. 缺乏明确的目的性

问题链的设计应该紧扣教学目标和核心素养的培养，避免面面俱到而失去焦点。如果问题链没有明确的目的性，它可能会变成一系列逻辑不明确的问题堆砌，导致学生只有碎片化的记忆而无法形成系统的知识结构。

2. 过度依赖教材内容

问题链不应该仅仅是对教材内容的简单重复。它的设计需要超越传统教材，引导学生进行深入思考和探究。

3. 忽视学生学习方法的形成

问题链对学生学习方法的形成具有导向作用，应该促进学生理解和掌握历史知识，培养思维能力。如果问题链设计忽视了这一点，可能就无法有效提高历史课堂教学效率。

4. 缺乏引入新课的策略

引入性问题链是引入新课内容的重要手段，应该能够激发学生的学习兴趣，减少其对所学知识难度的畏惧心理。如果忽视了引入性问题链的设计，可能会导致学生对新知识的接受度不高。

5. 忽略课堂互动的重要性

问题链应该是预设问题与课堂临时生成问题的有机结合，如果完全依赖于课前预设的问题，可能会忽视课堂上学生的实际反应和需求。

6. 缺乏深度和连贯性

问题链需要由浅入深、由此及彼地设置，以形成高效课堂。如果问题链缺乏深度和连贯性，可能会导致学生对知识点的理解不够深入，无法建立起知识之间的联系。

7. 未考虑学生的全面发展

在设计问题链时，应考虑如何帮助学生树立正确的观念，将人文主义、精神文化等融会贯通，以促进学生的全面发展。

8. 过分追求课堂活跃度

有时候，教师为了追求课堂的活跃度，可能会不断提问，但这样的方式可能会让学生感到疲惫。

总的来说，为了避免这些误区，历史教师在设计问题链时应该聚焦于教学目标和核心素养的培养，同时注重学生的认知发展和主体探究，以及课堂的互动性和学生全面发展的需求。通过这样的设计，问题链可以成为提高历史教学质量的有效工具。

第三章 高中"主题+问题链"互动式
教学法的理论与实践

　　教师在分析教学内容的基础上，要以问题引领作为教学的切入点，以问题来激活、调动学生的思维。第一章和第二章针对主题和问题链做了较为详细的介绍，那么如何巧妙地、合理地、科学地、有效地将二者结合起来，形成有效课堂的"奏鸣曲"呢？这就是本章所要探讨的主要内容。

　　"主题+问题链"互动式教学法的实施突出"实"和"慧"，主张历史教学首先要敦厚扎实，脚踏实地，应对现实；同时还要启迪智慧，服务人生，着眼未来，建构有生活、有情感、会思考的历史课堂，并能着眼于教学立意的重构、教学内容的选择、教学资源的拓展、教学问题的设置、教学评价的创新等五个方面来建构历史课堂。近 4 年来，编委们带领名师工作室团队和教研基地成员将"主题+问题链"互动式教学法引入中学历史课堂，并对该方法的运用做了相关的研究，取得了一定的成果。本章将结合一线教师的教学实践以及学员的研修总结，从培养核心素养的视角，讨论在历史教学中如何应用"主题+问题链"互动式教学法。

第一节 "主题+问题链"互动式教学法的理论

一、"主题+问题链"互动式教学法的概念

　　"主题+问题链"互动式教学法是一种以主题为核心，以问题为导向的教学方式。它强调学生的主体性和自主性，通过提出问题、探究问题、解决问题等方式，引导学生主动参与到学习中来，培养学生的创新思维和实

践能力。在实践中，教师需要根据学生的实际情况，合理选择主题、设计问题、提供资源、指导探究、总结反思，不断提高自己的教学能力和素养，为学生提供更好的教育教学服务。

首先，"主题+问题链"互动式教学法能够激发学生的学习兴趣和动力，让学生更加主动地参与到学习中来。其次，"主题+问题链"互动式教学法注重培养学生的独立思考能力和创新精神，让学生能够自主地探究和解决问题。此外，"主题+问题链"互动式教学法能够提高学生的综合能力和素质，让学生具备跨学科思维和创新能力。最后，"主题+问题链"互动式教学法能够促进学生之间的合作和交流，让学生学会与他人合作和沟通。

二、互动式教学法的特点

第一章和第二章针对"主题"和"问题链"做了较为详细的介绍，本章就不再赘述。本节将针对互动式教学作简单介绍，以期各位读者能更好地了解这一教学法。

互动式教学，顾名思义是一种基于基础课程改革理念，通过互动的方法提高课堂效率的教学方法。它主要是指在教学过程中，教师与学生之间、学生与学生之间通过各种形式的交流和互动，共同参与、共同探究、共同解决问题的一种教学模式。互动式教学强调教师与学生之间的平等地位，注重培养学生的自主学习能力、合作精神和创新能力。互动式教学具有以下特点：

第一，主体性。互动式教学强调学生是学习的主体，教师是学习的引导者和组织者。在教学过程中，教师要充分调动学生的积极性和主动性，让学生在互动中主动参与、主动探究、主动思考。

第二，互动性。互动式教学强调教师与学生之间、学生与学生之间的交流和互动。在教学过程中，教师要创设良好的互动氛围，鼓励学生提问、发表观点、展示成果，使学生在互动中相互启发、相互促进。

第三，问题导向。互动式教学强调以问题为导向，通过提出问题、分析问题、解决问题的过程，引导学生深入思考，培养学生的思维能力和解决问题的能力。

第四，实践性。互动式教学强调将理论知识与实际操作相结合，让学生在实践中学习、在实践中发展。在教学过程中，教师要设计丰富的实践活动，让学生在动手操作中掌握知识、提高能力。

第二节 "主题+问题链"互动式教学法的优势

"主题+问题链"互动式教学是一种以学生为中心、以主题为核心、以问题链为线索的互动式教学模式。它通过设置主题，引导学生围绕主题展开讨论和探究；通过构建问题链，引导学生在解决问题的过程中深入思考、拓展知识，培养学生的创新能力和实践能力。

该教学模式的优势主要体现在以下几个方面：

1. 激发学生的学习兴趣

传统的历史课堂教学往往以教师讲授为主，学生处于被动接受的地位。这种教学方式容易使学生产生厌倦感，影响学生的学习兴趣，而"主题+问题链"互动式教学则通过设置有趣的主题和一系列的问题，引导学生主动参与课堂讨论，激发学生的学习兴趣。学生在解决问题的过程中，不仅能够深入了解历史知识，还能够培养自己的思维能力和解决问题的能力。

2. 提高学生的自主学习能力

在"主题+问题链"互动式教学中，教师将教学内容分解为一个个具体的问题，引导学生通过自主探究、合作学习等方式，逐步解决这些问题。这种教学方式有助于培养学生的自主学习能力，使学生在学习过程中逐渐养成独立思考、主动探究的学习习惯。同时，学生在解决问题的过程中，还需要查阅资料、分析问题、提出观点等，这些活动都能够锻炼学生的自主学习能力。

3. 培养学生的合作精神和团队意识

"主题+问题链"互动式教学强调学生之间的合作与交流。在课堂上，学生需要分组讨论、共同解决问题，这有助于培养学生的合作精神和团队意识。学生在合作学习过程中，需要学会倾听他人的意见，尊重他人的观点，学会与他人沟通和协调。这些能力对于学生今后的学习和生活都具有重要的意义。

4. 提高课堂教学效果

"主题+问题链"互动式教学注重问题的设计与串联，要求这些问题能够触及课堂的教学重点、难点或者中心点、关键点。因此，它不仅能够引导学生深入理解教学内容，而且能够激发学生的学习兴趣，提高学生的思维能力和解决问题的能力。通过这种教学方式，教师可以更好地把握课堂教学节奏，提高课堂教学效果。

5. 促进教师专业发展

"主题+问题链"互动式教学要求教师具备较强的教学设计能力和组织协调能力。教师需要根据教学内容和学生的实际情况，设计合适的主题和问题链，引导学生进行有效的学习。在这个过程中，教师需要不断地反思和总结，提高自己的教学水平。同时，教师还需要关注学生的学习需求和困惑，及时给予指导和帮助。这些活动都有助于促进教师的专业发展。

可以说，高中历史课堂引入"主题+问题链"互动式教学具有重要的意义。它能够激发学生的学习兴趣，提高学生的自主学习能力，培养学生的合作精神和团队意识，提升课堂教学效果，促进教师专业发展。因此，高中历史教师应该积极探索和运用"主题+问题链"互动式教学，为教育教学改革提供一些有益的启示。

第三节 "主题+问题链"互动式教学法的设计技巧

"主题+问题链"互动式教学由"主题"和"问题链"两个核心部分构成，两者以主题为纽带连成一个整体，不可分割。概括性地讲，所谓"主题+问题链"互动式教学是指教师首先确定鲜明的教学主题来统领全部教学内容，实施课堂教学；然后针对不同层次的学生，围绕教学主题，以史料为切入点，设计一些有一定梯度的问题；基于问题情境，教师的"导"与学生的"探"有机结合，启发学生思维，引导学生探究，让学生在寻求和探索解决问题的思维活动和实践活动中获得新知，发展智力，培养技能，学会思考，升华情感，使教师教得轻松，学生学得愉快，师生共同发展。"主题+问题链"互动式教学模式的主要环节是主题引领、问题探究、互动成长。

该教学法的设计技巧主要包括以下三个方面：

1. 课标问题化

课程标准是指引教师教学和学生学习的灯塔。将课标问题化，那么课标不再是简单的知识点罗列，而是变成了一个个引人深思的问题，形成问题链。这些问题像是一把把钥匙，打开了知识的大门，引导学生进入一个充满探索和发现的世界，激发学生的好奇心和探究欲，培养他们的批判性思维和创新能力。课标问题化要求历史教师必须能够熟练处理教材，以课标解读为灵魂，整合《中外历史纲要（上）》《中外历史纲要（下）》和选择性必修教材，形成针对性学材，即教材学材化。

2. 教材学材化

学材化不仅仅是将历史教材的内容简化或复杂化，而是要将教材中的知识与课标要求、学生的生活经验、学生的兴趣和需求相结合，使其变得有意义、有吸引力。学材化的教材不再是单向的信息输出，而是成了互动、探究的平台，让学生在学习的过程中善于发掘本土文化，主动构建知识，发现问题，解决问题。因此，教材学材化的目标指向突出学生主体、促进能力生成，即教学互动化。

3. 教学互动化

在互动化教学中，教师不再是单向的知识传递者，而是成为引导者、协作者和学习者的伙伴。在这样的课堂上，每个学生都是主角，每个想法都值得倾听，每次互动都能擦出智慧的火花。充分培养历史学科核心素养，达到立德树人目的，实现课标教育目标。

诚如徐蓝教授所说，历史课程要将培养和提高学生的历史学科核心素养作为重心，使学生通过历史学习逐步形成具有历史学科特征的关键能力、必备品格和价值观念。因此，该教学模式着重于运用主题引领和问题探究的方式，在教学互动的过程中，培养学生的必备的历史学科能力和价值观念。

第四节 "主题+问题链"互动式教学法的设计误区

在"主题+问题链"互动式教学法践行中，其注重对课本知识整合，突出主题，彰显知识逻辑关联的特点备受师生喜爱，但实际践行中又对教师的教学与学生的学习提出极大挑战，因此在实际设计中要尽量避免闯入一些误区。

（一）主题选择不当

主题是互动式教学的灵魂，如果主题选择过于宽泛或与学生的实际经验和兴趣脱节，可能难以激发学生的学习热情。因此，主题应紧贴学生生活实际，能够引起学生共鸣。如果主题与学生的年龄、兴趣或生活经验不相符，可能无法激发学生的好奇心和学习动机；如果主题过于偏离学生的认知背景，他们将难以通过现有的知识框架理解新的概念，这会妨碍学生学习的深度和持久性；如果主题过于散乱或更换频繁，可能会让学生感到每次学习都是孤立的，没有累积的效果，从而影响他们对知识整体结构的把握。一个不合适的主题可能导致问题链的设计缺乏方向和深度，使得问题变得表面化或不具挑战性。好的教学主题应该能够生成丰富的问题点，促进学生批判性和创造性思维的发展。

（二）问题链的设计不合理

问题链是教学的骨架，需要精心设计以确保问题的连贯性和递进性。如果问题之间缺乏内在联系或者难度跨跃过大，可能会导致学生感到困惑，无法顺畅地进行思考和学习。这就需要教师在教学前、中、后三个阶段不断反思问题链是否与教学目标紧密相关，以及是否有效地覆盖了课程的关键概念；考虑问题链的难度是否适中，是否能够适应不同能力水平的学生；思考问题链是否激发了学生的好奇心和探究欲，以及是否鼓励了学生深入思考。

（三）师生互动分析不足

在"主题+问题链"互动式教学中，师生互动是推动学生学习的关键动力。师生互动是教学的血肉，缺乏有效的互动分析可能导致教学过程中的互动形式化，无法真正达到启发思考和深化理解的目的。教师应该根据学生的反馈调整问题链，确保教学的针对性和有效性。对师生互动的分析不足，可能会给教学过程带来以下问题。

第一，表面化的互动。简单的问答或流于形式的互动，无法深入挖掘学生的潜能和引导深层次的思考。这种互动缺乏深度，不能为学生提供足够的支持以促进其认知上的成长。

第二，单向的沟通。如果教师未能充分分析如何在互动中整合学生反馈，可能使沟通变成单向传递信息的过程。这种单向沟通忽视了学生的主动参与，限制了他们表达自己观点和思考的机会。

第三，评估不准确。通过师生互动分析，教师可以评估学生的理解程度和学习进展。如果互动分析不充分，可能导致教师对学生的认知水平产生误解，从而影响后续教学策略的调整和优化。

第四，忽视个体差异。有效的师生互动需要考虑到每个学生的独特需求。如果教师未能细致观察和分析每个学生的互动反应，可能会忽视个别学生的特殊需求，导致某些学生在学习上被边缘化。

第五，缺失反思机会。师生互动不仅是信息传递的重要途径，也是学生进行自我反思和运用批判性思维的重要时机。如果教师未能充分利用互动环节来引导学生进行深入反思，就可能失去培养某些重要技能的机会。

（四）忽视学生主体地位

虽然"主题+问题链"互动式教学强调学生的主体地位，但在实际操作中，如果教师未能充分放手让学生自主探索，而是过多地引导，可能会限制学生的创造力和批判性思维的发展。每个学生都有独特的学习风格和需求。如果教师未能认识到这一点并调整教学策略，就可能忽视为学生提供个性化的学习支持。这会导致某些学生难以跟上课程进度，而其他学生则可能感到缺乏挑战。学生之间的互动是培养社交技能和团队合作能力的重要途径。如果这种互动被限制，学生可能会失去发展这些重要技能的机会。学生的内在动机往往来自对学习的自主性和控制感。如果学生仅仅成为执行任务的机器人，而不是学习过程的主导者，他们的内在动机可能会降低，影响长期的学习态度和成效。

（五）过度依赖问题链

问题链是获取真知的工具，但不应成为唯一的教学手段。如果教师过分依赖问题链，而忽视了其他教学策略和路径，可能会带来以下问题。

第一，限制了思维的广度。如果教师只依赖于预设的问题链来引导课堂讨论，可能会限制学生探索问题的其他角度和维度。这可能导致学生对问题的理解和分析受到局限。

第二，抑制了创新和独立思考。当学生习惯于回答预设的问题时，他们可能会减少自己提出问题和自发思考的机会。这可能会抑制学生的创新能力和独立思考能力，使他们在学习过程中变得更加被动。

第三，忽视了其他教学策略。过度依赖问题链可能会导致教师忽视其他有效的教学策略和工具。例如，项目式学习、案例研究、实验和实践活动等都是促进学生深入学习的重要方法。如果只关注问题链，就可能失去利用这些方法提供丰富学习体验的机会。

第四，减少了灵活性和适应性。过度依赖问题链可能会使课堂教学变得过于僵硬和程序化。教师需要根据学生的反馈和理解程度灵活调整教学策略，而不是死板地遵循预设的问题链。

（六）评估方式单一

如果仅通过问题链的解答来评估学生的学习效果，可能会忽略学生在其他方面的进步和成长。因此，评估方式应该多元化，教师既要关注学生对问题的回答，也要关注学生的思考过程和创造性表现。评价方式单一，可能会带来以下问题。

第一，忽略多元智能。每个学生都有自己独特的智能和才能。单一的评估方式可能只考查到某些特定的能力或知识点，而忽略了其他同样重要的技能。例如，仅仅通过笔试来评估学生可能会导致对口语表达、创造力、协作能力等其他方面的才能被忽视。

第二，限制学习的深度和广度。如果评估只侧重于记忆和重复，而不是理解和应用知识，学生可能会倾向于进行表面学习，而不是深入掌握材料。这会限制他们批判性思维、解决问题和创新能力的发展。

第三，增加考试焦虑。对于一些学生来说，单一的、高压力的评估形式（如期末考试）可能会增加他们的焦虑和压力，从而影响学习和表现。这种焦虑有时甚至会导致学生产生逃避学习的情况。

第四，缺乏反馈的多样性。有效的学习需要及时和具体的反馈。如果评估方式单一，教师可能难以提供多维度的反馈，从而限制了学生从不同角度了解自己的强项。

（七）忽视知识和技能的系统性

在设计问题链时，教师有时可能会过于注重问题的新颖性和趣味性，而忽视了知识和技能的系统性和连贯性，这可能会导致学生对知识的掌握不够全面和深入。忽视知识和技能的系统性可能会带来以下问题。

第一，知识碎片化。如果教学内容缺乏连贯性，学生可能只能获得零散的知识点，而无法构建起系统化的知识框架。这会导致学生在面对复杂问题时难以进行综合分析和解决。

第二，理解深度不足。系统性的知识可以帮助学生深化对概念的理解。如果过于注重主题和问题链的趣味性而忽略了知识的深入讲解，学生可能只会停留在表面层次，无法充分理解更深层次的原理和知识间的联系。

第三，技能迁移困难。学习不仅是积累知识的过程，更是培养能够应用于不同情境的技能的过程。如果教学忽视了知识和技能的系统性，学生可能会发现自己难以将所学知识迁移到新的领域或解决实际问题中。

第四，遗忘加速。没有系统性学习的知识容易被遗忘。当学习内容缺乏组织和结构时，学生可能更难记住和回忆相关信息，导致学习效果随时间迅速降低。

（八）教学资源准备不足

为了支持"主题+问题链"互动式教学，需要有丰富的教学资源作为支撑。如果教师在准备阶段未能提供充足的资料和工具，可能会影响学生探究的深度和广度。教学资源准备不足可能会带来以下问题。

第一，学习体验单一。缺乏多样化的教学资源可能导致学习体验变得单调乏味，无法满足不同学生的学习风格和偏好，从而影响学生的参与度和学习动机。

第二，知识理解受限。丰富的教学资源可以帮助学生从多个角度理解和探索知识。如果资源不足，学生可能难以获得全面的理解，特别是对于那些需要通过视觉、听觉或动手实践来掌握的概念。

第三，教学策略受限。教学资源是实施各种教学策略的基础。如果资源不足，教师可能无法有效地采用分组讨论、案例研究、实验等方法，这些方法对于培养学生的批判性思维和问题解决能力至关重要。

第四，课堂互动受限。充分的教学资源可以促进师生和生生之间的互动。如果资源不足，教师可能难以设计富有挑战性的活动和问题，限制了学生交流思想和分享知识的机会。

（九）时间管理不当

在实施"主题+问题链"互动式教学时，可能会出现时间分配不均，导致某些环节过于仓促，而有些环节又过于拖沓，影响整体的教学节奏和效率的情况。时间管理不当可能会带来以下问题。

第一，教学流程不畅。如果教师未能合理分配各环节的时间，可能导致某些活动时间紧张，而其他活动时间过剩。这种情况会破坏教学的连贯性，影响学生对知识的吸收和理解。

第二，学生参与度下降。当时间管理不当导致某些活动被迫缩短或仓促结束时，学生的参与度可能会降低。他们可能感到自己的贡献未得到充分的认可，或者没有足够的时间深入探讨和理解问题。

第三，学习效率降低。时间管理不当可能会导致学生在课堂上的时间没有得到有效利用。这会减少学生的学习机会，降低整体的学习效率。

第四，压力增加。对于教师来说，如果经常因为时间管理不当而感到匆忙或焦虑，这种压力可能会传递给学生，影响他们的学习体验和表现。

那么什么样的"主题+问题链"互动式教学课堂才是更有广度、效度、深度和温度的课堂，才能更符合当下的教学方向和教学目标，才能尽可能实现教学评一致？为此，笔者认为可以从以下几个方面入手进行评价。（如下表3-1所示）

表3-1 教学评估的八个方面

	评教角度	评价维度
教学评估	一看 精气神	四个维度：着装是否大方得体？教师是否精神饱满、热爱职业？语言是否抑扬顿挫、富有感染力？课堂把控能力如何？
	二看 导入是否精彩	两个维度：能否吸引学生的兴趣，迅速将他们拉回课堂？是否能巧设悬念迅速引发学生的思考，激起思维的波澜？
	三看 课标落实与知识架构	三个维度：能否根据课标结合教学评一体化理念有效设置任务驱动？能否准确把握课标和学情，把握和突破教学重点和难点？能否有效梳理知识形成逻辑清晰、容易掌握的知识架构？
	四看 职责落实	三个维度：1. 点拨：是否能有效梳理知识形成知识体系？能否在学生思维卡顿处为其搭桥铺路、使其醍醐灌顶？2. 纠错：能否对学生知识性、思维性漏洞及时、精准地纠正？能否精准解决学生存在的个别性问题和总体性问题？3. 提升：能否将个别性问题归纳为普遍性、规律性问题（即举一反三）？能否把规律性解决问题的方案用于解决个别性问题？能否以本节课为基点打通相关知识体系的关联，甚至解决学科的本源性知识(或逻辑)？

续表

	评教角度	评价维度
教学评估	五看 小结能否贯通	三个维度：能否对课堂进行有效提炼、总结或升华？能否实现知识的结构化和学科逻辑的贯通？能否激发学生兴趣，增强学生的收获感，并为以后的学习奠定基础？
	六看 师生交流	三个维度：教学环节是否流畅紧凑？能否有效调动学生学习积极性(学生有效参与率达到九成以上)？是否能以师生对话、生生对话等多种方式推进课堂教学和活动开展？
	七看 练习质量和时间	两个维度：是否是高考题或模拟题？练习时间是否不少于10分钟？
	八看 学生是否真学会	两个维度：学生回答问题和课堂检测的正确率是否达到八成以上？下课后学生的收获感怎样(观察学生状态是很累还是因为收获大而兴奋)？
突出的优点(至少2点)： 需要改进的(至少2点)：		

第五节 "主题+问题链"互动式教学法的未来

"主题+问题链"互动式教学法是一种创新的教学模式，它结合了主题式教学的系统性和问题链教学的互动性，旨在提高学生的参与度、思维能力和学科素养。在实际设计中也要尽量避免闯入一些误区。如主题选择不当、问题链的设计不合理、师生互动分析不足等。这都需要教师在教学前、中、后三个阶段不断去反思、总结和完善。

总之，"主题+问题链"互动式教学法是一种历史教学理念，强调在教学中注重扎实的学科知识和能力培养，同时培养学生的智慧和素养。首先，历史教学要扎实。意味着教师要确保学生对历史知识的掌握准确无误，理解正确清晰，并明确其价值和意义。其次，历史教学要落实。这包括培养学生的信息获取能力、迁移运用能力和探讨论证能力。学生需要学会如何获取和解读历史信息，如何将所学知识应用到实际问题中，以及如何进行合理的探讨和论证。通过这样的实践性学习，学生能够提高自己的学科能力，更好地应对现实生活和未来的挑战。再次，历史教学要真实。这意味着得出的历史结论要有充分的证据支持，论据要与史实相符，并且要将史实与理论相结合。通过真实的历史教学，学生能够培养批判思维和科学精神，学会从多个角度去审视历史事件和现象，形成客观、全面的历史观。最后，历史教学要实用。学习历史的主要目的是能够察古鉴今，经世致用，服务现实。历史学科的功能在于帮助学生了解人类社会的发展规律，培养他们的问题解决能力和创新思维。通过实用的历史教学，学生能够将所学知识应用到实际生活中，为社会进步和个人发展做出贡献。

附 "主题+问题链"互动式教学案例

"主题+问题链"教学模式课堂实践
——以"中国古代的法治与教化"为例

一、课标分析

根据《普通高中历史课程标准(2017年版2020年修订)》，本课要求学生：

第一，了解古代中国法治思想的演变及主要法律制度；

第二，理解教化在古代中国社会治理中的重要作用；

第三，分析法治与教化在古代中国的相互关系及其对社会发展的影响。

二、教材分析

1. 教材概述

《选择性必修1》第8课"中国古代的法治与教化"，系统地介绍了中国古代法治与教化的发展历程、基本内容及其在社会治理中的重要作用，旨在加深学生对古代社会制度、文化特色及其与现代社会的联系的理解。

2. 教材内容梳理

法治的起源与发展：教材首先介绍了中国古代法治思想的起源，包括早期法律观念的形成、法家思想的兴起及其对法治理论的影响。随后，教材阐述了法律制度的发展，包括律、令、格、式等法律形式的演变，以及司法机构的设立与职能。

教化的内涵与实践：教材接着介绍了教化的概念及其在古代社会中的地位。教化作为一种社会控制手段，通过学校教育、乡规民约、家庭教育等方式，塑造人们的道德观念和行为规范。教材详细描述了这些教化方式的实施情况及其对社会秩序的影响。

法治与教化的关系：教材进一步分析了法治与教化在古代社会中的相互关系。法治为教化提供了制度保障，而教化则强化了法治的道德基础。两者相辅相成，共同维护了古代社会的稳定与和谐。

三、学情分析

高二年级的学生已经完成了高一阶段的基础学科学习，对高中历史学科有了初步的认识和了解。他们的知识储备更加丰富，思维能力也更加成熟，已经具备了一定的分析、归纳和推理能力。同时，随着年龄的增长和阅历的积累，他们对于历史文化的兴趣也逐渐增强，对于"中国古代法治与教化"这一课题，往往能够保持较高的学习热情和好奇心。

但由于古代法律制度涉及诸多方面，包括律、令、格、式等，且在不同历史时期和地区存在较大的差异，古代法治与教化与现代社会存在较大的差异，学生在理解这些法律制度的内涵和特点、教化思想与实践的关系时，可能会感到困难。

四、确定教学主题

"中国古代的法治与教化"一课是高中历史《选择性必修1》第8课的内容。通过《中外历史纲要（上）》的学习，学生已知在古代中国，家国同构的观念是社会组织和政治生活的一个核心特征。而作为国家治理重要手段的中国古代的法律体系不仅包含了刑法和行政法规，还包括了礼法，即通过礼仪规范来维持社会秩序和谐。法律的执行往往伴随着道德教化，以期达到内外兼修的治理效果。可以说教化在这个过程中起到了补充法律不足、预防犯罪的作用，同时也是传递文化价值观和社会规范的重要手段。这可以从《唐律》中的"十恶"（一为谋反，二为谋大逆，三为谋叛，四为恶逆，五为不道，六为大不敬，七为不孝，八为不睦，九为不义，十为内乱）中得到集中反映。"十恶"中有多条是维护宗法家族秩序和集权专制政体的。有鉴于此，笔者确定了本节课内容的主题，即"从家国一体看古代中国的治理"。同时在整合教材内容以及主题立意的基础上，设置了三个分主题，即"缘起——'德'与'法'""治国——'合'与'融'""齐家——'教'与'化'"。"缘起——'德'与'法'"这一分主题着眼于中国古代早期的"德治"与"法治"之争，鼓励学生发展批判性思维能力，让他们自己分析和评价德治和法治的适用情况及其限制。"治国——'合'与'融'"这一分主题着眼于通过讨论和史实分析，帮助学生对中国古代治理方式形成全面的政治理解和社会认识。"齐家——'教'与'化'"这一分主题则着眼于通过分析具体史实，让学生了解中国古代是如何通过教育和感化来维持和谐与秩序的，并能从古代的智慧中学习并将其应用于现代生活。具体情况如表 3-2：

表 3-2

主题	分主题
从"家国一体"看古代中国治理	缘起——"德"与"法"
	治国——"合"与"融"
	齐家——"教"与"化"

五、制定教学目标

第一，通过引导学生梳理古代中国法治思想和主要法律制度的基本知识，了解教化在古代中国社会治理中的作用及其表现形式，培养学生的自学能力与口头表达能力。

第二，通过对历史文献、案例等资料的分析，培养学生的史料分析能力与历史解释素养。

第三，通过小组讨论、角色扮演等活动，培养学生的合作与交流能力。

第四，通过引导学生认识法治与教化在古代中国社会治理中的重要性，培养学生的法治意识和道德观念，树立正确的历史观和价值观。

六、教学重点、难点

1. 教学重点

①古代中国法治思想的演变，包括法家、儒家等思想流派对法治的影响；

②主要法律制度的形成与发展，如律、令、格、式等；

③教化体系的构成及其实践方式，如学校教育、乡规民约等。

2. 教学难点

①理解法治与教化在古代中国的相互关系及其对社会治理的影响；

②分析古代法治思想的局限性及其对现代社会法治建设的启示。

七、教学策略与建议

第一，采用"主题+问题链"的教学模式，激发学生的学习兴趣和积极性；

第二，史论结合，引导学生从历史事实中提炼出法治与教化的普遍规律和特点；

第三，加强与现实生活的联系，引导学生思考古代法治与教化对现代社会的启示和影响；

第四，鼓励学生开展课外拓展活动，如参观历史遗址、阅读相关著作等，加深对古代法治与教化的理解。

八、教学过程设计(课堂实录)

[导入新课]

材料1：包拯在朝廷为人刚强坚毅，贵戚宦官为之收敛，听说过包拯的人都很怕他。京城称他："关节不到，有阎王爷包老。"

材料2：治平之世，明盛之君，必务德泽，罕用刑法。

——包拯《请不用苛虐之人充监司》

教师：同学们好！大家先看材料1，有一句很关键，那就是"听说过包拯的人都很怕他"。请问违法犯罪的人是怕他这个人还是怕他严格执法？

学生：怕他严格执法。

教师：那你眼中的包拯是一个主张以德治国的人，还是一个以法治国的人？

学生：以法治国的人。

教师：下面大家再看材料2，包拯的意思是社会的治理既需要德治，同时也需要法治。看来这跟我们想象的不一样。为何会出现这种反差？通过今天的学习，希望大家能明白其中的原委。

［新课讲述］

教师：同学们，其实包拯的言论反映了古代中国政治思想中的两种不同观点，一种是儒家的道德教化观念，主张以德治国；另一种是法家的法律制度观念，主张以法治国。这两种观点各有其优缺点，一直存在争议。要想很好地掌握这节课的知识，首先要理解以下的核心名词，有哪位同学能为我们大家解释一下法律与教化这两个基本概念？

学生：法律指体现统治阶级意志，由国家制定或认可，受国家强制力保证执行的行为规则的总称。法律着眼于防范与惩处，是国家制度不可或缺的重要组成部分，具有强制约束力。教化指政教风化。教化着眼于教育与引导，对社会和个人的约束力是相对软性的，强调道德感召与自律，也是国家治理的重要手段，是对法治的有效补充。

（一）缘起——"德"与"法"

教师：清楚了概念后，我们来思考问题，德治与法治理念的渊源分别是什么？分别有何价值？

小组讨论之后，由小组代表回答问题：

学生A：西周时期统治者建立起以宗法制为核心的礼制，同时提出

"敬天保民"的思想,有一定的进步性,我认为这应该是德治理念产生的渊源。

学生 B:法治理念产生的渊源是夏商周时颁布了《禹刑》《汤刑》《九刑》,说明早期国家可能已经有了法律,但都是习惯法。直到春秋时期,郑国的子产"铸刑书",制定了中国历史上最早的成文法。

教师:子产的这部成文法意义深远,但似乎也引发了一场争论,叔向反对刊布法律,理由是刑罚适用于乱世,公布刑书会使老百姓更注重争端,而不顾道德礼义,这就是早期的德治与法治之争。这样的争论有什么意义?

学生:为法家的"以法治国"提供了经验,也为历代王朝法治建设的发展奠基,其次也反映出西周礼乐制度的崩溃和治国策略的改变;推动了后世的德治、礼治的思想大讨论。

教师:没错,这种争论并没有停止下来,到了春秋战国时期再次出现了德法之争,这次的德法相争又是怎么回事呢?请同学们完成表格当中的内容,回答问题。

请同学上台填写表格,给出答案,如表3-3所示。

表3-3 德法之争

学派	治国思想		治国手段	理论基础
儒家	孔子:①为政以德 ②节用而爱人,使民以时		主张德治,通过道德教化民众,采用仁和礼的手段	人性善
	孟子:①施仁政于民,省刑法,薄税敛 ②民为贵,社稷次之,君为轻			
法家	商鞅:保护新兴地主阶级利益,颁布法令,奖励耕战		实行法治,赏罚分明,以法为师、以吏为师	人性恶
	韩非子:①君主要以法、术、势驾驭臣下 ②君主赏罚分明,臣民必守法令			

教师：请同学们思考，这个时期的德和法到底在争什么？德法之争，谁在这个时期占了上风？

同学 A：春秋战国时期的德法之争，表面上看是儒家和法家在争，其实是他们不同的治国思想在博弈。

同学 B：春秋战国时期，社会大变革，在分裂中孕育着统一。由于儒家思想不适用于列强兼并、战争激烈的战国时期，而法家思想既能带来富国强兵的现实利益，又满足了各国君主专制的愿望，因此更受统治者青睐，典型的例子是：秦国在法家思想的指引下，不断富国强兵，最终统一六国，建立了中国历史上第一个君主专制中央集权的封建国家。

(二)治"国"——"合"与"融"

材料 3：法家固然绝对排斥礼治、德治，儒家却不曾绝对排斥法律，只是不主张以法治代替礼治、德治而已……荀子思想中杂有法家思想，韩非、李斯俱出其门，绝非偶然……"以至善者待之以礼，以至不善者待之以刑"……他的书中常德刑礼法相提并论。

——瞿同祖《中国法律与中国社会》

教师：其实德与法两者一定是互相排斥的关系吗？德与法是否有结合的可能性呢？

同学 A：我认为礼与刑，德与法是存在有相结合的可能性的。秦朝当年实行以法家思想为指导的极端重刑主义统治，导致社会矛盾尖锐、二世而亡，说明单一的用法去治天下是不可行的。其次董仲舒提出"天人合一"，主张治理国家应以德为主、以刑为辅，汉武帝时儒学正统地位确立，大批儒家知识分子用儒学精神改造现行法律，以上都说明礼与刑，德与法是存在相结合的可能性的。

教师：那我们现在一起来看看，汉朝至明清，礼与法是如何实现结合乃至融合的？请同学们以快问快答的方式完成下面表格的内容。

填完的表格内容，如表 3-4 所示。

表 3-4 历朝历代礼法关系

时间	法律	教化	关系
汉	沿袭秦律,作《九章律》	尊崇儒术,引经注律,引经决狱	礼法开始结合
魏晋	律令儒家化是重要变化	重视家训	律令儒家化进一步推进
隋唐	《唐律疏议》,律、令、格、式	《大唐开元礼》,强化基层教化	礼法结合
宋元	立法多以唐律为蓝本,《宋刑统》	儒学士人推动儒学社会化,制定乡约,推动基层教化	礼法结合进一步发展
明清	《大明律》《大清律例》,律例合编	乡约圣谕化,具有约束力	教化与法律合流,成为具有约束力的统治工具

教师:根据大家整理的内容,汉朝至明清均采用了礼与法相结合的治理方式,为什么统治者都采用了这样的治理方式?

学生 C:把礼法结合在一起,有利于推动封建法律秩序的形成与发展,推动了法律的儒家化,维护了皇权和封建等级特权;维护了中央集权,有利于建立相对稳定、有序的社会秩序,促进了封建经济的繁荣和发展。

教师:这样的治理方式有没有不足之处?

学生 C:有的,如果日常生活中以礼入法,可能会使审理案件、定罪量刑走向主观化;儒家经义内容与精神作为定罪量刑的标准,背离了法律原则,定罪量刑有失公正客观;儒法结合重在礼法合一,纳礼入律,法律与道德礼仪高度混淆,深刻禁锢了人们的思想。

教师:C 同学回答得非常好。我们还能看出汉之后法律在不断发展,法治与德治的结合也越来越紧密,请同学们根据下面的材料思考,为什么法律与儒学的结合会越来越紧密?

材料 4:儒者博而寡要,劳而少功,是以其事难尽从,然其序君臣父子之礼,列夫妇长幼之别,不可易也……法家严而少恩,然其正君臣上下之分，不可改矣。

——《史记·太史公自序》

材料5：儒家学说有多面性，如儒家也并不完全排斥法律与刑罚，儒家提倡的"礼"本身也有一定的约束力，孔子本人还做过鲁国的最高司法长官司寇。像法家一样，儒家思想也有中央集权统一思想的萌芽，只不过希望这种统一是由周天子或仁君来完成。正是这种多面性，可以说明儒家学说为什么总能发展出适合封建时代统治阶层需求的统治学说。

——《选择性必修 1　教师教学用书》第 113 页

材料6：今师异道，人异论，百家殊方，指意不同，是以上亡以持一统；法制数变，下不知所守。臣愚以为诸不在六艺之科孔子之术者，皆绝其道，勿使并进。邪辟之说灭息，然后统纪可一而法度可明，民知所从矣。

——《汉书·董仲舒传》

同学 D：我认为先儒学和法家各有侧重，具有互补性；其次儒学的多面性，适应统治阶级需要；最后儒学被确定为主流，向法治渗透，所以才会结合越来越紧密。

（三）齐"家"——"教"与"化"

教师：D 同学回答得非常好。接下来老师问大家一个问题，你们家有没有"家训"？在中国古代，家训有着非常重要的作用，那就是可以达到"以教化民"的作用。下面让我们一同走进第三个分主题的学习，请同学们结合这个表格思考，从唐朝到清朝，地方上是如何"以教化民"的？

材料7：

时间	言论
唐	家法备，然后可以言养人。<div align="right">——《新唐书·柳公绰传》</div>

续表

时间	言论
宋	德谓见善必行，闻过必改，能治其身，能治其家，能事父兄，能教子弟，能御僮仆，能肃政教。 ——《吕氏乡约》
明	孝顺父母，尊敬长上，和睦乡里，教训子孙，各安生理，毋作非为。 ——明太祖"六谕"
清	敦孝弟以重人伦，笃宗族以昭雍睦，和乡党以息争讼，重农桑以……黜异端以崇正……戒。逃以免株连，完钱粮以省催科，联保甲以弭盗贼。 ——康熙帝"圣谕十六条"

学生 E：唐朝提倡礼治，社会层面推广魏晋南北朝以来重视家训的经验，强化基层教化；宋朝一方面理学在社会广泛传播，深入社会基层，另一方面儒学士人投身基层教化，以乡约教化乡里；明朝宣讲明太祖的"六谕"，使乡约逐渐带有强制力；清朝原本有儒学士人发起的教化百姓的乡约，经政府推广而具有约束力，并与法律合流。

教师：同学们回答得都非常好，大家可以结合本课的学思之窗的内容思考，从唐朝到清朝，地方治理体现出怎么样的趋势？

学生：通过对于知识和材料的总结，我认为趋势主要是两个方面，一方面由以道德教化为主到增加宣讲"圣谕"，具有约束力，并与法律合流；乡约由民间自发到政府推动设立；另一方面形式上继承儒家伦理教化精神，实质上是强制宣传最高统治者的意志。

教师：同学回答得非常好，我们还可以发现，这种变化在明清时期尤为明显，为什么这个时期变化如此大？

学生：明清时期君主专制强化，加强对基层社会的控制，乡约已完全沦为统治阶级的统治工具，这也是礼法合流的表现。

[课堂小结]

教师：这位同学回答得非常好，今天的所有学习内容基本已经学习完毕了。老师给大家 3 分钟时间，自由背记与总结，5 分钟后请个别同学做个简单的学习小结。

学生进行总结。

教师：同学们，德与法之争的背后是国家治理手段的考量，它们都是社会治理的重要手段。法安天下，德润人心，中华传统法律文化，强调道德对法律的支撑，注重道德对法律的滋养。即使是以公正廉明、铁面无私著称的包拯，也是主张重视道德的社会价值的，而不仅仅是单一、机械地用法律条文来治理国家。正如孟子所说"徒善不足以为政，徒法不能以自行"。此外，中华传统法律文化中的"尚和""厌讼"，并不意味着逃避纠纷、拖而不决，而是强调道德在法律遵守与执行中的基石力量。总之，法律与道德的关系如下：法律是准绳，任何时候都必须遵循；道德是基石，任何时候都不可忽视。希望同学们能够将这些知识内化于心、外化于行，为构建更加和谐稳定的社会贡献自己的力量。

九、教学反思

本节教学课"古代中国的法治与教化"以"从'家国一体'看古代中国治理"为主题进行"主题+问题链"的教学模式教学，引导学生深入探究古代法治与教化的内涵、发展及其相互关系。以下是对本次教学的反思：

1. 本节课可取之处

（1）主题选择得当，内容丰富。本次教学主题紧扣古代中国法治与教化这一核心议题，涵盖了法治的起源、发展、实施挑战以及教化的内容、方式、作用等多个方面。教学内容丰富，有助于学生对古代社会的治理机制和文化传承有全面的了解。

（2）问题链式设计，逻辑清晰。通过问题链式的教学方法，本次教学将复杂的历史现象和理论问题拆解为一系列小问题，引导学生逐步深入思考。问题设置逻辑清晰，层层递进，有助于激发学生的思维活力和探究欲望。

（3）学生参与度高，互动性强。在教学过程中，注重引导学生积极参与讨论和思考，通过提问、讨论、案例分析等方式，激发学生的学习兴趣，提高主动性。学生参与度高，互动性强，课堂氛围活跃。

2. 本节课需改进之处

（1）历史背景介绍需加强。在探讨古代法治与教化时，对于当时的历史背景和社会环境的介绍还不够充分。这可能导致学生对某些现象和问题的理解不够深入。因此，在后续教学中，应加强对历史背景的介绍和分析。

（2）案例分析需更丰富。虽然本次教学涉及了一些案例分析，但数量相对较少，且部分案例的代表性不够强。为了更好地帮助学生理解古代法治与教化的实践情况，应增加更多具有代表性和典型性的案例分析。

（3）跨学科融合需加强。法治与教化涉及法学、历史学、教育学等多个学科领域。在本次教学中，对于跨学科知识的融合还不够充分。未来可以尝试与其他学科教师合作，共同开展跨学科的教学活动，以拓宽学生的视野和知识面。

综上所述，本次古代中国法治与教化主题教学取得了一定的成效，但也存在一些需要改进的地方。在未来的教学中，笔者将继续探索和实践更有效的教学方法，以提升教学质量和效果。

下编

教 学 设 计

第四章 《中外历史纲要(上)》教学设计

第一节 "中华文明的起源与早期国家"教学设计

一、研读课标要求，确定主题情境

"中华文明的起源与早期国家"一课是《中外历史纲要(上)》的内容，学生应在了解石器时代中国境内有代表性的文化遗产的基础上，认识到它们与中华文明起源、私有制、阶级和国家产生的关系；并能通过甲骨文、青铜器铭文及其他文献记载，了解私有制、阶级和早期国家的起源特征。教科书共三个子目，以历史发展的顺序展示中华文明起源与早期国家产生演变的过程，三个子目之间有着内在的逻辑联系，展现了从原始社会组织逐步走向早期国家的过程。基于此，教师确定了本节课内容的主题，即"氏族·部落·国家"。同时在整合教材内容以及主题立意的基础上，设置了三个分主题，即"从'母系'到'父系'""从部落到国家""从初创到完善"。"从'母系'到'父系'"，反映了社会生产力的进步；"从部落到国家"，反映了中华文明的发展进入了新的阶段，人口规模和社会组织更加复杂；"从初创到完善"，则反映了中华文明的整体发展进入了较为成熟的早期阶段。三个阶段很鲜活地展现了中华文明的起源与早期国家的发展概况。通过以上主题与分主题的设定，将课程标准的要求转化为课堂教学的聚焦问题，做到了课标问题化。

二、明确教学目标，突破重点难点

教学目标：深入挖掘教材，做到教材学材化，观察教材中的地图以及图片，研读史料，从考古、传说、信史等多个角度认识中华文明的起源，认识中华文明多元一体的特点，综合分析早期国家政治制度的特征；通过史料研习、问题设置、交流研讨，能够运用唯物史观，分析私有制、阶级和国家产生的关系及其基本特征；在立足史实的基础上，树立史料实证意识，对史料做出合理解释，掌握文献资料和考古资料相互印证的史料实证方法，并能客观看待中华文明的起源与早期国家的发展概况。

重点：中华文明起源的多元性；早期国家的特征。

难点：私有制、阶级和国家产生的关系。

三、设计导入环节，激发学习兴趣

首先，教师给出一段材料。

（新石器时代中晚期）唯一明显的变化，是人群"共同体"规模的扩大。村落逐渐演变为部落。而到了距今5000—4000年之间，几个或十几个部落汇聚成了早期国家，如山西陶寺古城。其中，统治中心已经形成城市，面积有两三平方公里，周围环绕着数米高的夯土或石砌城墙，城内有数百平方米的大型宫殿，上层贵族开始使用精美器物，死后的墓葬里也堆满了豪华随葬品，而且经常用人殉葬。

有些较大的都城，居民会过万，多数是农夫，也分化出了手工业者、世袭统治精英，以及巫师等专业知识人群。巫师观察天象，编制早期历法，研究占卜通神之术。甚至可能已经有了记录语言的原始符号，初步的冶铸铜技术也在悄悄流传。

这时，国家、王朝和文明时代已经不远了。

——李硕《翦商》，有改动

教师紧接着抛出问题——"为何说距今5000—4000年，中华大地离国家、王朝和文明时代已经不远了？之前为何不是？氏族、部落、国家这三个人群'共同体'规模的变化与中华文明有何关系?",引发学生的思考和激烈讨论,呼应主题"氏族·部落·国家",并让学生带着这些问题开始本节课的学习,迅速融入课堂。导入设计在课堂开始就体现出生生互动、师生互动的原则,为教学的下一步展开打下良好的基础。

四、设置问题链条,落实核心素养

教师在依据课标并整合教材的基础上设计出问题链,并向学生展示问题链,如表 4-1 所示。接着教师引导学生在课堂上依据教师提供的材料以小组合作的形式展开讨论后回答相关问题,展示学习成果。

表 4-1 "氏族·部落·国家"问题链

主题	分主题	问题链
氏族·部落·国家	一、从"母系"到"父系"	1. 观察姜寨遗址示意图,姜寨遗址呈现出怎样的特点?
		2. 观察良渚古城文化遗址,良渚古城文化遗址与姜寨遗址有何不同?
		3. 这种差异,说明了什么?原因有哪些?
	二、从部落到国家	1. 陶寺遗址与上述两个遗址有何不同?
		2. 这种不同反映了当时社会怎样的变化?
		3. 这一变化在早期文明史上有何意义?
	三、从初创到完善	1. 与夏代相比,商代在加强国家治理方面有何继承和发展?
		2. 相较于前代,西周的政治制度有何特点?有何意义和局限性?
		3. 早期国家的特征有哪些?如何看待当时"家国一体"的现象?

五、小结

通过本课的学习，师生们一同追溯了中华文明的源头。认识中华文明的起源与发展的特性是本课的重点，在主题"氏族·部落·国家"的引领下，设定了"从'母系'到'父系'""从部落到国家"和"从初创到完善"三个分主题，分主题下又设置环环相扣的问题链层层深入分析，实现知识的体系化、逻辑化，减少碎片化。

第二节 "诸侯纷争与变法运动"教学设计

一、研读课标要求，确定主题情境

课标对本课的要求是学生通过了解春秋战国时期的经济发展和政治变动，理解战国时期变法运动的必然性；学生通过本课的学习，能了解老子、孔子等人的学说；学生通过本课学习，了解"百家争鸣"的局面及其意义。教科书共有四个子目，分别讲述了春秋战国时期的兼并战争和民族关系的变化、经济的发展状况、重要的变法运动及百家争鸣的具体情况，从政治、经济、意识形态等角度阐释了春秋战国时期"大变革"的阶段特征，渗透和贯穿了唯物史观中"生产力决定生产关系""经济基础决定上层建筑""一定时期的文化是一定时期政治经济的反映"的内容。本课的核心问题是理解春秋战国时代政治、经济、民族、制度和思想等领域之"变"，厘清春秋战国时期各领域大变革的内在逻辑关系。基于此，教师确定了本节课内容的主题，即"变动·行动·推动"。同时在整合教材内容以及主题立意的基础上，设置了三个分主题，即"变动""行动""推动"。三个分主题之间，层层递进，围绕"变"字展开，既展示了春秋战国时期的经济发展和政治变动，又体现了思想文化领域的应变，各国变法以及"百家争鸣"局面的出现更是这一时期"变"所带来的重要结果之一，呼应了主题。通过以上主题与分主题的设定，将课程标准的要求转化为课堂教学的聚焦问题，做到了课标问题化。

二、明确教学目标，突破重点难点

教学目标：深入挖掘教材，做到教材学材化，借助教材中历史地图的对比分析，了解春秋战国时期政治动荡、经济发展、思想文化繁荣的基本史实，直观深刻地认识到春秋战国时期变化的局面，逐步培养时空观念。通过史料阅读分析春秋战国时期政治、经济、文化发生重大变革的原因，进一步理解春秋战国时期各诸侯国采取变法运动的必然性，逐步培养史料实证和历史解释的能力。通过对春秋战国时期阶段特征的整体认识，理解春秋战国时期对统一多民族封建国家建立的奠基作用；理解百家争鸣是中华民族思想文化源头；理解中华文化的源远流长，树立文化自信，涵养家国情怀。

重点：社会变化与变法运动产生的原因；"百家争鸣"局面的形成及其意义。

难点：理解春秋战国时代政治、经济、民族、制度和思想等领域之"变"；厘清春秋战国时期各领域大变革的内在逻辑关系。

三、设计导入环节，激发学习兴趣

首先，教师给出一则故事"改变历史的'一箭'"。该故事发生于公元前707年的繻葛(今河南省长葛市)，周桓王率陈、蔡、卫等国军队讨伐郑国，郑庄公派兵抵抗，两军战于繻葛，周王军大败。周桓王被射中肩膀。繻葛之战使周朝君主威严一落千丈，此后周王室日渐衰弱，诸侯国势力大增，竞相争霸，因而有了春秋开始"礼崩乐坏"的说法。"礼崩乐坏"其实是一种旧的社会制度逐步被新的社会制度取代的象征，经历诸侯争霸、变法、兼并最终统一的过程，封建制度替代了奴隶制度，一个新的多民族大一统王朝最终形成。诚如清汤鹏所说："周之天下，犬戎桡之，始皇亡之；而繻葛一战，则君臣之义，郑伯先废之矣。"

教师紧接着抛出三个问题——"改变历史的'一箭'何以能够射出？这

'一箭'的射出带来了哪些变化？各诸侯国如何应对这一变动？"，引发学生的思考和激烈讨论，呼应主题情境，即"变动·行动·推动"，并让学生带着这些问题开始本节课的学习，迅速融入课堂。导入设计在课堂开始就体现出生生互动、师生互动的原则，为教学的下一步展开打下良好的基础。

四、设置问题链条，落实核心素养

教师在依据课标并整合教材的基础上设计出问题链，并向学生展示问题链，如表 4-2 所示。接着教师引导学生在课堂上依据教师提供的材料以小组合作的形式展开讨论后回答相关问题，展示学习成果。

表 4-2 "变动·行动·推动"问题链

主题	分主题	问题链
变动·行动·推动	一、变动	1. 王室衰微、诸侯崛起带来怎样的后果？
		2. 当时经济发展的动力有哪些？
		3. 当时文化下移带来了怎样的影响？
	二、行动	1. 为了在激烈的竞争中取胜，各国在政治上采取了什么措施？
		2. 各国在经济变革方面主要采取了哪些措施？
		3. 诸子百家的观点有何分歧？怎样看待它们相互之间的借鉴和融合？
	三、推动	1. 变法运动总体上带来了怎样的后果？为何秦国的效果最好？
		2. 在社会变革大潮影响下，当时经济发展状况是怎样的？
		3. 百家争鸣的后果怎样？

五、小结

通过本课的学习，师生们一同追溯了春秋战国时期诸侯国纷争与适应时代潮流进行政治改革的历史，从诸多变法与运动中，我们可以窥见春秋战国时期诸侯国在危机中求变、在变革中成长的轨迹。课堂上学生通过比较春秋战国形势图的变化，理解了从春秋到战国华夏认同的形成和华夏族范围的扩大这一史实；通过梳理经济发展与变法运动之间的逻辑关系，理解了经济基础与上层建筑之间的关系；通过铁犁牛耕的出现到井田制瓦解再到地主阶级兴起，一步步推导到变法运动，形成证据链，再结合图片、史料、教材等分析了变法运动发生的必然性；通过了解百家争鸣是中华民族思想文化源头，体会中华文化的源远流长，树立了文化自信，并涵养了以服务于国家统一、民族融合和人类社会进步为使命的家国情怀。最后以"推动"作结尾，既是对本课重点知识的思考，又为后面"秦统一多民族封建国家的建立"课程的开展起到很好的铺垫作用。

第三节 "秦统一多民族封建国家的建立"教学设计

一、研读课标要求，确定主题情境

本课内容分为三个子目，分别是秦的统一、秦朝的暴政、秦末农民起义与秦的速亡。所涉及的内容包括秦统一的条件、秦统一的过程、秦建立后巩固统一的措施、秦朝建立的历史意义、秦始皇的暴政、陈胜吴广大泽乡起义、刘邦项羽楚汉战争等。课标要求通过了解秦朝的统一大业，认识统一多民族封建国家的建立在中国历史上的意义；通过了解秦朝时期的社会矛盾和农民起义，认识秦朝崩溃的原因。考虑到学生对夏、商、西周时代的政治制度及秦的相关史实有一定了解，通过本课学习主要是帮助学生进一步认识秦初创建专制主义中央集权制度的意义及得失。基于此，教师确定了本节课内容的主题，即"新制与得失"。同时在整合教材内容以及主题立意的基础上，设置了三个分主题，即"秦之道""秦之制""秦之思"。通过以上主题与分主题的设定，将课程标准的要求转化为课堂教学的聚焦问题，做到了课标问题化。

二、明确教学目标，突破重点难点

教学目标：深入挖掘教材，做到教材学材化，通过阅读和梳理教材，研读史料，理解秦朝政治制度、国家统一与社会经济、文化的关系，学会运用历史唯物主义来分析历史问题，形成唯物史观；通过史料研习、问题设置、组织小组合作探究，归纳总结秦朝统一的历史意义，培养学生读图识图、分析史料、归纳总结的能力；通过学习让学生认识到秦的统一促进了统一多民族国家的形成，培养中华民族的家国情怀，提升民族文化的认同感。

重点：统一多民族封建国家建立的历史意义。

难点：对秦王朝创立中央集权制度的得失评价。

三、设计导入环节，激发学习兴趣

首先，教师给出一段材料。

"始皇时代之法制，实具伟大之精神，以一政府而辖制方数千里之中国，是固国家形式之进化，抑亦其时思想之进化也。""盖嬴政称皇帝之年，实前此二千数百年之结局，亦为后此二千数百年之起点，不可谓非历史一大关键。惟秦虽有经营统一之功，而未能尽行其规划一统之策。凡秦之政，皆待汉行之。秦人启其端，汉人竟其绪。

——柳诒徵《中国文化史》

教师紧接着抛出一个问题——"从材料及所学知识看秦始皇是'千古一帝'还是'无道暴君'？"，引发学生的思考和激烈讨论，呼应主题"新制与得失"，并让学生带着这个问题开始本节课的学习，迅速融入课堂。导入设计在课堂开始就体现出生生互动、师生互动的原则，为教学的下一步展开打下良好的基础。

四、设置问题链条，落实核心素养

教师依据课标、主题的要求及本课内容，结合学生认知水平，设计了问题链，如表 4-3 所示。整节课在主题问题链的引领下，小组展开合作讨论，展示学习成果，以抽丝剥茧之势完成对整节课核心问题的解决。

表 4-3 "新制与得失"问题链

主题	分主题	问题链
新制与得失	一、秦之道	1. 为何秦国能一统六合？
		2. 秦的统一有哪些历史意义？
	二、秦之制	1. 为了巩固统一，秦朝在中央和地方分别采取了哪些措施？
		2. 这些措施有何意义？
		3. 秦朝的国家治理与西周相比，有何不同？
	三、秦之思	1. 貌似强大的秦朝为何二世而亡？
		2. 起义军提出的"王侯将相，宁有种乎"口号流行一时，说明了什么？
		3. 对比项羽和刘邦的治理政策及结果，这是否预示着秦代的治国理念将会被调整？

五、小结

通过本课的学习，师生们一同回顾了秦一统六合再建制巩固的历史，加深对其在统一多民族封建国家发展历史中意义的认识。"统一"首先是疆域统一，是一个实体形态；"多民族"是这个实体的政治组织形式；"封建"不是"封邦建国"（分封），而是疆域统一的社会形态或社会发展所处的阶段。如何构建这个统一的封建国家，制度的得失是关键。本课突出制度的创新和思考，在主题"新制与得失"的引领下，设定了"秦之道""秦之制"

和"秦之思"三个分主题，分主题下又设置环环相扣的问题链层层深入分析，实现知识的体系化、逻辑化，减少碎片化。这更有利于学生加深对秦的道路选择、制度创新和制度得失的理解。通过学习，学生能认识理解制度创新的重要性，了解秦统一的历史意义，有利于培养民族认同感，提升家国情怀。最后以"秦之思"作结尾，既是对本课重点知识的思考，又能为后面汉代政策调整知识的讲述起到很好的铺垫作用。

第四节 "西汉与东汉——统一多民族封建国家的巩固"教学设计

一、研读课标要求，确定主题情境

根据单元定位和课标要求，本课教学主旨是统一多民族国家的巩固，要通过对两汉兴亡的讲解，引导学生认识和理解为什么要巩固统一多民族国家，怎么样巩固统一多民族国家，政策如何调整，巩固统一多民族国家的统治对中国历史发展有什么意义。基于本课的核心是"巩固"，再结合大汉为巩固多民族国家进行的政策调整，教师确定了本节课内容的主题，即"调整与巩固"。同时在整合教材内容以及主题立意的基础上，设置了三个分主题，即"择治国良策""思两汉兴衰""追大汉荣光"。其中"择"突出政策的调整，"思""追"层层深入，使学生理解调整与巩固的历史意义。通过以上主题与分主题的设定，将课程标准的要求转化为课堂教学的聚焦问题，做到了课标问题化。

二、明确教学目标，突破重点难点

教学目标：深入挖掘教材，做到教材学材化，通过研读教材中的史料，了解汉武帝调整和巩固的措施，理解中国古代君主施行不同政策对封建国家兴亡盛衰的影响，从不同的角度认识影响历史发展的具体因素，认识历史的规律性。从汉武帝和汉光武帝生平及其巩固统治的措施中，认识英雄人物在历史发展进程中的作用。认识统一多民族封建国家的巩固对文化昌盛和中外文化交流的推动作用，形成对中华民族的认同感。

重点：汉武帝削藩、开疆拓土、巩固统治的措施。

难点：两汉巩固统一多民族封建国家的意义。

三、设计导入环节，激发学习兴趣

首先，教师给出一段材料。

谥号是君主时代帝王、贵族、大臣等死后，依其生前事迹所给予的称号。该称号往往具有高度的概括性。两汉历史当中，有两位皇帝谥号中带"武"字，一位是汉武帝刘彻，一位是汉光武帝刘秀。为什么他们二人的谥号中都有一个"武"字，而一个是"武"，另一个却是"光武"呢？

通过向学生介绍何为"谥号"，让学生探究他们的谥号为什么是"武帝"，从而引发对皇帝在位时期政策的探究，既呼应主题，又达到落实素养的目标。导入设计在课堂开始就体现出生生互动、师生互动的原则，为教学的下一步展开打下良好的基础。

四、设置问题链条，落实核心素养

教师在依据课标并整合教材的基础上设计出问题链，并向学生展示问题链，如表4-4所示。接着教师引导学生在课堂上依据教师提供的材料以小组合作的形式展开讨论后回答相关问题，展示学习成果。

表4-4 "调整与巩固"问题链

主题	分主题	问题链
调整与巩固	一、择治国良策	1. 汉朝初年社会面临着怎样的问题？统治者采用了哪些治理措施？
		2. 汉武帝时期，又面临怎样的问题？他采用何种措施来应对？
		3. 汉武帝的措施取得了怎样的效果？
	二、思两汉兴衰	1. 什么因素导致了西汉逐渐走向衰亡？
		2. 东汉初年刘秀针对时弊作出了怎样的改进？效果如何？后来又出现了什么严重问题？
		3. 从两汉的兴衰历程，你能够得出怎样的历史启示？
	三、追大汉荣光	1. 两汉文化得到发展的原因是什么？有何意义？
		2. 通过分析两汉的政治、经济、文化的关系，你怎样理解学者把两汉描述为"激昂时代"这一观点？

五、小结

通过本课的学习，师生们一同回顾了两汉的历史。两汉期间，统一多民族国家得到巩固和发展，中央集权的治理模式在汉朝得到进一步确立，大一统理念自汉朝起深入中华民族的骨髓。东西方通过"丝绸之路"联系越来越密切，民族间的交流和融合进一步加大，以汉族为主体的中华民族以更加开放的心态和宽广的视野与其他国家和民族和睦相处，为人类文明的发展做出了巨大贡献。本课突出两汉政策的调整与巩固，在主题的引领下，设定了"择治国良策""思两汉兴衰"和"追大汉荣光"三个分主题，分主题下又设置环环相扣的问题链层层深入分析，实现知识的体系化、逻辑化，减少碎片化。这样更利于学生加深对历史兴衰的理解，理解历史兴衰背后的政治因素，培养学生的核心素养。

第五节 "三国两晋南北朝的政权更迭 与民族交融"教学设计

一、研读课标要求,确定主题情境

三国两晋南北朝包括三国、西晋、东晋、南北朝几个阶段,除西晋外都处于分裂状态。尽管战火连绵,政局动荡,但社会经济在曲折中仍有发展,南方得到初步开发,汉族与内迁边疆民族从冲突到和平交往,逐步走向交融,推动了统一多民族封建国家的发展。基于此,教师确定了本节课内容的主题,即"动荡中的民族大交融"。同时在整合教材内容以及主题立意的基础上,设置了三个分主题,即"动荡不已的北方""王朝更迭频繁的南方""天平向北方倾斜"。通过以上主题与分主题的设定,将课程标准的要求转化为课堂教学的聚焦问题,做到了课标问题化。

二、明确教学目标,突破重点难点

教学目标:利用地图、示意图梳理三国两晋南北朝时期政权频繁更迭的历史脉络,重现真实的历史场景,认识三国两晋南北朝时期国家分裂、政权更迭频繁的时代特征,涵养学生的时空观念及史料实证素养。深入挖掘教材,做到教材学材化,通过对教材中的史料研读、问题设置、交流研讨,了解江南开发的基本史实与原因。了解北魏孝文帝改革等基本史实,认识这一时期的民族交融为隋唐统一多民族国家的发展奠定了基础,增强学生的民族自尊心和民族自信心。

重点:三国两晋南北朝的政权更迭、区域开发、民族交融。

难点:"十六国与北朝";东晋的士族专权。

三、设计导入环节，激发学习兴趣

首先，通过两首经典唐诗的阅读来导入主题：

《乌衣巷》

(唐) 刘禹锡

朱雀桥边野草花，乌衣巷口夕阳斜。旧时王谢堂前燕，飞入寻常百姓家。

《江南春》

(唐) 杜牧

千里莺啼绿映红，水村山郭酒旗风。南朝四百八十寺，多少楼台烟雨中。

教师紧接着抛出一个问题——"诗里的王、谢世家在东晋有什么不寻常的地方？"，引发学生的兴趣与思考，接着提出"王、谢等世家大族为什么没落了？"的问题呼应主题"动荡中的民族大交融"，并让学生带着这些问题开始本节课的学习，迅速融入课堂。导入设计在课堂开始就体现出生生互动、师生互动的原则，为教学的下一步展开打下良好的基础。

四、设置问题链条，落实核心素养

教师在依据课标并整合教材的基础上设计出问题链，并向学生展示问题链，如表4-5所示。接着教师引导学生在课堂上依据教师提供的材料以小组合作的形式展开讨论后回答相关问题，展示学习成果。

表4-5 "动荡中的民族大交融"问题链

主题	分主题	问题链
动荡中的民族大交融	一、动荡不已的北方	1. 西晋为何能完成统一？为何很快亡国？
		2. 北方"十六国"为何采用中原模式的国号？
		3. 前秦的统一为何功亏一篑？说明了什么？
	二、王朝更迭频繁的南方	1. 东晋制度有何特点？
		2. 南朝的政权交替说明它们的统治理念有哪些局限？
		3. 除了政治相对稳定，南方经济的开发还有哪些原因？
	三、天平向北方倾斜	1. 为何孝文帝要学习汉族的统治理念？
		2. 北魏的改革取得了哪些成效？有哪些局限？
		3. 为何动荡的北方还是在南北的对峙中占了优势？

五、小结

通过本课的学习，师生们一同追溯了三国两晋南北朝这一段政权更迭频繁的历史，认识到区域开发和民族交融是一个长时期、逐渐发展的过程。根据这一思路，在依据课标并整合教材的基础上提炼出主题"动荡中的民族大交融"。在主题的引领下，设定了"动荡不已的北方""王朝更迭频繁的南方"和"天平向北方倾斜"三个分主题，分主题下设置环环相扣的问题链层层深入分析，实现知识的体系化、逻辑化，减少碎片化，有利于学生加深对三国两晋南北朝政权更迭与民族交融的理解。

第六节 "从隋唐盛世到五代十国"教学设计

一、研读课标要求，确定主题情境

隋唐时期是中国古代历史发展中繁荣昌盛的阶段，制度得到进一步创新发展，区域经济得到进一步开发，各民族进一步交往交流交融。隋朝各项建设措施、唐朝的空前繁荣和各民族交融是本课需要重点学习的内容。基于此，教师确定了本节课内容的主题，即"王朝更迭中的'新'与'旧'"。同时在整合教材内容以及主题立意的基础上，设置了三个分主题，即"隋朝之'新'与兴""唐朝之'新'与盛""隋唐之'旧'与思"。通过以上主题与分主题的设定，将课程标准的要求转化为课堂教学的聚焦问题，做到了课标问题化。

二、明确教学目标，突破重点难点

教学目标：深入挖掘教材，做到教材学材化，通过分析教材中的史料和图片，探究隋唐兴衰的原因和教训，培养学生运用唯物史观解释历史现象、归纳历史事物特征的能力。通过展示唐朝边疆与周边少数民族分布图，学生能够了解唐朝在不同区域采取的不同政策，理解民族交融与唐朝繁荣之间的互动性，认识各民族对于边疆开发的积极贡献。通过隋唐到五代十国的曲折历史，认识统一是中国历史的主流趋势，隋唐为统一的多民族国家的发展做出了重大贡献。

重点："贞观之治"；"开元盛世"；民族交融。

难点：隋唐兴衰的原因；王朝兴衰的启示。

三、设计导入环节，激发学习兴趣

首先，教师通过展示北齐、北周、陈对峙形势图以及隋朝疆域图，让学生了解隋朝统一的意义。接着教师再给出两段材料。

材料一：(隋文帝末年)"计天下储积，得供五六十年"。

——《贞观政要》

材料二：隋朝的强盛，体现在人口规模上。南北朝末期的户口统计，陈朝是 50 万户，200 万口。北周 359 万户，900 万口。北齐 300 万户，

2000 万口。隋朝户口的最高数字是 890 万户,4600 万口。

教师紧接着抛出一个问题——"隋朝之兴有哪些表现?",引发学生的思考和激烈讨论。呼应第一个分主题,即"隋朝之'新'与兴"。并让学生带着这个问题开始本节课的学习,迅速融入课堂。导入设计在课堂开始就体现出生生互动、师生互动的原则,为教学的下一步展开打下良好的基础。

四、设置问题链条,落实核心素养

教师在依据课标并整合教材的基础上设计出问题链,并向学生展示问题链,如表 4-6 所示。接着教师引导学生在课堂上依据教师提供的材料以小组合作的形式展开讨论后回答相关问题,展示学习成果。

表 4-6 "王朝更迭中的'新'与'旧'"问题链

主题	分主题	问题链
王朝更迭中的『新』与『旧』	一、隋朝之"新"与兴	1. 隋朝之兴有哪些表现?
		2. 这得益于哪些"新"措施?
		3. 这些新措施取得了哪些效果?
	二、唐朝之"新"与盛	1. 唐代之盛体现在哪些方面?
		2. 唐朝前期统治措施有何共性?
		3. 在稳定内政的同时,唐代在维护边疆稳定方面有何建树?
	三、隋唐之"旧"与思	1. 结合秦代灭亡原因,分析强大的隋朝为何会迅速垮掉?
		2. 唐代为何会盛极而衰?为何会走向灭亡?
		3. 对比汉代的兴衰,分析唐代兴衰的历史经验和教训。

五、小结

通过本课的学习,师生们一同追溯了隋唐五代十国时期的历史,这是国家由统一到繁荣强盛再到分裂的过程。本课以隋唐盛世局面的表现与原因、从特定时空的背景下分析隋朝的功过、唐朝处理民族关系的方式为重点，整合教材并建构问题链。在教师的引导下，学生在课堂上以小组合作的形式展开讨论，不断深入思考；利用诗句、学术专著，提供不同历史解释；结合时间线、地图，培育学生的时空观念；通过对民族交融和唐朝繁荣之间互动性的探究，认识到唐前期的盛世局面和民族交融对统一多民族国家进一步巩固和发展的影响，铸牢中华民族共同体意识；分析盛衰兴亡，使学生形成对隋唐五代社会变迁的整体认识，也使学生认识到历史发展不是一帆风顺的，有历史的必然性，也有曲折性，分裂中又有统一的历史规律，从而树立正确的历史观。最后以"隋唐之'旧'与思"作结尾，既是对本课重点知识的思考，又能为后面"隋唐制度的变化与创新"课程教学起到很好的铺垫作用。

第七节 "隋唐制度的变化与创新"教学设计

一、研读课标要求，确定主题情境

隋唐在继承秦汉以来制度的基础上，根据现实的发展变化采取了一系列的改革措施，推动了中国古代专制主义中央集权政治制度的发展与完善，这些制度很多都被后世所继承和发展，对中国历史产生了深远的影响。学生在本节课中将学习到选官制度、中枢政务机构和赋税制度的相关知识。教材中通过对大一统需要制度创新，制度创新又进一步推动大一统的长期发展的关系梳理，让学生对隋唐制度的变化与创新有了更深刻的认识。基于此，教师确定了本节课内容的主题，即"变化与创新"。同时在整合教材内容以及主题立意的基础上，设置了三个分主题，即"选官之变""行政之变""赋税之变"。通过以上主题与分主题的设定，将课程标准的要求转化为课堂教学的聚焦问题，做到了课标问题化。

二、明确教学目标，突破重点难点

教学目标：深入挖掘教材，做到教材学材化，通过研读教材中的史料，分析比较三省六部的运行规则及与三公九卿的异同点，理解中央集权与君主专制是如何在特定的时空背景下变化与延续的。通过分析两税法的背景理解赋税变革的意义，感受经济基础的巨大影响力。通过对科举制的分析感受社会公平公正的巨大意义。

重点：认识三国两晋南北朝至隋唐时期的制度变化与创新。

难点：理解制度变化的原因与影响。

三、设计导入环节，激发学习兴趣

首先，教师给出江南贡院的历史图片，让学生猜测用途，并对考场的布局做介绍，让学生回忆以往的选官制度，引发学生探索的兴趣，呼应本课的情境主题"变化与创新"，并让学生带着这些问题开始本节课的学习，迅速融入课堂。导入设计在课堂开始就体现出生生互动、师生互动的原则，为教学的下一步展开打下良好的基础。

四、设置问题链条，落实核心素养

教师在依据课标并整合教材的基础上设计出问题链，并向学生展示问题链，如表4-7所示。接着教师引导学生在课堂上依据教师提供的材料以小组合作的形式展开讨论后回答相关问题，展示学习成果。

表 4-7 "变化与创新"问题链

主题	分主题	问题链
变化与创新	一、选官之变	1. 推行九品中正制的初衷是什么？结果如何？
		2. 科举制有何创新？有何意义？
		3. 对比隋唐科举考试的内容，你觉得科举考试考什么最合适？
	二、行政之变	1. 三省六部制的运行规则是怎样的？有何优势？
		2. 与三公九卿制相比，三省六部制有何创新？
		3. 针对三省运行效率的不足，后来又做出怎样的调整？
	三、赋税之变	1. 租调制为何发展到租庸调制？
		2. 为何两税法取代租庸调制？你有何认识？

五、小结

通过本课的学习，师生们一同追溯了隋唐制度变化与创新的历史。这些制度不是一成不变，而是不断变化的。正是变化与创新，赋予了大唐政治制度以活力，造就了隋唐盛世。而其中一些制度也延续千年，成为中国古代制度的典范。隋唐文明也因此成为中国古代灿烂文明的代名词。本课以探讨隋唐时期的制度变化与创新背后的原因与影响为重点，在主题"变化与创新"的引领下，通过"选官之变""行政之变"和"赋税之变"三个分主题，设置环环相扣的问题链层层深入分析，实现知识的体系化、逻辑化，减少碎片化，加深学生对隋唐制度变化与创新的理解。本节课将课标要求问题化，层层递进，让学生厘清其内在联系。巧用情境、材料引导学生理解政治经济制度背后的民族性、延续性、实用性和时空性。

第八节 "三国至隋唐的文化"教学设计

一、研读课标要求,确定主题情境

东汉以来本土宗教道教开始形成并乘三国两晋的乱世之机而与佛教一同广泛流传,佛道的盛行不仅冲击了儒学的正统地位,而且深刻影响了这一时期的文化艺术和科学技术。这一时期华夏文明不仅积极吸收借鉴外来优秀文化,而且还向外传播中华优秀文化,极大促进了中外经济文化的交流。基于此,教师确定了本节课内容的主题,即"交融与新生"。同时在整合教材内容以及主题立意的基础上,设置了三个分主题,即"儒家思想的'争'与'合'""文艺科技的'丰'与'峰'""文化交流的'融'与'荣'"。通过以上主题与分主题的设定,将课程标准的要求转化为课堂教学的聚焦问题,做到了课标问题化。

二、明确教学目标,突破重点难点

教学目标:深入挖掘教材,做到教材学材化,通过分析教材中提供的文学艺术素材,引导学生从各种史料中提取有效信息,了解三国两晋隋唐五代时期经济文化发展的情况。通过建构不同的时空框架,学生认识到其中的历史变化并能做出合理解释和提出自己的认识,从而增加文化自信。

重点:认识三国至隋唐思想文化领域的新成就。

难点:厘清众多知识背后的逻辑关联。

三、设计导入环节,激发学习兴趣

首先,教师给出《混元三教九流图》,附解释:

三教九流图又称《和谐图》，该图创自明代，藏于嵩山少林寺。图中将佛、道、儒合为一体，左面是道家创始人老子，右面是儒家创始人孔子，两老人侧身对坐谈佛论道的形态合成佛祖释迦牟尼之正面形象。三人供奉"九流水源图"，象征着儒、释、道在中华大地上的融合，亦成为中华传统文化的基因。三教合一，导人向善，和谐平等，世界大同。

教师紧接着抛出问题——"你认为这种融合现象最早出现在什么时候？理由是什么？"，引发学生的思考和激烈讨论，呼应主题"交融与新生"。并让学生带着这个问题开始本节课的学习，迅速融入课堂。导入设计在课堂开始就体现出生生互动、师生互动的原则，为教学的下一步展开打下良好的基础。

四、设置问题链条，落实核心素养

教师在依据课标并整合教材的基础上设计出问题链，并向学生展示问题链，如表4-8所示。接着教师引导学生在课堂上依据教师提供的材料以小组合作的形式展开讨论后回答相关问题，展示学习成果。

表4-8 "交融与新生"问题链

主题	分主题	问题链
交融与新生	一、儒家思想的"争"与"合"	1. 三国两晋时期，儒家面临怎样的挑战？
		2. 在处理与佛、道的关系上，儒家做出了怎样的应对？
	二、文艺科技的"丰"与"峰"	1. 为何魏晋南北朝的文艺成就十分丰富？为何唐朝能又达到新的高峰？
		2. 这一时期科技的发展有何特点和影响？
	三、文化交流的"融"与"荣"	1. 魏晋至隋唐时期，文明交融的典型代表有哪些？
		2. 中外文化的交流对中国和周边国家产生了怎样的影响？

五、小结

通过本课的学习，师生们一同追溯了三国至隋唐五代的文化发展史。魏晋南北朝的大分裂时期与隋唐的大一统时期是中国分裂与交融相行的时期，在政治经济等因素的影响之下，这一时期也是我国文化发展的大繁荣时期，宗教、文学艺术、科技成就以及中外交流都在此时取得了突出的成就。本课内容虽然理解难度不大，但是知识点密集，容易让学生产生疲惫感，因而结合教材和课标提炼出主题情境"交融与新生"。在主题的引领下，设定了"儒家思想的'争'与'合'""文艺科技的'丰'与'峰'"和"文化交流的'融'与'荣'"三个分主题，分主题下设置环环相扣的问题链层层深入分析，实现知识的体系化、逻辑化，减少碎片化。这更有利于学生加深对三国至隋唐时期的思想、文学艺术、科技等发展交流的理解，帮助学生认识到文化是在交流中不断推陈出新的。

第九节 "两宋的政治和军事"教学设计

一、研读课标要求，确定主题情境

本课分为四个子目，分别是宋初中央集权的加强、边防压力与财政危机、王安石变法、南宋的偏安。宋代的"祖宗之法"，是时代的产物，是当时的社会文化传统与政治制度交汇的结晶。作为"祖宗之法"的核心"防弊之政"，着眼于防范弊端，主要目标在于保证政治格局与社会秩序的稳定。然而宋人无视时代与社会文化的发展变化，固守祖宗之法，最终被时代车轮所碾压。基于此，教师确定了本节课内容的主题，即"'安'与'不安'"。同时在整合教材内容以及主题立意的基础上，设置了三个分主题，即"内外皆柔""虽能自安""大不可安"。通过以上主题与分主题的设定，将课程标准的要求转化为课堂教学的聚焦问题，做到了课标问题化。

二、明确教学目标，突破重点难点

教学目标：深入挖掘教材，做到教材学材化，通过研读教材中的史料，能够从各种史料中提取有效信息，能够在不同的时空框架下理解宋代"祖宗之法"的变化与延续，并据此对史事做出合理解释，能够从历史表象中发现问题，提出自己的历史认识。

重点：了解两宋政治与军事变化。

难点：辩证看待宋初的祖宗之法。

三、设计导入环节，激发学习兴趣

首先，教师给出两段材料。

宋朝内政最腐朽，外患最强烈，成为历史上怯弱可耻的一个朝代。

——范文澜《中国通史简编》

但是不论在军事上如何软弱，这个王朝在政治、经济、社会、文化等各个方面，都是东亚世界的领头羊。

——[日]小岛毅著《中国思想与宗教的奔流》

教师紧接着抛出一个问题——"宋朝的中国在你眼中是怎样的状态?"，引发学生的思考和激烈讨论，并让学生带着这个问题开始本节课的学习，迅速融入课堂。导入设计在课堂开始就体现出生生互动、师生互动的原则，为教学的下一步展开打下良好的基础。

四、设置问题链条，落实核心素养

教师在依据课标并整合教材的基础上设计出问题链，并向学生展示问题链，如表4-9所示。接着教师引导学生在课堂上依据教师提供的材料以小组合作的形式展开讨论后回答相关问题，展示学习成果。

表4-9 "'安'与'不安'"问题链

主题	分主题	问题链
『安』与『不安』	一、内外皆柔	1. 宋代为何要推行"内外皆柔"?
		2. 宋代是如何实现"内外皆柔"的?
		3. 这些措施有何特点?
	二、虽能自安	1. 宋代实现"自安"了吗?
		2. 宋代为何在边疆冲突中会频吃败仗?
	三、大不可安	1. 北宋的"大不可安者"的主要表现是什么?
		2. 北宋为了实现"可安"又做出了哪些改革?结果如何?
		3. 南宋是否有效化解了北宋的痼疾?

五、小结

通过本课的学习,师生们一同了解了两宋王朝在政治军事上的新变化。两宋通过中央集权基本解决了中央和地方的矛盾,形成了较为完善的官僚权力制约机制,构建了较为稳定的政治环境和社会环境。这是宋代经济、文化、科技乃至对外贸易繁荣的重要原因。但这种"防弊之政"过于执着于保证政治格局与社会秩序的稳定,而最终无奈成偏安之局。这是最值得学生思考之处,因而提炼出主题"'安'与'不安'",在主题的引领下,设定了"内外皆柔""虽能自安"和"大不可安"三个分主题,分主题下又设置环环相扣的问题链层层深入分析,实现知识的体系化、逻辑化,减少碎片化。这更有利于学生加深对两宋王朝在政治军事上新变化的理解。最后以"大不可安"作结尾,既是对本课重点知识的思考,又能为后面"辽夏金元的统治"课程的讲授起到很好的铺垫作用。

第十节 "辽夏金元的统治"教学设计

一、研读课标要求，确定主题情境

本节课包括辽与西夏、金朝入主中原、从蒙古崛起到元朝统一、元朝的民族关系四部分内容，前三部分是以时间为线索介绍了辽、西夏、金、元等少数民族政权的兴衰及相应的制度建设。以往学生主要是站在宋朝的立场上进行学习，很少从少数民族和整个中国发展史的角度去思考辽夏金元等游牧民族对中国历史发展的贡献与影响。基于此，教师以辽夏金元的发展贡献为线索确定了本节课内容的主题，即"并立与统一"。同时在整合教材内容以及主题立意的基础上，设置了三个分主题，即"并立""统一""交融"。通过以上主题与分主题的设定，将课程标准的要求转化为课堂教学的聚焦问题，做到了课标问题化。

二、明确教学目标，突破重点难点

教学目标：深入挖掘教材，做到教材学材化，通过研读教材，了解辽夏金元的建立过程包括建立时间、建立人物、建立民族等，进一步清晰地认识朝代更迭的形势；掌握辽夏金元的统治措施，从而发现他们统治的共性以及差异。根据史料、地图、图片等，认识辽夏金元建立的基本史实，概括元代的统治措施，提高自主进行史料实证、读图识图的能力。通过解读史料素材，提炼相关信息，涵养史料实证素养。通过观看地图，制作时间轴，将历史发展带入时空之中，涵养时空观。通过学习辽夏金元的历史，对少数民族政权在中国历史发展的过程中产生的影响形成正确的认知，涵养家国情怀。

重点：了解辽夏金元诸政权的建立、发展和相关制度建设。

难点：认识北方少数民族政权在统一多民族封建国家发展中的重要作用。

三、设计导入环节，激发学习兴趣

首先，教师引导学生观看课本导言中的辽墓壁画《契丹人引马图》，同时教师给出一段史料。

上(指宋神宗)谓辅臣曰："……盖北有强敌，西有黠羌，朝廷汲汲枝梧不暇。然二敌之势所以难制者，有城国，有行国。自古外裔能行而已，今兼中国之所有，比之汉唐尤强盛也。"

——(宋)李焘《续资治通鉴长编》

宋神宗的话反映出这一时期的北方民族政权在统治本族原居地的同时，还越来越深入地向中原农耕地区拓展。教师紧接着抛出两个问题——"宋神宗对辽和西夏的评价反映了其有何烦恼？当时存在怎样的政治格局？"，引发学生的思考和激烈讨论。教师引导学生归纳总结，呼应主题情境，即"并立与统一"，并让学生带着这些问题开始本节课的学习，迅速融入课堂。导入设计在课堂开始就体现出生生互动、师生互动的原则，为教学的下一步展开打下良好的基础。

四、设置问题链条，落实核心素养

教师在依据课标并整合教材的基础上设计出问题链，并向学生展示问题链，如表4-10所示。接着教师引导学生在课堂上依据教师提供的材料以小组合作的形式展开讨论后回答相关问题，展示学习成果。

表 4-10 "并立与统一"问题链

主题	分主题	问题链
并立与统一	一、并立	1. 辽、夏、金能够崛起，有哪些相似的措施？
		2. 这些措施有何意义？
		3. 这些措施反映了怎样的社会发展趋势？
	二、统一	1. 元朝巩固统一的措施有哪些？
		2. 元朝在边疆治理方面，有何创新之处？
		3. 这些措施有何历史意义？
	三、交融	1. 元代的民族政策有何特点？
		2. 在大统一的背景下，民族交融方面出现了哪些新发展？
		3. 谈一谈你对古代中国少数民族政权学习、借鉴中原制度和统治理念的认识。

五、小结

通过本课的学习，师生们一同回顾了辽夏金元诸政权的建立、发展和相关制度建设的历史。本课突出辽夏金元诸政权的建立与发展，在主题"并立与统一"的引领下，设定了"并立""统一"和"交融"三个分主题，分主题下又设置环环相扣的问题链层层深入分析，实现知识的体系化、逻辑化，减少碎片化。通过对辽宋金元历史的学习，学生对少数民族政权在中国历史发展的过程中产生的影响形成正确的认知。通过认识辽夏金元民族政权在对峙的同时也逐渐交融的历史趋势，体会中华文明的多元一体，涵养家国情怀。本课的学习有助于学生构建起辽、西夏、金、元政权背景，为后面关于"辽宋夏金元的经济、社会与文化"的学习做好铺垫。

第十一节　"辽宋夏金元的经济、社会与文化"教学设计

一、研读课标要求，确定主题情境

本节课有四个子目，分别是经济的发展、社会的变化、儒学的复兴、文学艺术和科技。"经济的发展"介绍了两宋及元的农业、手工业和商业的发展。"社会的变化"介绍了两宋门第观念的变化、社会成员身份的变化、国家对社会控制的变化。"儒学的复兴"介绍儒学的衰落和理学的兴起，以及理学的内涵及影响。"文学艺术和科技"介绍了两宋及元的文化艺术和科技的相关成果的相关知识。这一时期是中国古代历史长河中的繁盛时期，经济处于世界领先地位。农业、手工业、商品经济的发展和经济的重心南移也带动了社会生活、思想观念的变化、文化的发展。根据单元引言以及课标要求，本课教学旨在认识辽宋夏金元在经济、文化与社会等方面的新变化。基于此，教师确定了本节课内容的主题，即"社会'面面观'"。同时在整合教材内容以及主题立意的基础上，设置了三个分主题，即"经济新发展：看看'富儿家'""社会新变化：'慕宋而乐趋'""文化新气象：'焕然而大明'"。通过以上主题与分主题的设定，将课程标准的要求转化为课堂教学的聚焦问题，做到了课标问题化。

二、明确教学目标，突破重点难点

教学目标：深入挖掘教材，做到教材学材化，研读教材中的史料，了解两宋时期经济的发展、社会的变化、儒学的复兴、文学艺术和科技，概括其主要特征；通过史料研习、问题设置、交流研讨，能够运用唯物史观，在立足史实的基础上，树立史料实证意识，对史料做出合理解释，客观看待宋元时期社会面面观，深刻理解这一时期所处的时代背景，时代的政治变革对经济、社会和文化的影响。认识民族交融、文化自信等家国情

怀，并能够对这一重大历史现象做出合理的历史解释。

重点：两宋经济、文化、社会方面的新变化。

难点：两宋社会的变化。

三、设计导入环节，激发学习兴趣

首先，教师给出一幅图——《清明上河图》。接着引出一段材料：

唐人作富贵诗，多纪其奉养器服之盛，乃贫眼所惊耳……此所谓不曾近富儿家。

——（宋）沈括《梦溪笔谈》

教师紧接着抛出一个问题——"辽宋夏金元时期的社会在你眼中是怎样的状态？"，引发学生的思考和激烈讨论，呼应主题"社会'面面观'"，并让学生带着这个问题开始本节课的学习，迅速融入课堂。导入设计在课堂开始就体现出生生互动、师生互动的原则，为教学的下一步展开打下良好的基础。

四、设置问题链条，落实核心素养

教师在依据课标并整合教材的基础上设计出问题链，并向学生展示问题链，如表4-11所示。接着教师引导学生在课堂上依据教师提供的材料以小组合作的形式展开讨论后回答相关问题、展示学习成果。

表4-11 "社会'面面观'"问题链

主题	分主题	问题链
社会『面面观』	一、经济新发展：看看"富儿家"	1.（列表：农业、手工业成就）农业、手工业发展较快的原因有哪些？
		2.（列表：城市和商业的繁荣表现）哪些因素推动了城市的繁荣和商业发展？
		3. 经济重心实现南移的原因有哪些？有何影响？

续表

主题	分主题	问题链
社会『面面观』	二、社会新变化:"慕宋而乐趋"	1. 门第观念的淡化有何积极意义?
		2. 宋代人身依附关系的减弱有何表现?
		3. 社会控制的松弛有何意义?
	三、文化新气象:"焕然而大明"	1. 宋代新儒学有何特点?有哪些深远影响?
		2. (列表:文艺和科技的繁荣表现)文化和科技发展的原因有哪些?有何意义?
		3. 少数民族文字的发展有何意义?

五、小结

通过本课的学习,师生们一同追溯了辽宋夏金元时期的经济、社会与文化的发展历史。这是一个比较复杂的问题,涉及经济、社会、文化等方面的变化,在一节课的时间里难以做到面面俱到,因此根据课程标准要求,教师对本课内容有所取舍和侧重,对两宋及元的文化与科技并未深入探讨而是点到即止;侧重在经济新发展、社会新变化、文化新气象。在教学过程中注重以学生为主体,采取小组合作探究的方式,既能活跃课堂氛围,提高学生的表达能力和合作意识,又能使学生在教师的引导下加深对本课重难点的理解。

第十二节 "从明朝建立到清军入关"教学设计

一、研读课标要求,确定主题情境

在本节课中,学生将通过了解明朝统一全国和经略边疆的相关举措,认识这一时期统一多民族封建国家版图奠定的重要意义;认识明朝封建专制发展和世界形势的变化对中国的影响,以及中国社会面临的危机;了解明朝封建专制的发展和明朝经略边疆的问题。具体而言,明朝时期专制集权趋于强化，统一多民族国家趋于稳固。政治上，废宰相设内阁，权分六部，宦官专权；海疆治理上，郑和下西洋，从海禁到重新开放海外贸易，西欧殖民扩张，沿海地区受到严重侵扰；内陆边疆治理上，明朝和蒙古关系的演变，明朝对西藏的有效治理，满洲的崛起与明清易代。基于此，教师确定了本节课内容的主题，即"明朝的'进'与'退'"。同时在整合教材内容以及主题立意的基础上，设置了三个分主题，即"皇权的强化与'异化'""海上的'进'与'退'""治理的'得'与'失'"。通过以上主题与分主题的设定，将课程标准的要求转化为课堂教学的聚焦问题，做到了课标问题化。

二、明确教学目标，突破重点难点

教学目标：深入挖掘教材，做到教材学材化，研读教材中的史料，分析评价明初废丞相、设内阁的措施以及宦官专政的现象，用唯物史观分析君主专制不断加强的趋势。通过史料研习、问题设置、交流研讨，能够运用唯物史观，了解郑和下西洋的壮举、东南沿海的抗倭斗争和荷兰侵占台湾等史实，认识中国开始落后于世界潮流，从"家国情怀"角度认识中国社会面临的危机。在立足史实的基础上研读史料，树立史料实证意识，对史料做出合理解释，全面分析明朝巩固政权和经略边疆的相关举措，从"时空观念"角度认识统一多民族国家版图奠定的重要意义，培养历史解释能力和维护国家统一的家国情怀。

重点：明朝面临的内、外部问题。

难点：明朝政治制度的变化。

三、设计导入环节，激发学习兴趣

首先，教师给出两幅图片：

一是明太祖朱元璋像图(1344年夏天，元朝统治下的淮河流域接连遭受旱灾和瘟疫。濠州钟离太平乡的一个九口之家，半个月内相继病死四人。家中的小儿子、年仅17岁的朱重八为饥饿所迫，削发为僧，出外游方乞讨。后来，他有了新的名字朱元璋，因缘际会之下，他成为一个新王朝的开国君主)。二是明皇陵图(明朝开国皇帝朱元璋登基后为死于瘟疫的父母修建的陵墓，位于安徽凤阳县城南七公里处，陵园约两万余亩)。

教师紧接着抛出问题——"出身社会底层的朱元璋是如何建立统一明王朝的？明朝又是怎么灭亡的？"，引发学生的思考和激烈讨论，呼应主题"明朝的'进'与'退'"，并让学生带着这个问题开始本节课的学习，迅速融入课堂。导入设计在课堂开始就体现出生生互动、师生互动的原则，为教学的下一步展开打下良好的基础。

四、设置问题链条，落实核心素养

教师在依据课标并整合教材的基础上设计出问题链，并向学生展示问题链如表 4-12 所示。接着教师引导学生在课堂上依据教师提供的材料，以小组合作的形式展开讨论后回答相关问题，展示学习成果。

表 4-12　"明朝的'进'与'退'"问题链

主题	分主题	问题链
明朝的『进』与『退』	一、皇权的强化与"异化"	1. 明代强化皇权的表现有哪些？
		2. 皇权的强化带来了怎样的消极影响？
	二、海上的"进"与"退"	1. 如何看待明朝统治者"下西洋"的壮举。
		2. 郑和下西洋时期的"好客"与中后期被欧洲殖民者骚扰形成了强烈的反差，这反映出明代国家治理的哪些问题？
		3. 抗倭斗争的胜利有何意义？
	三、治理的"得"与"失"	1. 明代前期在边疆管理方面有哪些成绩？
		2. 明代晚期在社会治理方面有哪些不足导致灭亡？

五、小结

通过本课的学习，师生们一同了解了明朝国家的统一、版图的奠定与边疆的治理的相关知识，从中体悟出"明朝的'进'与'退'"。通过学习明朝巩固政权和经略边疆的相关举措，认识统一多民族国家版图奠定的重要意义，厚植家国情怀；通过郑和下西洋的壮举，树立民族自信心，同时反思当时社会面临的种种危机，树立民族复兴的责任担当。

第十三节　"清朝前中期的鼎盛与危机"教学设计

一、研读课标要求，确定主题情境

本课分为"康雍乾时期的君主专制""疆域的奠定""统治危机的初显"三大子目，讲授清朝前中期君主专制达到顶峰、统一多民族封建国家巩固发展、国家疆域奠定等内容，并阐述盛世背后隐含的危险——内部危机与外部落后于世界潮流。基于此，教师确定了本节课内容的主题，即"盛·危·思"。同时在整合教材内容以及主题立意的基础上，设置了三个分主题，即"盛""危""思"。

二、明确教学目标，突破重点难点

教学目标：深入挖掘教材，做到教材学材化，通过阅读教材和观察地图自主探究，能够列举清朝统一全国和经略边疆的举措。通过阅读教材和观察图片，概括军机处和奏折制度的特点，认识康雍乾时期君主专制的新发展。通过阅读材料并结合所学，合作探究清朝社会中的隐患和对世界的态度，将中国与世界形成时空联系，认识中国社会面临的危机。结合清朝的疆域范围，认识这一时期统一多民族国家版图奠定的意义，增强对国家政权的认同意识；了解明清时期封建专制的发展、世界的变化对中国的影响,认识中国社会面临的危机。从清朝由鼎盛转向危机中汲取历史教训,肩负起中华民族伟大复兴的历史重任。

重点:清朝疆域的奠定与治理。

难点:"鼎盛"与"危机"之间的联系;对比中国与世界,认识中国社会面临的危机。

三、设计导入环节,激发学习兴趣

首先,教师给出两幅图《故宫博物院·养心殿东暖阁》和《万国来朝图》,紧接着抛出两个问题——"乾隆帝将其中一幅《万国来朝图》贴在了养心殿中用来守岁的明窗内。他为什么如此重视和期盼'万国来朝'呢?明至清中叶时期的中国在你眼中是怎样的状态?",引发学生的思考和激烈讨论,呼应主题"盛·危·思",并让学生带着问题开始本节课的学习,迅速融入课堂。

四、设置问题链条,落实核心素养

教师在依据课标并整合教材的基础上设计出问题链,并向学生展示问题链,如表4-13所示。接着教师引导学生在课堂上依据教师提供的材料以小组合作的形式展开讨论后回答相关问题,展示学习成果。

表4-13 "盛·危·思"问题链

主题	分主题	问题链
盛·危·思	一、盛	1. 在经济方面,"盛"的表现有哪些?
		2. 在政治制度方面,"盛"又有何表现?
		3. 在边疆治理方面,"盛"有何表现?清朝前中期疆域奠定有什么意义?
	二、危	1. 统治危机的表现有哪些?
		2. 为何说闭关自守导致"落后于世界潮流"?
		3. 谈谈君主专制强化、思想文化专制的后果。
	三、思	1. 闭关自守如何导致"落后于世界潮流"?
		2. 谈谈你对黄炎培的"社会周期律"的理解。

五、小结

通过本课的学习，师生们一同了解了清朝前中期的鼎盛与危机的相关知识。围绕康雍乾时期的君主专制、疆域的奠定、统治危机的初显三大板块的学习内容设计问题链，并引导学生结合主题，自主分析清朝疆域的奠定与治理及其意义、统治危机初显的原因，注重"鼎盛"与"危机"间的联系，且通过中西对比，使学生认识世界变化对中国的影响，认识中国社会面临的危机。同时教师在课堂中运用了大量的史料，以问题为导向，环环相扣，培养学生提取信息、分析概括的能力，思辨过程中既有对史料的分析，又有学生提出自己的观点，通过师生间的互动，认识这一时期统一多民族国家版图奠定的意义，增强国家政权认同意识。

第十四节 "明至清中叶的经济与文化"教学设计

一、研读课标要求，确定主题情境

在本节课中，学生将接触明至清中叶社会经济、思想文化方面的相关知识。教科书在归纳梳理新变化的基础上，对这些新变化出现的原因以及阻碍其发展的因素进行了分析，从而让学生更加客观地看待明清时期中国社会盛世之下所隐藏的巨大危机。基于此，教师确定了本节课内容的主题，即"成就与局限"。同时在整合教材内容以及主题立意的基础上，设置了三个分主题，即"经济的'新'与'旧'""文化的'变'与'守'""科技的'汇'与'滞'"。"新""变""汇"三个词体现了经济、思想文化和科技方面的成就，而"旧""守""滞"则呼应了主题的"局限"。

二、明确教学目标，突破重点难点

教学目标：深入挖掘教材，做到教材学材化，通过阅读教科书，观察地图，研读史料，了解明清时期社会经济、思想、文学艺术、科技领域出现的重要变化,概括其主要特征;通过史料研习、问题设置、交流研讨,能够运用唯物史观,分析导致这些变化的主要因素;在立足史实的基础上,树立史料实证意识,对史料做出合理解释,客观看待明清时期中国社会盛世之下所隐藏的巨大危机,深刻理解这一时期所处的时代背景,认识到世界形势的发展对中国产生的深刻影响,并能够对这一重大历史现象做出合理的历史解释。

重点:明清经济、思想、文化出现的新变化。

难点:世界的变化对中国的影响,盛世与危机的关系。

三、设计导入环节,激发学习兴趣

首先,教师给出一段材料。

明清是中国历史上社会秩序稳定的一个伟大时期。……不幸的是,在此期间欧洲却经历了一系列翻天覆地的现代化发展……不过这并不表明明清两代便是历史的倒退,此间取得的成就亦不容否认。如果能更好地了解这几百年来的中国历史,我们应能发现不少的革新和发展。中国社会远非停滞不前,不过与西方相比其步伐较慢,程度较浅罢了。

——[美]费正清《中国:传统与变革》

教师紧接着抛出一个问题——"明至清中叶,中国在你眼中是怎样的状态?",引发学生的思考和激烈讨论,呼应主题"成就与局限",并让学生带着这个问题开始本节课的学习,迅速融入课堂。

四、设置问题链条,落实核心素养

教师在依据课标并整合教材的基础上设计出问题链,并向学生展示问题链,如表4-14所示。接着教师引导学生在课堂上依据教师提供的材料以小组合作的形式展开讨论后回答相关问题,展示学习成果。

表 4-14 "成就与局限"问题链

主题	分主题	问题链
成就与局限	一、经济的"新"与"旧"	1.（列表：农业、手工业、商业成就）这一时期经济发展取得了哪些新突破？
		2. 经济发展较快的原因有哪些？
		3. 哪些"旧"因素阻碍了商品经济的发展和社会的转型？
	二、文化的"变"与"守"	1.（列表：思想、文艺成就）这一时期思想文艺取得了哪些新突破？
		2. 思想文艺的发展有哪些局限性？
	三、科技的"汇"与"滞"	1.（列表：科技成就）这一时期科技发展取得了哪些成就？
		2. 科技的发展有哪些局限性？

五、小结

通过本课的学习，师生们一同追溯了明代到清代中叶的经济与文化的相关知识。这一时期，中国社会在政治、经济和文化领域都发生了重要变化，这些变化对今天的中国社会仍有深远影响。本课内容知识点密集且有一定的理解难度，因而结合教材和课标提炼出主题"成就与局限"。在主题的引领下，设定了"经济的'新'与'旧'""文化的'变'与'守'"和"科技的'汇'与'滞'"三个分主题，分主题下又设置环环相扣的问题链层层深入分析，实现知识的体系化、逻辑化，减少碎片化。这更有利于学生加深对明代到清代中叶的经济与文化历史的理解。本节课教学设计旨在培养学生的批判性思维、历史意识、时空观念以及跨文化理解能力。通过深入分析明清时期的经济与文化变迁，学生不仅学到了历史知识，更加强了从多角度审视和思考历史现象的能力。

第十五节 "两次鸦片战争"教学设计

一、研读课标要求，确定主题情境

从知识体系而言，本节课内容是中国近代史的开端部分，鸦片战争的爆发不仅与之前清朝的政治体制、闭关锁国的政策相关联，还和这一时期第一次工业革命后列强对殖民地的争夺息息相关，所以本节课教师认为应注重中国史部分与世界史部分的联系。

就知识内容而言，本节课主要分为三部分，第一部分内容为"19世纪中期的世界与中国"，这一部分内容聚焦于鸦片战争爆发的背景，在鸦片战争前夕，英国和其他殖民主义国家把侵略的矛头指向中国，中西方的对比是重点；第二部分内容为"两次鸦片战争"，本部分内容包括两次鸦片战争及一系列丧权辱国条约的签订，以及这一系列条约的签订对中国的独立、主权以及领土完整的严重侵犯，中国开始沦为半殖民地半封建社会；第三部分内容为"开眼看世界"，鸦片战争之后，面对如此严峻的形势，一批有识之士成为近代中国最早开眼看世界的人，他们初步提出了向西方学习的主张，三部分内容构成因果关系，逻辑严密。

基于此，教师确定了本节课内容的主题，即"危机突显"。同时在整合教材内容以及主题立意的基础上，设置了三个分主题，即"错过的时代机遇""惨痛的战争代价""清醒的少数精英"。通过三个分主题能让学生更好地了解危机为什么突显，危机突显在哪里以及国人如何应对危机。分主题与主题环环相扣，形成完整的知识链条。通过以上主题与分主题的设定，将课程标准的要求转化为课堂教学的聚焦问题，做到了课标问题化。

二、明确教学目标，突破重点难点

教学目标：要求学生从中西不同的社会背景认识鸦片战争爆发的必然

性。综合利用历史地图、时间轴等，将两次鸦片战争置于东西方文明的双重时空下进行比较、分析、思考。同时充分利用教材，做到教材学材化，引导学生从教材的史料中提取有效信息，在史料实证的基础上，掌握鸦片战争的原因、性质、影响，以及对早期开明知识分子救国的努力予以客观评价。通过史料认识到鸦片战争是近代屈辱史的开端，是中国探索史的起点。

重点：鸦片战争的背景；《南京条约》等条约的影响和中国社会性质的变化。

教学难点：鸦片战争前的世界形势。

三、设计导入环节，激发学习兴趣

首先，教师向学生展示两幅图片：《清朝形势图》和《中华人民共和国地图》，然后抛出一个问题——"领土去哪了？"，引导学生进入本课学习，让学生从"领土去哪了？"的疑问中，激发学习的兴趣和引发思考。对学生的回答进行总结，并引出另一个问题——"什么时候开始这些领土不在了？危机什么时候来？"，引发学生的思考和讨论，呼应主题"危机突显"，并让学生带着这些问题开始本节课的学习，迅速融入课堂。导入设计在课堂开始就体现出生生互动、师生互动的原则，为教学的下一步展开打下良好的基础。

四、设置问题链条，落实核心素养

教师在依据课标并整合教材的基础上设计出问题链，并向学生展示问题链，如表4-15所示。接着教师引导学生在课堂上依据教师提供的材料以小组合作的形式展开讨论后回答相关问题，展示学习成果。

表 4-15 "危机突显"问题链

主题	分主题	问题链
危机突显	一、错过的时代机遇	1. 中国为何没能赶上世界近代化的潮流?
		2. 中国与英国相隔万里,为何会爆发冲突?冲突的实质是什么?
	二、惨痛的战争代价	1. 虎门销烟反映出怎样的精神?
		2. 两次鸦片战争中,中国不乏作战英勇的将士,为何却一败再败?
		3. 两次鸦片战争分别给中国带来了哪些影响?
	三、清醒的少数精英	1. 面临大变局,统治者惊醒了吗?
		2. 主张"开眼看世界"的先行者取得了哪些成绩?
		3. 这为何没能引起中国社会的重视反而激发了日本人的危机意识?

五、小结

通过本课的学习,师生们一同回顾了两次鸦片战争的历史。在鸦片战争中,中国遇到了"数千年未有之强敌",危机突显,面对近代化的侵略者,传统的中国社会被动应敌。基于此结合教材和课标提炼出主题情境"危机突显"。在主题的引领下,设定了"错过的时代机遇""惨痛的战争代价"和"清醒的少数精英"三个分主题,分主题下又设置环环相扣的问题链层层深入分析,实现知识的体系化、逻辑化,减少碎片化。这更有利于学生加深对两次鸦片战争及在此历史背景下开启的曲折的中国近代化历程的理解。最后以"清醒的少数精英"作结尾,既是对本课重点知识的思考,也能为下一课"国家出路的探索与列强侵略的加剧"内容讲授起到很好的铺垫作用。

第十六节 "国家出路的探索与列强 侵略的加剧"教学设计

一、研读课标要求，确定主题情境

本课设置了太平天国运动、洋务运动、边疆危机与甲午中日战争、瓜分中国狂潮四个子目。四个子目所讲述的时间连贯，有利于培养学生的时空观念。鸦片战争后，面对民族矛盾和阶级矛盾的激化，在危机面前，农民阶级和地主阶级的洋务派相继努力，为国家的出路做出了初步的探索。太平天国运动沉重打击了清王朝的专制统治。但由于农民阶级自身的局限性，加上中外势力联合镇压，太平天国运动最终以失败告终。以"自强"与"求富"为口号的洋务自救运动，单纯引进西方技术，没有触动落后的制度，未能达到自救的目的。与此同时，列强加紧侵华，甲午战争的爆发和《马关条约》的签订，进一步把中国推向半殖民地半封建社会的深渊，掀起了列强瓜分中国的狂潮。从课程内容和知识体系上看，本课内容处于民族危机不断加深的时期，救亡图存成为时代主题。所以本课的核心应为"面对列强的侵略，国人的探索如何？"。基于此，教师确定了本节课内容的主题，即"初步探索"。同时在整合教材内容以及主题立意的基础上，设置了三个分主题，即"太平军的'旧'与'新'""洋务派的'强'与'富'""入侵者的'痴'与'狂'"。"旧"与"新""强"与"富""痴"与"狂"体现的是国家初步探索中的特点，从而引发学生思考，紧扣主题。通过以上主题与分主题的设定，将课程标准的要求转化为课堂教学的聚焦问题，做到了课标问题化。

二、明确教学目标，突破重点难点

教学目标：通过学习晚清时期列强侵华的具体史实和中国人民反抗外

来侵略的斗争事迹，能正确看待社会各阶层探索国家出路时的努力和局限性，正确认识中国近代历史发展的道路选择。通过展示重大事件的相关史料和历史研究观点，学生能够从中提取有效信息进行相互论证，理解相关历史研究的历史解释角度。同时充分利用好教材，做到教材学材化，通过阅读教材中的相关史实和观察历史地图，构建列强侵华历史的时空观念。通过学习让学生感受民族危亡之际救亡图存的责任担当。

重点：太平天国运动、洋务运动、甲午中日战争。

难点：对寻求国家出路的探索及其阶级实质的认识和理解。

三、设计导入环节，激发学习兴趣

首先，教师给出一段材料。

从鸦片战争开始的晚清时期，基本上是近代中国的"沉沦"期……鸦片战争是晚清中国历史的第一次转折……但是，由于中国人民在"沉沦"和屈辱中不断反省和觉悟，反抗力度逐渐加大……太平天国农民起义形成鸦片战争后近代历史的第二个转折……洋务运动的兴起则客观上标志着第三次转折……因此在"沉沦"中也蕴含着"上升"因素……

——张海鹏《中国近代史基本问题研究》

教师紧接着抛出一个问题——"如何理解在'沉沦'中也蕴含着'上升'因素?"，引导学生思考，沉沦是指经历两次鸦片战争后，中国的领土和主权遭到严重践踏，近代中国开始沦为半殖民地半封建社会，近代中国进入一段"沉沦"期，随着列强侵略的不断加深，中国社会各阶级也逐步觉醒，从农民阶级的太平天国运动，到地主阶级的洋务运动，各阶级掀起对国家出路的探索，在"沉沦"中也蕴含着"上升"因素，这个"上升"就是国人面对民族危机做出的"初步探索"，从而引出本课主题。学生带着"初步探索"这个主题开始本节课的学习。

四、设置问题链条，落实核心素养

教师在依据课标并整合教材的基础上设计出问题链，并向学生展示问题链，如表 4-16 所示。接着教师引导学生在课堂上依据教师提供的材料以小组合作的形式展开讨论后回答相关问题，展示学习成果。

表 4-16 "初步探索"问题链

主题	分主题	问题链
初步探索	一、太平军的"旧"与"新"	1. 纵观太平天国运动，它与旧式农民起义有哪些类似的特点？
		2. 在新的时代影响下，它有哪些新的因素？
		3. 这场运动给晚清政局带来哪些影响？
	二、洋务派的"强"与"富"	1. 洋务运动的背景是什么？
		2. 洋务派"自强""求富"措施有哪些？
		3. 如何看待洋务运动的得与失？
	三、入侵者的"痴"与"狂"	1. 处于洋务新政中、貌似"富""强"的清政府在处理边疆危机方面有何得与失？
		2. 甲午战败的深远影响有哪些？

五、小结

通过本课的学习，师生们一同回顾了农民阶级和地主阶级的洋务派在面对民族危机时为国家出路所做出的探索的历史。本课突出面对民族危机时为国家出路所做出的探索，在主题"初步探索"的引领下，设定了"太平军的'旧'与'新'""洋务派的'强'与'富'"和"入侵者的'痴'与'狂'"三个分主题，分主题下又设置环环相扣的问题链层层深入分析，实现知识的体系化、逻辑化，减少碎片化。更有利于学生加深对太平天国运动、洋务运动、边疆危机、甲午中日战争和列强瓜分中国的狂潮等的理解，让学生认

识和思考中国近代各阶层为探索国家出路所做的努力及其局限性,在此基础上深化学生对此段历史的理解,体悟近代先进中国人的爱国意识,培养学生的家国情怀。最后以"入侵者的'痴'与'狂'"作结尾,既是对本课重点知识的思考,也为下一课"挽救民族危亡的斗争"的学习起到很好的铺垫作用。

第十七节 "挽救民族危亡的斗争"教学设计

一、研读课标要求,确定主题情境

甲午中日战争掀起列强瓜分中国的狂潮,导致中国的民族危机空前严重,从而激起了中国人民反抗外来侵略的斗争——维新运动和义和团运动。此时期,国家"危局"如何化解?前路在何方?新"变局"在即。基于此,教师确定了本节课内容的主题,即"危局·变局"。同时在整合教材内容以及主题立意的基础上,设置了三个分主题,即"'新'与'旧'""'清'与'洋'""'沉'与'升'"。每一历史事件的危局中都蕴含着一些新的因素,最终汇聚成社会的庞大变局,与主题"危局·变局"相统一。通过以上主题与分主题的设定,将课程标准的要求转化为课堂教学的聚焦问题,做到了课标问题化。

二、明确教学目标,突破重点难点

教学目标:通过回顾甲午中日战争的影响,学生能够认识到维新运动兴起是由于民族危机的空前严重。同时充分挖掘教材,做到教材学材化,通过师生共同阅读教材和史料,理解维新运动里的"新"与"旧",认识资产阶级维新派为挽救民族危亡所做出的努力,并分析其性质和意义,探讨其存在的局限性。通过史料学习、小组合作讨论,探讨义和团运动的"清"与"洋",从而理解农民阶级领导的反帝爱国斗争的局限性。通过材料了解八国联军侵华的基本史实，认识列强侵华对中国社会的影响。通过本课学习，学生能够感受到中国人民反抗外来侵略的抗争精神，探索救亡之路以及各阶层为捍卫民族尊严所做的努力。通过对戊戌变法和义和团运动失败原因的分析，认识到只有推翻清政府才能够挽救民族危亡。

重点：维新运动的"新"与"旧"。

难点：认识社会各阶级为挽救危局所做的努力及存在的局限性。

三、设计导入环节，激发学习兴趣

首先，教师向学生展示一幅图片——《时局图》，使学生感受到甲午战争后中国空前严重的民族危机。接着教师再给出一段材料。

如果用短近的眼光看，甲午战争对中国似乎只是一场备受屈辱的悲剧；但以更长远的眼光看来，却又是一个新的起点。屈辱迫使人民重新思考，屈辱又催促人们猛醒，发愤图强，从而揭开中国近代历史上新的一页。

——金冲及《二十世纪中国史纲》

教师紧接着抛出一个问题——"图片以及材料反映了什么信息?"，引发学生的思考和讨论，呼应主题"危局·变局"，即危机中蕴含新的变局，并让学生带着这个问题开始本节课的学习，迅速融入课堂。导入设计在课堂开始就体现出生生互动、师生互动的原则，为教学的下一步展开打下良好的基础。

四、设置问题链条，落实核心素养

教师在依据课标并整合教材的基础上设计出问题链，并向学生展示问题链，如表4-17所示。接着教师引导学生在课堂上依据教师提供的材料以小组合作的形式展开讨论后回答相关问题，展示学习成果。

表 4-17 "危局·变局"问题链

主题	分主题	问题链
危局·变局	一、"新"与"旧"	1. 维新派的变法方案有何"新"？
		2. 维新派的变法方案有何"旧"？
		3. 戊戌维新有何历史意义？失败的原因有哪些？
	二、"清"与"洋"	1. 怎样看待义和团运动"扶清灭洋"的口号？
		2. 义和团运动失败的原因有哪些？你对此有何启发？
	三、"沉"与"升"	1. 八国联军侵华带来怎样的严重后果？
		2. 怎样看待"量中华之物力，结与国之欢心"的言论？
		3. 从各阶层相继探索救国道路来看，救国的出路在哪里？

五、小结

通过本课的学习，师生们一同回顾了中国人民为挽救民族危亡的种种斗争。面对"三千年未有之大变局"，维新派发动戊戌变法运动，宣传维新思想，从社会政治、文化等多个方面开展革新；反洋教斗争中兴起的义和团运动展现了人民群众的爱国主义精神和反抗侵略的抗争精神。维新变法的失败，表明改良道路的受挫；义和团运动失败后，八国联军侵华将中国推入了半殖民地半封建社会的深渊。中国在"危局·变局"中寻找出路，前路在何方？此后，以推翻清政府为目标的革命思想逐渐成为社会主流。本课学习着重让学生从史料分析、合作学习中认识社会各阶级为挽救危局所做的努力及存在的局限性，理解当时中国的社会背景以及无产阶级革命的历史使命。

第十八节 "辛亥革命"教学设计

一、研读课标要求，确定主题情境

本节课中，学生将接触到孙中山三民主义的基本内容，理解辛亥革命对中国结束帝制、建立民国的意义及其时代局限性。基于此，教师确定了本节课内容的主题，即"中国问题的解决"。同时在整合教材内容以及主题立意的基础上，设置了三个分主题，即"解决的方案""方案的实施""真解决了吗？"。通过以上主题与分主题的设定，将课程标准的要求转化为课堂教学的聚焦问题，做到了课标问题化。让学生在情境中思考、分析、探究辛亥革命中存在的对立冲突，总结辛亥革命的成败经验。

二、明确教学目标，突破重点难点

教学目标：深入挖掘教材，做到教材学材化，通过研读教材内容，了解孙中山三民主义的基本内容和要点；通过对三民主义的不同观点的史料展现，让学生对比分析，理解三民主义对辛亥革命的指导意义和三民主义存在的局限。通过文字、图片、时间轴、历史地图等资料，了解清末新政、武昌起义的内容，通过史料对比分析，了解辛亥革命爆发的必然性和偶然性。通过阅读《中华民国临时约法》中的部分条款，从客观角度认识《中华民国临时约法》在当时中国伟大的历史意义和缺漏之处。同时，通过阅读史料，进行对比分析，了解民国的建立、清帝逊位、革命成果落入袁世凯手中等史实，培养学生辩证分析历史问题的能力。通过对于辛亥革命的评价总结等史料引领学生认识到辛亥革命的重大意义和历史局限性。

重点：三民主义、《中华民国临时约法》、辛亥革命的意义及其局限性。

难点：辛亥革命的意义及其局限性。

三、设计导入环节，激发学习兴趣

首先，教师借助多张19世纪末清王朝面临的内忧外患漫画，与学生互动，讲述漫画内容，带领学生回顾上一单元所学。

教师紧接着抛出一个问题——"以孙中山领导的革命派能让中国问题真解决吗?"，引发学生的思考和激烈讨论，呼应主题"中国问题的真解决"，并让学生带着这个问题开始本节课的学习，迅速融入课堂。导入设计在课堂开始就体现出生生互动、师生互动的原则，为教学的下一步展开打下良好的基础。

四、设置问题链条，落实核心素养

教师在依据课标并整合教材的基础上设计出问题链，并向学生展示问题链，如表4-18所示。接着教师引导学生在课堂上依据教师提供的材料以小组合作的形式展开讨论后回答相关问题，展示学习成果。

表4-18 "中国问题的解决"问题链

主题	分主题	问题链
中国问题的解决	一、解决的方案	1. 为何清政府会在镇压戊戌变法几年后推行类似的改革?
		2. 为何清政府的"新政"和"预备立宪"会失败?
		3. 孙中山为解决中国问题，提出了怎样的方案? 你如何看待他的方案?
	二、方案的实施	1. 武昌起义后，各省纷纷响应，说明了什么?
		2. 民国临时政府成立后，采取了哪些措施来解决"中国问题"?
	三、真解决了吗?	1. 辛亥革命取得了哪些成果?
		2. 为何辛亥革命的成果会落入袁世凯手中?
		3. "中国问题"真的解决了吗? 为什么?

五、小结

通过本课的学习，师生们一同了解了辛亥革命的相关知识。课程借助创设的主题情境，让学生进入当时所处的历史时段，从"经历者"的角度看待历史问题，沉浸式感悟当时所处历史环境，分析对比改良和革命两条道路，理解清末新政失败的必然性、辛亥革命的必要性。在此过程中，穿插三民主义、同盟会、《中华民国临时约法》等重要知识点，感悟辛亥革命的深远影响。最后以"真解决了吗?"作结尾，既是对本课重点知识的思考，也能为后面北洋军阀统治时期的相关历史知识的学习起到很好的铺垫作用。

第十九节　"北洋军阀统治时期的政治、经济与文化"教学设计

一、研读课标要求，确定主题情境

本课有四个子目：袁世凯复辟帝制与护国战争，北洋时期的军阀割据，民国初年经济、社会生活的新气象，新文化运动的开展。四个子目展示了北洋军阀统治时期中国社会的全景。课标要求了解北洋军阀的统治及特点；了解新文化运动的主要内容，理解其对近代中国思想解放的影响。基于此，教师确定了本节课内容的主题，即"抗争与希望"。同时在整合教材内容以及主题立意的基础上，设置了三个分主题，即"偏离与抗争""曲折与发展""彷徨与希望"。通过以上主题与分主题的设定，将课程标准的要求转化为课堂教学的聚焦问题，做到了课标问题化。

二、明确教学目标，突破重点难点

教学目标：深入挖掘教材，做到教材学材化，通过研读教材，了解北洋军阀统治时期中国的政治、经济与文化的概况。通过史料归纳袁世凯复

辟帝制以及革命党人的斗争活动。通过文字、图像等资料，认识北洋军阀统治时期中国政治的特点。通过史料理解新文化运动兴起的背景及其影响，培养学生分析历史问题的能力。通过对北洋军阀统治时期中国的政治、经济与文化的学习，认识到军阀混战割据给国家和人民带来深重灾难、中华民族在近代社会转型中的艰难曲折。

重点：袁世凯复辟帝制与护国战争；民国初年资本主义经济的迅速发展。

难点：北洋军阀的统治及特点；新文化运动对近代中国思想解放的影响。

三、设计导入环节，激发学习兴趣

首先，教师播放《民国人物知多少》的音频。

引入导语："时代的一粒灰，落在个人头上就是一座山。本节课将透过历史人物的沉浮去了解北洋时期的中国社会全景。"

教师紧接着抛出一个问题——"这一时期，国人是如何在抗争中寻求希望，推动政治、经济与文化变革的？"，引发学生的思考和激烈讨论，呼应主题"抗争与希望"，并让学生带着问题开始本节课的学习，迅速融入课堂。导入设计在课堂开始就体现出生生互动、师生互动的原则，为教学的下一步展开打下良好的基础。

四、设置问题链条，落实核心素养

教师在依据课标并整合教材的基础上设计出问题链，并向学生展示问题链，如表 4-19 所示。接着教师引导学生在课堂上依据教师提供的材料以小组合作的形式展开讨论后回答相关问题，展示学习成果。

表 4-19 "抗争与希望"问题链

主题	分主题	问题链
抗争与希望	一、偏离与抗争	1. 袁世凯偏离了民主、共和道路,革命党人相继进行了哪些抗争?取得了哪些成果?
		2. 面对北洋军阀政府的倒行逆施,革命党人又进行了怎样的抗争?
		3. 中国赴欧前线劳工为世界和平做出了怎样的贡献?
	二、曲折与发展	1. 哪些因素推动民族工业出现了"短暂的春天"?这对历史发展有何深远影响?
		2. 辛亥革命后,社会习俗发生了哪些变化?有何特点?
	三、彷徨与希望	1. 哪些因素推动了新文化运动的兴起?
		2. 新文化运动主要通过哪些具体活动或变革来推动中国文化的发展?
		3. 新文化运动的意义有哪些?

五、小结

通过本课的学习,师生们一同了解了北洋军阀统治时期的政治、经济与文化领域的新变化。袁世凯独裁专制,复辟帝制。袁世凯死后,北洋军阀混战割据,政治上分崩离析。资产阶级进行了一系列维护民主共和的斗争。1911—1918 年,中国民族资本主义获得较快发展,社会生活也出现了新气象。在思想文化领域出现了新文化运动,它高举"民主""科学"的大旗,推动了思想解放。本节课将课标要求问题化,通过环环相扣的问题链,引导学生层层深化认识北洋军阀统治时期的政治、经济与文化的新变化,认识到军阀混战割据给国家和人民带来深重灾难、中华民族在近代社会转型中的艰难曲折,涵养家国情怀。

第二十节 "五四运动与中国共产党的诞生"教学设计

一、研读课标要求，确定主题情境

五四运动是此前一系列民主革命运动的自然延伸和必然结果，在思想、政治、文化等方面具有重大的革命意义，是中国新民主主义革命的开端。五四运动以后，社会主义思潮在中国蓬勃兴起。随着中国工人阶级开始作为独立的政治力量登上历史舞台以及马克思主义的传播，中国共产党成立，中国革命的面貌从此焕然一新。中国共产党成立后，不断发动工农群众开展革命斗争，推动国共合作。基于此，教师确定了本节课内容的主题，即"新民主主义革命初探"。同时在整合教材内容以及主题立意的基础上，设置了三个分主题，即"革命新力量：五四运动""革命新领导：中共诞生""革命新探索：国共合作"。三个分主题之间，层层递进，围绕"新"字展开，推动救亡图存运动的新发展。通过以上主题与分主题的设定，将课程标准的要求转化为课堂教学的聚焦问题，做到了课标问题化。

二、明确教学目标，突破重点难点

教学目标：深入挖掘教材，做到教材学材化。通过研读教材，了解五四运动的过程、背景和影响。通过中共一大、二大、三大的会议内容认识中国共产党对中国革命的深远影响。通过梳理国民大革命的史实，认识国共合作领导国民革命的历史作用。体会先进知识分子、无产阶级在民族危机中所表现出来的历史使命感。

重点：五四运动、马克思主义传播、中国共产党诞生、国民大革命等事件的基本线索与史实。

难点：五四运动、马克思主义传播、中国共产党诞生、国民大革命等事件之间的内在关联；近代救亡运动上的新发展。

三、设计导入环节，激发学习兴趣

首先，教师向学生展示一张五四运动时期的游行图。

教师紧接着抛出一个问题——"从以上五四运动时期的游行图中可以明显发现主角是学生，为何却是工人阶级成为革命的新力量呢？"，引发学生的思考和激烈讨论。并让学生带着问题开始本节课的学习，迅速融入课堂。导入设计在课堂开始就体现出生生互动、师生互动的原则，为教学的下一步展开打下良好的基础。

四、设置问题链条，落实核心素养

教师在依据课标并整合教材的基础上设计出问题链，并向学生展示问题链，如表4-20所示。接着教师引导学生在课堂上依据教师提供的材料以小组合作的形式展开讨论后回答相关问题，展示学习成果。

表4-20 "新民主主义革命初探"问题链

主题	分主题	问题链
新民主主义革命初探	一、革命新力量：五四运动	1. 为什么工人阶级会成为革命的新力量？
		2. 哪些因素推动工人阶级参与五四运动？
		3. 五四运动的历史意义有哪些？
	二、革命新领导：中共诞生	1. 为何此时迫切需要建立无产阶级政党？
		2. 中国共产党诞生的历史意义有哪些？
		3. 中国共产党诞生后领导了哪些运动？
	三、革命新探索：国共合作	1. 中国共产党为何会选择同国民党合作？合作的基础是什么？
		2. 两党合作取得了哪些重大成果？
		3. 大革命失败的教训有哪些？

五、小结

通过本课的学习，师生们一同了解了五四运动与中国共产党诞生的相关知识。五四运动是中国人民彻底的反帝反封建的爱国运动，五四运动为中国共产党成立奠定了基础。以五四运动为标志，资产阶级领导的旧民主主义革命结束了，用先进思想武装起来的中国共产党登上历史舞台，无产阶级领导的新民主主义革命也迎来了伟大开端。基于此，结合教材和课标设定了主题"新民主主义革命初探"。在主题的引领下，又设置了"革命新力量：五四运动""革命新领导：中共诞生"和"革命新探索：国共合作"三个分主题，分主题下设置环环相扣的问题链层层深入分析，实现知识的体系化、逻辑化，减少碎片化。这更有利于学生加深对新民主主义革命初步探索的理解。通过本课的学习，学生可以深刻感受中华儿女不畏强权、勇于牺牲的五四爱国精神以及百折不挠的"红船精神"，涵养家国情怀。

第二十一节 "南京国民政府的统治和中国共产党开辟革命新道路"教学设计

一、研读课标要求，确定主题情境

本课教材内容分为"南京国民政府的统治""工农武装割据开辟革命新道路""红军长征"三个子目。本课所涉及的历史事件较多，教学的重点应该放在"工农武装割据"思想和红军长征上，因为在"工农武装割据"思想的指导下，中国共产党在逆境中探索出一条适合中国国情的革命道路，这是马克思主义的中国化。基于此，教师确定了本节课内容的主题情境，即"革命道路再探索"。同时在整合教材内容以及主题立意的基础上，设置了三个分主题，即"一党专制的确立""革命新路的形成""正确路线的回归"。通过以上主题与分主题的设定，将课程标准的要求转化为课堂教学的聚焦问题，做到了课标问题化。

二、明确教学目标，突破重点难点

教学目标：通过历史事件的排序，让学生了解国民大革命后的国内局势，通过直观的地图让学生了解红军长征的经过，培养学生的时空观念。同时充分利用好教材，做到教材学材化，通过对教材中相关史料的分析，来揭示南京国民政府统治的特点；通过对图片、诗词的解读，让学生了解南昌起义、秋收起义等事件的基本内容，培养学生史料实证的素养。通过阅读教材，引导学生了解"济南惨案""工农武装割据"思想的基本内容和遵义会议的历史意义，提升学生历史学科的素养。通过工农武装割据开辟革命新道路的史实，即革命探索—形成理论—指导实践，从而培养学生运用唯物史观分析走中国特色革命道路的必然性的能力。通过展示红军长征图片和挖掘长征过程中的感人故事，让学生深入了解长征精神，培养学生的家国情怀。

重点：中国革命新道路的开辟、遵义会议的基本情况及历史意义。

难点：南京国民政府统治的建立；红军长征精神。

三、设计导入环节，激发学习兴趣

首先，教师播放《觉醒年代》中陈乔年和陈延年从容赴死的视频片段，以此折射出当时中国政局的变动。

然后，紧接着抛出一个问题——"面对政局的变动，革命道路该如何再探索呢?"，引发学生的思考和激烈讨论，呼应主题"革命道路再探索"，并让学生带着这些问题开始本节课的学习，迅速融入课堂。导入设计在课堂开始就体现出生生互动、师生互动的原则，为教学的下一步展开打下良好的基础。

四、设置问题链条，落实核心素养

教师在依据课标并整合教材的基础上设计出问题链，并向学生展示问题链，如表 4-21 所示。接着教师引导学生在课堂上依据教师提供的材料以小组合作的形式展开讨论后回答相关问题，展示学习成果。

表 4-21 "革命道路再探索"问题链

主题	分主题	问题链
革命道路再探索	一、一党专制的确立	1. 国民党确立的一党专制体制有何局限性？
		2. 民族工业虽然发展较快，但面临着哪些阻碍？
	二、革命新路的形成	1. 面对国民党反动统治，中国共产党发动了哪些抗争？教训是什么？
		2. 井冈山道路为什么行得通？取得了哪些重大成果？
	三、正确路线的回归	1. 中共中央的"左"倾错误导致了什么后果？又有何教训？
		2. 遵义会议有何重大意义？
		3. 红军长征的胜利有何意义？

五、小结

通过本课的学习，师生们一同了解了中国共产党在逆境中探索新道路的相关历史。党在革命实践的过程中，在不断失败的尝试下，逐渐探索出革命道路，从追随国民党到创建军队发动武装斗争，从城市斗争到建立农村革命根据地，不断实践探索。全国一系列农村革命根据地和苏维埃政权的建立验证了这一道路的正确性，中国革命的出路问题最终解决了。鉴于此，结合教材和课标设定了主题"革命道路再探索"。在主题的引领下，又设置了"一党专制的确立""革命新路的形成"和"正确路线的回归"三个分主题，分主题下设置环环相扣的问题链层层深入分析，实现知识的体系化、逻辑化，减少碎片化。这更有利于学生加深对此探索历程的认识。最后以"正确路线的回归"作结尾，既是对本课重点知识的思考，也能为后面课程知识的讲授起到很好的铺垫作用。

第二十二节 "从局部抗战到全国抗战"教学设计

一、研读课标要求，确定主题情境

本课分为"局部抗战""全国抗战的开始"和"日军的侵华暴行"三个子目。课标要求了解日本军国主义的侵华罪行，了解正面战场和敌后战场的抗战；认识中国共产党是全民族团结抗战的中流砥柱，认识中国战场是世界反法西斯战争的东方主战场，理解十四年抗战胜利在中华民族伟大复兴中的历史意义。基于此，教师确定了本节课内容的主题，即"从局部抗战到全面抗战"。同时在整合教材内容以及主题立意的基础上，设置了三个分主题，即"从'事变'到'事变'""从'事变'到和解""从'事变'到合作"。通过以上主题与分主题的设定，将课程标准的要求转化为课堂教学的聚焦问题，做到了课标问题化。

二、明确教学目标，突破重点难点

教学目标：通过分析史料，总结日本侵华的背景和原因。同时充分利用好教材，做到教材学材化，通过对教材中相关史料的分析，能够在特定的时空框架下了解日本军国主义的侵华罪行。通过史料分析，了解抗日救亡运动推动下从国共内战到一致抗日的史实，理解抗日民族统一战线的形成原因，认识中国共产党在团结抗战中的中流砥柱作用和全面抗战的具体内涵。通过整节课的学习，能够树立正确的战争观、历史观，铭记历史，珍爱和平。

重点：日军侵华罪行；抗日民族统一战线的形成。

难点：日本发动侵华战争的原因；西安事变得以和平解决的原因。

三、设计导入环节，激发学习兴趣

首先，教师带领学生齐唱国歌，并总结：我们的国歌弘扬了中国人民以血肉之躯筑起拯救民族危亡、捍卫民族尊严的钢铁长城的壮举，用激昂的旋律谱写了中华民族抵御外侮的伟大篇章。

教师紧接着抛出一个问题——"我们的国歌与下列哪个专题有关？"，呼应主题"从局部抗战到全面抗战"，让学生带着问题迅速融入课堂。导入设计在课堂开始就体现出生生互动、师生互动的原则，为教学的下一步展开打下良好的基础。

四、设置问题链条，落实核心素养

教师在依据课标并整合教材的基础上设计出问题链，并向学生展示问题链，如表 4-22 所示。接着教师引导学生在课堂上依据教师提供的材料以小组合作的形式展开讨论后回答相关问题，展示学习成果。

表 4-22 "从局部抗战到全面抗战"问题链

主题	分主题	问题链
从局部抗战到全面抗战	一、从"事变"到"事变"	1. "九一八事变"有何影响？国共双方对此的态度有何反差？
		2. 这一时期的局部抗战有何意义？
		3. "华北事变"有何影响？
	二、从"事变"到和解	1. "一二·九运动"有何意义？
		2. "西安事变"为何能和平解决？
		3. "西安事变"的和平解决有何重大历史意义？
	三、从"事变"到合作	1. "七七事变"有何重大影响？
		2. 抗日民族统一战线为何能够形成？
		3. 结合日军的侵华暴行，谈谈你的认识。

五、小结

通过本课的学习，师生们一同了解了日本从局部侵华到全面侵华的相关史实，了解了日军侵华这十四年对中国人民犯下的滔天罪行。在这一背景下，国共两党合作，抗日民族统一战线正式形成。围绕"抗日"主题，主要解决"为什么抗战"和"怎么抗战"的问题，鉴于此，结合教材和课标设定了主题"从局部抗战到全面抗战"。在主题的引领下，又设置了"从'事变'到'事变'""从'事变'到和解""从'事变'到合作"三个分主题，分主题下设置环环相扣的问题链层层深入分析，实现知识的体系化、逻辑化，减少碎片化，这更有利于学生加深对这段历史的理解。通过本课的学习，可以帮助学生树立正确的战争观、历史观，铭记历史、珍爱和平。

第二十三节 "全民族浴血奋战与抗日战争的胜利"教学设计

一、研读课标要求，确定主题情境

抗日战争的胜利，捍卫了中国的国家主权和领土完整，促进了中华民族的觉醒和中华民族的大团结，有力地推动了中华民族的伟大复兴。"全民族抗战"是中心问题，不仅表现为国共两党的合作，还体现在各阶层、各利益集团、海外侨胞的一致团结对外上。抗日战争在战争形态方面的显著特点是正面战场和敌后战场、国内战场和国外战场并存。基于此，教师确定了本节课内容的主题，即"多维视角看抗战"。同时在整合教材内容以及主题立意的基础上，设置了三个分主题，即"从正面到敌后""从国内到国际""从弱小到'胜强'"。通过以上主题与分主题的设定，将课程标准的要求转化为课堂教学的聚焦问题，做到了课标问题化。

二、明确教学目标，突破重点难点

教学目标：通过对抗日战争划分阶段和分三种空间类型进行认识，强化时空观念。充分利用好教材，做到教材学材化，通过阅读教材和史料，了解全民族抗战的主要史实，感悟中华民族英勇不屈反抗外来侵略的精神，加深对中国共产党是全民族团结抗战的中流砥柱的认识。通过对《论持久战》主要观点和论述的分析，认识其重要指导意义，初步体会用矛盾转化的观点看问题的方法。从世界反法西斯战争的角度认识中国战场是东方主战场，理解十四年抗战胜利在中华民族伟大复兴中的历史意义。

重点：国共两党的英勇抵抗和相互配合；中国共产党是全民族团结抗战的中流砥柱。

难点：理解中国战场是世界反法西斯战争的东方主战场。

三、设计导入环节，激发学习兴趣

首先，教师播放歌曲《延安颂》，介绍《延安颂》这首歌创作于 1938 年。

教师紧接着抛出一个问题——"面对日本帝国主义在中国犯下滔天罪行，千百万革命青年怀着对敌人的仇恨而奔赴延安。为何是延安？"，引发学生的思考和激烈讨论。呼应主题，即"多维视角看抗战"，并让学生带着问题开始本节课的学习，迅速融入课堂。导入设计在课堂开始就体现出生生互动、师生互动的原则，为教学的下一步展开打下良好的基础。

四、设置问题链条，落实核心素养

教师在依据课标并整合教材的基础上设计出问题链，并向学生展示问题链，如表 4-23 所示。接着教师引导学生在课堂上依据教师提供的材料以小组合作的形式展开讨论后回答相关问题，展示学习成果。

表 4-23 "多维视角看抗战"问题链

主题	分主题	问题链
多维视角看抗战	一、从正面到敌后	1. 如何看待正面战场的抗战？
		2.《论持久战》对于指导抗战有何重大意义？
		3. 敌后战场的抗战路线是怎样的？其为何能够成为全国抗战的主战场？
		4. 为了巩固抗日根据地，中国共产党采取了哪些行之有效的措施？
	二、从国内到国际	1. 抗日民族统一战线发挥了怎样的作用？
		2. 为何说中国战场能成为国际反法西斯战争的东方主战场？
	三、从弱小到"胜强"	1. 为了争取抗战最终胜利，中共七大有哪些重大决议？有何历史意义？
		2. 怎样理解中国共产党的在抗战中的中流砥柱作用？
		3. 抗战胜利的原因有哪些？历史意义有哪些？

五、小结

通过本课的学习，师生们一同了解了全民族浴血奋战与抗日战争取得胜利的历史。当民族危机到来之时，只有全民族团结抗战才是取得胜利的根本保证；中国共产党在这十四年艰苦卓绝的斗争中发挥了中流砥柱作用；中国人民为抗战胜利付出了巨大的代价，中国战场是国际反法西斯战争的东方主战场。抗战胜利后的中国，重新确立了大国地位，赢得了世界爱好和平人民的尊敬，也开启了古老中国凤凰涅槃、浴火重生的新征程。本课设计从正面战场和敌后战场、国内战场和国外战场等多个维度引导学生客观认识抗战，以史料为载体，以问题链为导向，培养学生提取信息、分析概括问题的能力，同时也有学生提出自己的历史解释过程，有利于帮助学生形成正确的价值观。

第二十四节 "人民解放战争"教学设计

一、研读课标要求，确定主题情境

本课上承抗日战争，下启中华人民共和国的成立与社会主义建设，是中国革命史的重要组成部分。本课设置了"争取和平民主的斗争""全面内战的爆发""国民党政权的统治危机""新民主主义革命的胜利"四个子目，主要讲述了从抗战胜利到新民主主义革命胜利的史实，以及中国共产党顺应民心，领导全国人民翻身解放的历史。本课的核心问题是从当时的情境和历史的角度，分析国民党政权迅速崩溃的原因，探讨中国共产党领导人民取得中国革命胜利的原因和意义，尝试总结历史的经验教训，从中认识到得民心对于一个政权长治久安的重要影响、人民群众对于历史发展的关键作用。基于此，教师确定了本节课内容的主题，即"为了和平与民主"。同时在整合教材内容以及主题立意的基础上，设置了三个分主题，即"和平的希望""胜利的希望""国家的希望"。"和平的希望"反映了抗日战争胜利后民众的期望；"胜利的希望"反映了和平希望破灭后，民众希望共产党获胜的愿望；"国家的希望"反映了解放战争的胜利，给了民众对未来的憧憬。三个分主题之间，层层递进，既展示了解放战争爆发的历史背景，又展示了解放战争的进程，还分析了民心对于一个政权长治久安的重要影响以及人民群众对于历史发展的关键作用，呼应了主题。通过以上主题与分主题的设定，将课程标准的要求转化为课堂教学的聚焦问题，做到了课标问题化。

二、明确教学目标，突破重点难点

教学目标：结合地图掌握人民解放战争的过程，说出其中的重大事件及其历史意义，强化时空观念；深入挖掘教材，做到教材学材化，通过解读教材中的相关史料，并与提供的史料互证，知道解放战争期间国民党的统治危机及共产党取得胜利的原因，涵养"人民群众是历史的创造者"这一唯物史观学科核心素养，认识到中国共产党始终代表人民利益；通过本课的学习能够理解新民主主义革命胜利对中国和世界历史产生的深远影响。

重点：重庆谈判；解放战争的基本进程；新民主主义革命胜利的重大历史意义。

难点：分析国民党政权迅速崩溃的原因；中国共产党领导人民取得中国革命胜利的原因。

三、设计导入环节，激发学习兴趣

首先，教师给出一则材料。

《时事新报》在社评中说："（抗日战争胜利后）老百姓的希望，说起来实在是极其简单而起码的。他们恨日本人，恨汉奸，他们希望中央来了之后能把日寇汉奸所作所为的坏事一律革掉，而切切实实地替老百姓做一点好事。"

——汪朝光《中国近代通史》

教师紧接着抛出问题——"老百姓的希望能够实现吗?"，引发学生的思考和激烈讨论，呼应主题"为了和平与民主"，并让学生带着这些问题开始本节课的学习，迅速融入课堂。导入设计在课堂开始就体现出生生互动、师生互动的原则，为教学的下一步展开打下良好的基础。

四、设置问题链，落实核心素养

教师在依据课标并整合教材的基础上设计出问题链，并向学生展示问题链，如表4-24所示。接着教师引导学生在课堂上依据教师提供的材料以小组合作的形式展开讨论后回答相关问题，展示学习成果。

表 4-24 "为了和平与民主"问题链

主题	分主题	问题链
为了和平与民主	一、和平的希望	1. 抗战胜利后,民众最大的愿望是什么?
		2. 国共两党的主张迥异,为何毛泽东会冒险前往重庆和谈?
		3. 谈判的结果基本上满足了民意,为何国民党又否决了这些协议?
	二、胜利的希望	1. 全面内战为何爆发?
		2. 中国共产党是怎样开展对敌斗争以取得优势的?
		3. 国民党为何会失去民心?
	三、国家的希望	1. 中国共产党为何能以弱胜强?
		2. 新民主主义革命的胜利有哪些重大意义?

五、小结

通过本课的学习,学生对中国现代化进程中有着极其重要影响的这段历史有了更为清晰的认知。在这一时期,不仅军事上的胜利值得回顾,政治建设和土地改革也具有划时代的意义。根据地的农村改革为解放战争的胜利奠定了群众基础,而党的整风运动和对国民党统治区的地下斗争,也极大增强了革命力量。课堂上师生们分析了战争胜利的多重因素,包括党的领导、正确的战略战术、坚实的群众基础和有利的国际环境。本节课的设计是让学生学会从历史的宏观角度去理解事件的发展,培养学生的历史思维。同时,通过对人民解放战争的学习,学生加深了对我国政治体制和国家治理的认识,明白了和平与发展的重要性,也体会到了团结和斗争的必要性。

第二十五节 "中华人民共和国成立和向社会主义的过渡"教学设计

一、研读课标要求,确定主题情境

本课设置了"中华人民共和国的成立""人民政权的巩固""开创独立自主的和平外交""社会主义基本制度的建立"四个子目,讲述了中华人民共和国成立和向社会主义过渡的历程。本课的核心问题是从当时的情境和历史的角度,理解中华人民共和国成立的伟大历史意义,探讨中国共产党领导人民取得中国革命胜利的原因和意义,理解新中国巩固人民政权的主要举措及其影响和意义,认识过渡时期总路线提出的必然性,探索有中国特色的向社会主义过渡的道路与三大改造的胜利完成,以及社会主义基本制度在中国全面确立的深远意义。基于此,教师确定了本节课内容的主题"红日初升,其道大光"。同时在整合教材内容以及主题立意的基础上,设置了三个分主题,即"一朝梦圆""三年奋斗""五年建设"。三个分主题之间,以"一朝""三年""五年"展开,层层递进,既展示了中华人民共和国成立的背景及伟大意义,又展示了新中国巩固人民政权的主要措施,还分析了新中国为民主政治建设和向社会主义过渡所做出的努力,呼应了主题。通过以上主题与分主题的设定,将课程标准的要求转化为课堂教学的聚焦问题,做到了课标问题化。

二、明确教学目标,突破重点难点

教学目标:深入挖掘教材,做到教材学材化,通过研读教材知道中国人民政治协商会议第一届全体会议召开和中华人民共和国成立的史实,理解中华人民共和国成立的伟大历史意义,培育民族自豪感和国家认同感;学会列举新中国为巩固人民政权所做的主要举措,理解这些举措的影响和意义;了解中华人民共和国成立初期的外交方针、外交成就和新中国逐步步入世界外交舞台的史实;认识过渡时期总路线提出的必然性,探索有中国特色的向社会主义过渡的道路与三大改造的胜利完成,以及社会主义基本制度在中国全面确立的深远意义;通过分析社会主义经济制度和政治制度的确立,理解经济基础和上层建筑的关系,培养熟练运用唯物史观分析历史问题的能力,并充分认识社会主义制度的优越性。

重点:中华人民共和国成立的伟大意义;巩固人民政权的主要举措。

难点:中华人民共和国成立初期的外交方针、外交成就;认识过渡时期总路线提出的必然性;社会主义基本制度在中国确立的深远历史意义。

三、设计导入环节,激发学习兴趣

首先,教师给出一则材料。

党的二十八年是一个长时期,我们仅仅做了一件事,这就是取得了革命战争的基本胜利。这是值得庆祝的,因为这是人民的胜利,因为这是在中国这样一个大国的胜利。但是我们的事情还很多,比如走路,过去的工作只不过是像万里长征走完了第一步。

——毛泽东《论人民民主专政》

教师紧接着抛出一个问题——"即将成立的新中国,如何走这条更加伟大和更加艰苦的道路?",引发学生的思考和激烈讨论,呼应主题"红日初升,其道大光",并让学生带着这个问题开始本节课的学习,迅速融入课堂。导入设计在课堂开始就体现出生生互动、师生互动的原则,为教学的下一步展开打下良好的基础。

四、设置问题链条,落实核心素养

教师在依据课标并整合教材的基础上设计出问题链,并向学生展示问题链,如表4-25所示。接着教师引导学生在课堂上依据教师提供的材料以小组合作的形式展开讨论后回答相关问题,展示学习成果。

表4-25 "红日初升，其道大光"问题链

主题	分主题	问题链
红日初升，其道大光	一、一朝梦圆	1.《共同纲领》有何作用？
		2. 新中国的成立有何意义？
	二、三年奋斗	1. 新中国成立伊始面临了哪些主要困难？新中国又采取了哪些措施来应对？
		2. 这些措施的效果如何？有何历史意义？
		3. 面临西方的外交封锁，新中国制订了怎样的外交政策和方针？取得了哪些外交成就？
	三、五年建设	1. "一五计划"有何特点？它的超额完成有何意义？
		2. 在加紧建设的同时，我国进行了社会主义改造，改造的完成有何历史意义？
		3. 我国社会主义政治制度体系的优势有哪些？有何历史意义？

五、小结

通过本课的学习，学生对中国从新民主主义社会向社会主义社会迈进的关键历史时期有了较为清晰的认知。课堂上师生们深入讨论了新中国在向社会主义过渡的过程中遇到的挑战与困难，并了解了新中国巩固人民政权的措施，以及新中国为建立社会主义基本制度所做的努力。

本节课的教学设计在于增强学生的历史意识、批判性思维和创新精神。通过对中华人民共和国成立初期社会主义革命和建设历程的学习，学生加深了对中国社会主义道路选择的历史必然性的理解，并了解到在中国具体实践中将马克思主义基本原理与中国实际相结合的重要性。

第二十六节 "社会主义建设在探索中曲折发展"教学设计

一、研读课标要求，确定主题情境

课标要求了解20世纪50年代至70年代中国探索社会主义建设道路的曲折和成就，认识"文化大革命"的错误以及教训；理解政治、经济、外交、国防等领域所取得的成就在新中国历史上所具有的开创性、奠基性意义；了解和感悟这一时期中国人民艰苦奋斗、奋发图强的精神风貌；了解毛泽东对中国革命和社会主义建设的贡献，认识毛泽东思想对近现代中国的深远影响。本课内容共分为三个子目，前两个子目以历史发展的顺序展示了1956—1976年社会主义建设的历程，后一个子目着重介绍这二十年来我国取得的伟大的建设成就。基于此，教师确定了本节课内容的主题"发展中的曲折"。同时在整合教材内容以及主题立意的基础上，设置了三个分主题，即"成功的探索""探索的失误""奋斗的成就"。通过以上主题与分主题的设定，将课程标准的要求转化为课堂教学的聚焦问题，做到了课标问题化。

二、明确教学目标，突破重点难点

教学目标：深入挖掘教材，做到教材学材化，通过研读教材了解中共八大、社会主义建设总路线、"大跃进"、人民公社化运动等史实，从"时空观念"角度认识20世纪50年代至70年代中国探索社会主义建设道路的曲折发展和伟大成就。概括归纳全面建设社会主义时期政治、经济、外交、国防等领域的成就，从历史解释角度分析评价其开创性、奠基性意义。结合社会主义建设时期的经济建设成就和外交成就，从家国情怀角度认识中国人民艰苦奋斗、奋发图强的精神风貌。

重点：20 世纪 50 年代至 70 年代中国社会主义建设的曲折发展与成就。

难点：20 世纪 50 年代至 70 年代中国社会主义建设的经验与教训。

三、设计导入环节，激发学习兴趣

首先，教师给出一段材料。

20 世纪 60 年代，一群天不怕地不怕的河南林县人仅用一双肉手和最原始的工具，在太行山的半山腰，硬是凿出了一条绵延 1500 多公里的红旗渠，引来"救命水"，被人称之为"人工天河"。这一伟大的创举，感染着一代又一代的太行人，红旗渠精神也像传家宝一样代代相传。

——武霞《学百年党史，明初心使命：真情绘就天河图》

教师紧接着抛出两个问题——"以上的故事发生在什么时期?"，"这件事情和领导高瞻远瞩定方向密不可分，那么领导人是怎么把国家的方向确定下来的呢?"，引发学生的思考和激烈讨论。呼应主题"发展中的曲折"，并让学生带着这些问题开始本节课的学习，迅速融入课堂。导入设计在课堂开始就体现出生生互动、师生互动的原则，为教学的下一步展开打下良好的基础。

四、设置问题链条，落实核心素养

教师在依据课标并整合教材的基础上设计出问题链，并向学生展示问题链，如表 4-26 所示。接着教师引导学生在课堂上依据教师提供的材料以小组合作的形式展开讨论后回答相关问题，展示学习成果。

表4-26 "发展中的曲折"问题链

主题	分主题	问题链
发展中的曲折	一、成功的探索	1. 这段时期有哪些探索是成功的?
		2. 这段时期有哪些历史经验?
	二、探索的失误	1. 这段时期有哪些探索是失误的?
		2. 这段时期有哪些历史教训?
	三、奋斗的成就	1. 这段时期,党和人民取得了哪些建设成就?
		2. 这段时期,新中国取得了哪些外交成就?有何意义?

五、小结

通过本课的学习,师生们一同回顾了20世纪50年代至70年代中国探索社会主义建设道路的曲折和成就。本课学习的关键在于厘清曲折发展的基本线索,使学生有清晰的脉络。鉴于此,结合教材和课标设定了主题情境"发展中的曲折"。在主题的引领下,又设了"成功的探索""探索的失误"和"奋斗的成就"三个分主题,分主题下设置环环相扣的问题链层层深入分析,实现知识的体系化、逻辑化,减少碎片化。这更有利于学生加深对曲折发展历程的理解。本课设计以史料为载体,以问题链为导向,培养学生提取信息、分析概括问题的能力,也有学生提出自己的历史解释,有利于帮助学生形成正确的价值观。最后以"奋斗的成就"作结尾,既是对本课重点知识的思考,也能为后面中国特色社会主义的开创与发展知识的讲授起到很好的铺垫作用。

第二十七节 "中国特色社会主义的开创 与发展"教学设计

一、研读课标要求，确定主题情境

本课设置了"伟大的历史转折""改革开放进程""中国特色社会主义理论体系的概括提出"三个子目，三个子目之间环环相扣，均属于中国特色社会主义道路建设的重要内容。本课最核心的内容是改革开放及中国特色社会主义道路的开辟，因此本课需要梳理40多年来改革开放的基本线索和各个重要发展阶段的基本特征及内在联系。基于此，教师确定了本节课内容的主题，即"中国特色社会主义道路的开辟与发展"。同时在整合教材内容以及主题立意的基础上，设置了三个分主题，即"拨乱反正开新局""双管齐下促发展""理论引领迎未来"。通过以上主题与分主题的设定，将课程标准的要求转化为课堂教学的聚焦问题，做到了课标问题化。

二、明确教学目标，突破重点难点

教学目标：运用唯物史观，利用矛盾分析法，分析、认识中共十一届三中全会作出把全党工作重点转移到社会主义现代化建设上来，实行改革开放的历史性决策。从时空观角度，把中共十一届三中全会置于新中国社会主义道路探索的整个历程中去理解其重大转折意义。同时充分利用好教材，做到教材学材化，结合地图，创设历史时空情境，了解改革开放的伟大意义。运用唯物史观，从生产关系对生产力影响的角度，理解改革开放的实质。帮助学生坚定改革开放的思想，增强学生的责任感、使命感。依托教材，补充史料，帮助学生认识邓小平理论、"三个代表"重要思想和科学发展观等理论的重大意义。

重点：中共十一届三中全会的历史意义、中国特色社会主义理论体系的形成。

难点：改革开放和社会主义现代化建设的基本经验。

三、设计导入环节，激发学习兴趣

首先，教师向学生展示邓小平的图片。

教师紧接着抛出三个问题——"图中人是谁？他被称作什么？为什么要把他叫作'中国改革开放和现代化建设的总设计师'呢？"，引发学生的思考和激烈讨论，呼应主题"中国特色社会主义道路的开辟与发展"，并让学生带着问题开始本节课的学习，迅速融入课堂。导入设计在课堂开始就体现出生生互动、师生互动的原则，为教学的下一步展开打下良好的基础。

四、设置问题链条，落实核心素养

教师在依据课标并整合教材的基础上设计出问题链，并向学生展示问题链，如表 4-27 所示。接着教师引导学生在课堂上依据教师提供的材料以小组合作的形式展开讨论后回答相关问题，展示学习成果。

表 4-27　"中国特色社会主义道路的开辟与发展"问题链

主题	分主题	问题链
中国特色社会主义道路的开辟与发展	一、拨乱反正开新局	1. 真理标准问题的讨论和十一届三中全会召开的历史意义分别是什么？
		2. 拨乱反正工作的完成和 1982 年新宪法的颁布分别有何历史意义？
	二、双管齐下促发展	1. 经济体制改革经历了哪几个步骤？总体上来看，有何特点？
		2. 经济体制改革取得了哪些成就？
		3. 对外开放取得了哪些成就？
	三、理论引领迎未来	1. (列表：中国特色社会主义理论体系的具体内容等)这些理论分别有何重大意义？

五、小结

通过本课的学习，师生们一同追溯了中国特色社会主义的开创与发展的历史。在主题"中国特色社会主义道路的开辟与发展"的引领下，学生通过对三个分主题的学习，认识到"拨乱反正开新局""双管齐下促发展""理论引领迎未来"是如何一步一步确立的，既建构了清晰的历史脉络，同时也自然而然强化了学生的责任感与使命感。本节课以"主题+问题链"的形式进行教学，充分调动了学生的积极性，体现了学生的主体作用，增强了学生自主学习的意识和能力。让学生通过"看图猜人"的游戏进入新课，使学生们带着兴趣进入本课的学习。以小组合作学习的方式交流预习中存在的疑难问题，突出了学生的主体地位，这样可以培养学生解决问题、归纳总结、自主表达的能力。

第二十八节 "改革开放和社会主义现代化建设的巨大成就"教学设计

一、研读课标要求，确定主题情境

在本节课中，学生将认识改革开放以后中国在各个领域取得的成就、综合国力及国际影响力的不断提高，认识"一国两制"对实现祖国完全统一的重大意义。基于此，教师确定了本节课内容的主题，即"思想引领发展"。同时在整合教材内容以及主题立意的基础上，设置了三个分主题，即"新政策提升国力""新构想圆梦统一""影响力彰显优势"。国力的提升、祖国统一大业的推进以及国际影响力的提升都体现了在新思想新政策引领下取得巨大成就，呼应了主题。通过以上主题与分主题的设定，将课程标准的要求转化为课堂教学的聚焦问题，做到了课标问题化。

二、明确教学目标，突破重点难点

教学目标：深入挖掘教材，做到教材学材化，通过研读教材，了解改革开放 40 多年来中国在政治、经济、外交等各方面所取得的巨大成就。了解 40 多年来中国在探索"什么是社会主义、怎样建设社会主义"等重大问题上所取得的巨大成就，以及中国改革开放、和平崛起对世界的意义。通过了解"一国两制"方针在香港、澳门问题上的成功实践，加深对祖国统一大业的展望。

重点：改革开放的伟大成就和"一国两制"的理论与实践。

难点："一国两制"的理论与实践。

三、设计导入环节，激发学习兴趣

首先，教师给学生播放一段关于两岸开放后一位台湾老兵回到大陆见到母亲的故事的视频。

播放视频的同时，教师一边旁白："曾经有封家书，在漫长的岁月里，它飘零在风中，未能抵达目的地。你或许会好奇，为何这封信长达四十载未能送达。让我们通过这段视频，一同探寻曾经的少年与家人别离背后的故事，了解这段历史背后的原因。"以此引发学生的思考，让学生迅速融入课堂。导入设计在课堂开始就体现出生生互动、师生互动的原则，为教学的下一步展开打下良好的基础。

四、设置问题链条，落实核心素养

教师在依据课标并整合教材的基础上设计出问题链，并向学生展示问题链，如表 4-28 所示。接着教师引导学生在课堂上依据教师提供的材料以小组合作的形式展开讨论后回答相关问题，展示学习成果。

表 4-28 "思想引领发展"问题链

主题	分主题	问题链
思想引领发展	一、新政策提升国力	1. 综合国力和科技进步的表现有哪些？
		2. 居民收入提高和文化教育发展的表现有哪些？
		3. 军队和国防建设的发展的表现有哪些？
	二、新构想圆梦统一	1. "一国两制"的内涵是什么？
		2. 祖国统一大业取得了哪些成就？
	三、影响力彰显优势	1. 国际影响力不断扩大的表现有哪些？
		2. 综合国力和国际影响力提高和扩大的原因有哪些？

五、小结

通过本课的学习，学生对改革开放和社会主义现代化建设的重要成果有了更深层次的认识。结合教材和课标设定了主题情境"思想引领发展"。在主题的引领下，又设置了"新政策提升国力""新构想圆梦统一"和"影响力彰显优势"三个分主题，分主题下设置环环相扣的问题链层层深入分析，实现知识的体系化、逻辑化，减少碎片化。这更有利于学生加深对该时期我国综合国力与国际影响力的提升以及"一国两制"的内涵和祖国统一大业不断推进的理解。本教学设计立足于核心素养视角下的"主题+问题链"教学模式，强调师生的共同参与，教师在教学中教学技艺得到了提升，学科专业素养得到了发展，而学生则在历史学习中培养了创新精神、合作精神以及分析与解决问题的能力。

第二十九节 "中国特色社会主义进入新时代"教学设计

一、研读课标要求,确定主题情境

课标要求认识中国特色社会主义进入新时代的重大意义,认清我国发展新的历史定位;认识习近平新时代中国特色社会主义思想是全党全国人民为实现中华民族伟大复兴而奋斗的行动指南;增强中国特色社会主义道路自信、理论自信、制度自信、文化自信。基于此,教师确定了本节课内容的主题,即"新时代·新征程"。同时在整合教材内容以及主题立意的基础上,设置了三个分主题,即"中共十八大和中华民族伟大复兴的中国梦""中共十九大和习近平新时代中国特色社会主义思想""中共二十大与全面建设社会主义现代化国家新征程"。通过以上主题与分主题的设定,将课程标准的要求转化为课堂教学的聚焦问题,做到了课标问题化。

二、明确教学目标,突破重点难点

教学目标:充分利用好教材,做到教材学材化,通过对教材中相关素材的分析,认识中国特色社会主义进入新时代的重大意义,认清我国发展新的历史方位;认识习近平新时代中国特色社会主义思想是全党全国人民为实现中华民族伟大复兴而奋斗的行动指南;形成对中国特色社会主义道路、理论、制度、文化的形成过程及意义的系统认识。

重点:习近平新时代中国特色社会主义思想。

难点:中共十八大和中华民族伟大复兴的中国梦;习近平新时代中国特色社会主义思想;中共十九大的理论贡献。

三、设计导入环节，激发学习兴趣

首先，教师向学生讲述周恩来为中华之崛起而读书的故事：

1910 年，中国正处于内忧外患之时。有一天，周恩来从家乡来到东北，他的伯父指着一片繁华的地方告诉他，那里是外国人的租界地，中国人不能去，否则会引起麻烦。周恩来对租界地产生了好奇心，于是他决定亲自去看看。

一天，周恩来和同学闯进了租界，看到了繁华的街道灯红酒绿的景象，以及外国人和巡警威风凛凛的样子。他们还目睹了一个中国妇女的亲人被洋人的汽车轧死的场景，但是因为当时中国国力不强盛，无法为这个妇女讨回公道。这个场景让周恩来深受刺激，他开始思考如何让中国崛起，让人民不受外国的欺凌。

周恩来回到学校后，立下了"为中华之崛起而读书"的志向，开始努力学习，希望有朝一日能够为国家做出贡献，让中国强大起来。

然后，教师向学生提问——"你们的梦想是什么？当代中华民族伟大复兴的中国梦又是什么？"，让学生带着问题开始本节课的学习，迅速融入课堂。导入设计在课堂开始就体现出生生互动、师生互动的原则，为教学的下一步展开打下良好的基础。

四、设置问题链条，落实核心素养

教师在依据课标并整合教材的基础上设计出问题链，并向学生展示问题链，如表 4-29 所示。接着教师引导学生在课堂上依据教师提供的材料以小组合作的形式展开讨论后回答相关问题，展示学习成果。

表 4-29 "新时代·新征程"问题链

主题	分主题	问题链
新时代·新征程	一、中共十八大和中华民族伟大复兴的中国梦	1. 作为新时代的中学生,你为中国梦的实现做出哪些努力?
		2. 中共十八大贯穿始终的主线是什么?
		3. "中国梦"的内涵是什么?圆"梦"的途径有哪些?
	二、中共十九大和习近平新时代中国特色社会主义思想	1. 习近平新时代中国特色社会主义思想具体内涵是什么?
		2. 中国共产党的初心和使命是什么?
	三、中共二十大与全面建设社会主义现代化国家新征程	1. 中国特色社会主义进入新时代的意义是什么?
		2. 为什么说伟大建党精神是中国共产党的精神之源?

五、小结

本节课讨论了中共十八大、十九大和二十大期间中国的发展和变化。首先探讨了中华民族伟大复兴的中国梦,讨论了中学生如何为实现中国梦做出努力,以及中国梦的内涵和实现途径。接着介绍了新时代中国特色社会主义思想,阐述了党的初心和使命,以及中国特色社会主义进入新时代的意义。最后强调了伟大建党精神是党的精神之源,并讨论了中国特色社会主义进入新时代的重大意义。

第三十节 "新时代中国特色社会主义的伟大成就"教学设计

一、研读课标要求,确定主题情境

本课内容分为四个子目,分别是:全面建成小康社会、综合国力显著提升、在应对风险挑战中推进各项事业、中国特色大国外交和推进构建人类命运共同体。主要展示了中共十八大以来取得的成就,以及对实现中华民族伟大复兴、应对国内外出现的新挑战所给出的中国策略。学习本课,学生需要从新时代中国特色社会主义的伟大成就是什么、为什么会取得这样的成就以及在未来怎样取得更大的成就三个方面去理解新时代中国特色社会主义,以达到增强学生中国特色社会主义道路自信、理论自信、制度自信、文化自信的目的。基于此,教师确定了本节课内容的主题,即"追梦新时代·奋斗新征程"。同时在整合教材内容以及主题立意的基础上,设置了三个分主题,即"筚路蓝缕,玉汝于成""行远自迩,笃行不怠""砥砺深耕,履践致远"。通过以上主题与分主题的设定,将课程标准的要求转化为课堂教学的聚焦问题,做到了课标问题化。

二、明确教学目标,突破重点难点

教学目标:深入挖掘教材,做到教材学材化,通过阅读教材、观察地图、研读史料,让学生能够识记中共十八大以来取得的辉煌成就,并明确习近平新时代中国特色社会主义思想的历史推动作用;了解中共十八大以来中国在各个领域取得的成就,理解取得成就的原因及意义;通过对全面建成小康社会、应对风险和大国外交的学习,理解国家治理体系和治理能力进步的意义;了解中国面对各方面挑战所做出的积极应对举措和中国特色大国外交政策的推行,增强对中国特色社会主义的道路自信、理论自信、制度自信和文化自信,涵养家国情怀。

重点:认识中国特色社会主义进入新时代的重大意义,科学认识我国发展新的历史方位,增强中国特色社会主义道路自信、理论自信、制度自信、文化自信,提升家国情怀。

难点:理解社会存在决定社会意识,经济基础决定上层建筑。

三、设计导入环节,激发学习兴趣

首先,教师给出一段材料。

2019 年 10 月 1 日上午,庆祝中华人民共和国成立 70 周年大会在天安门广场隆重举行。习近平发表重要讲话,随后举行了盛大阅兵仪式和以"同心共筑中国梦"为主题的群众游行。中华人民共和国成立 70 周年庆祝活动,充分展示了新中国成立 70 年来的辉煌成就,彰显了国威军威,极大振奋了民族精神。

——新华网,有改动

教师紧接着抛出问题——"中共十八大以来取得了哪些辉煌成就?习近平新时代中国特色社会主义思想有哪些历史推动作用?",引发学生的思考和激烈讨论,呼应主题"追梦新时代·奋斗新征程",并让学生带着这个问题开始本节课的学习,迅速融入课堂。导入设计在课堂开始就体现出生生互动、师生互动的原则,为教学的下一步展开打下良好的基础。

四、设置问题链条,落实核心素养

教师在依据课标并整合教材的基础上设计出问题链,并向学生展示问题链,如表 4-30 所示。接着教师引导学生在课堂上依据教师提供的材料以小组合作的形式展开讨论后回答相关问题,展示学习成果。

表 4-30 "追梦新时代·奋斗新征程"问题链

主题	分主题	问题链
追梦新时代·奋斗新征程	一、筚路蓝缕，玉汝于成	1. 结合课本内容和所学知识，指出全面建设小康社会的含义、任务、成效、意义。
		2. 拓展：结合课本内容和所学知识，分析我国如期全面建成小康社会的条件有哪些？
		3. 中国综合国力有多强，表现在哪些方面？综合国力的提升对国家的战略价值有何作用？
	二、行远自迩，笃行不息	1. 新时代中国在国际上面临哪些风险挑战？中国又是如何应对的？
		2. 新时代中国在国内面临哪些风险挑战？中国又是如何应对的？
		3. 新时代中国在应对风险挑战的同时又取得了哪些成就？
	三、砥砺深耕，履践致远	1. 结合课本内容和所学知识，指出中国特色大国外交提出的背景、内涵、意义。
		2. 结合课本内容，指出推动构建人类命运共同体的含义、实质，以及如何实践。

五、小结

通过本课的学习，师生们一同回顾了新时代中国特色社会主义的伟大成就。本节课以"追梦新时代·奋斗新征程"为主题，深入探讨了中共十八大以来取得的成就以及中国为实现中华民族伟大复兴以及应对中国内外出现的新挑战所给出的中国策略。同时，借助三个分主题的层层推进，以环环相扣的问题链为线索，引导学生从新时代中国特色社会主义伟大成就是什么、为什么取得这样的成就以及在未来会怎样取得成就等三个方面去理解新时代中国特色社会主义。在学习的同时也达到增强学生中国特色社会主义道路自信、理论自信、制度自信和文化自信的目的。

第五章 《中外历史纲要(下)》教学设计

第一节 "文明的产生与早期发展"教学设计

一、研读课标要求,确定主题情境

本课旨在使学生深入了解上古时期人类文明的起源、演进及其多元性特点。教材通过人类文明的产生、古代文明的多元特点两个子目,系统地阐述了早期文明形成的一般规律,并强调了不同地域文明因地理和历史条件差异而展现出的丰富多样性。基于此,教师将本节课的主题定为"多元共辉的早期文明"。在整合教材内容和主题思想的基础上,进一步细化为三个分主题:"相似的起源""多元的特色"和"辉煌的成就"。其中,"相似的起源"旨在探讨早期文明形成的共性规律,而"多元的特色"与"辉煌的成就"则分别展现早期文明所取得的卓越成就以及其独特性和多样性,同时分析这些成就和特征产生的不同历史背景和地理条件。

二、明确教学目标,突破重点难点

教学目标:通过观察地图,引导学生运用唯物史观解释人类文明产生的一般过程,认识文明产生的标志和条件;利用表格梳理教材中各区域文明的政治、文化成就等史实,概括古代文明发展的特征;运用文字、图片等史料,从多个视角设置情境问题,通过互动教学引导学生认识文明的多元特征,并运用唯物史观分析影响人类早期文明多元性的因素,形成对人类文明多元发展的正确认识。

重点：古代文明的多元特征。

难点：人类文明产生的一般条件；不同文明形成的时空条件。

三、设计导入环节，激发学习兴趣

首先，让学生阅读本课教材导言，观察书本上阿尔及利亚塔西利－恩－阿耶洞穴壁画。

随后，教师详细解读壁画内容，并引导性地提问："农业与畜牧业在人类文明的诞生过程中扮演了怎样的角色？"，旨在引导学生深入思考，激发他们对古代文明起源问题的探索欲望。在充分讨论的基础上，为学生顺利进入"相似的起源"这一分主题的学习环节。

四、设置问题链条，落实核心素养

教师在依据课标并整合教材的基础上设计出问题链，并向学生展示问题链，如表5-1所示。接着教师引导学生在课堂上依据教师提供的材料以小组合作的形式展开讨论后回答相关问题，展示学习成果。

表5-1 "多元共辉的早期文明"问题链

主题	分主题	问题链
多元共辉的早期文明	一、相似的起源	1. 结合人类走向文明的历程图，谈谈你获得的启示。
	二、多元的特色	1. （列表：几大文明古国的地理环境与经济特色）它们有哪些文明特征和共性？
		2. 说明地理和历史条件的差异是如何影响古代文明发展。
	三、辉煌的成就	1. 古代两河流域文明有何特色与成就？
		2. 古代埃及文明有何特色与成就？
		3. 古代印度文明有何特色与成就？
		4. 古代希腊文明有何特色与成就？

五、小结

按照课程标准与教材内容,学生需掌握古代人类文明的总体演进概况,深入认识其产生的多样性条件与发展过程中的独特特点。在主题"多元共辉的早期文明"下,三个分主题环环相扣,教师带领学生对比分析不同地域文明的形成特色,深入认识古代文明产生的多样性条件,以及它们各自独特的发展历程,从而理解古代文明发展的多元性。例如,古埃及文明以其独特的尼罗河河谷农业为基础,是世界上最早的集中权力的文明;古希腊文明则以其开放的海洋性地理环境、城邦制度以及哲学、文学、艺术等方面的卓越成就而著称;古印度文明则深受印度河与恒河流域的灌溉农业影响,发展出了丰富的宗教与哲学体系。这些文明之间的差异与特色,共同构成了古代文明丰富多彩的图景。通过对古代文明发展多元性的理解,学生能够进一步体会人类文明的丰富多样性,有助于拓宽历史视野,激发文化自信和创新精神。

第二节 "古代世界的帝国与文明的交流"教学设计

一、研读课标要求,确定主题情境

本课分析了古代文明崛起的原因,重点讲述波斯帝国、亚历山大帝国和罗马帝国在强大的军事力量推动下向外扩张;古代农耕文明扩张的过程中推动了文明的交流与交融,促使欧亚大陆的农耕文明区域逐渐连接起来。基于此,教师确定了本节课内容的主题,即"从孤岛走向区域性整体"。同时在整合教材内容以及主题立意的基础上,设置了三个分主题:"走出孤岛""帝国传播""区域交流"。"走出孤岛"部分讲述了农耕文明对外扩张的必要性和可能性,以及海洋文明扩张的不同方式;"帝国传播"部分讲述农耕文明对外扩张与武力征服相结合,推动了东西方文化和经济的交流;"区域交流"部分讲述了由于古文明的扩张、帝国的扩张,推动了文明交流。

二、明确教学目标，突破重点难点

教学目标：阅读教科书，观察地图和图片，研读史料，了解农耕文明扩张表现，用唯物史观分析其不断扩张的必要性与可能性；通过地图、时间轴及活动设计，让学生厘清三大帝国的时空观念；通过对比分析三大帝国的异同点，客观地理解三大帝国崛起对文明的扩张带来的作用；梳理文明交流的表现、特点等，合理评价早期人类文明的区域交流带来的影响。

重点：农耕文明扩张的原因；三大帝国扩张的异同及影响；评价早期人类文明的区域交流。

难点：农耕文明扩张的原因；三大帝国扩张的影响。

三、设计导入环节，激发学习兴趣

首先，教师播放视频，并给出一张图片和几个对图片描述的关键词句。

《拉奥孔》：三位罗马雕塑家于公元前1世纪创作完成；希腊化时期代表性雕塑；S形线条表现了雕塑的动态感。

教师紧接着抛出一个问题——"古希腊的艺术为何会影响到罗马？"，引发学生的思考和激烈讨论，呼应主题，即"从孤岛走向区域性整体"，并让学生带着这个问题开始本节课的学习，迅速融入课堂。

四、设置问题链条，落实核心素养

教师在依据课标并整合教材的基础上设计出问题链，并向学生展示问题链，如表5-2所示。接着教师引导学生在课堂上依据教师提供的材料以小组合作的形式展开讨论后回答相关问题，展示学习成果。

表 5-2　"从孤岛走向区域性整体"问题链

主题	分主题	问题链
从孤岛走向区域性整体	一、走出孤岛	1. 农耕文明有何优势得以扩张?
		2. 农耕文明的扩张与海洋文明的扩张有何不同? 古代文明扩张的方式有哪些?
		3. 古代文明的扩张会带来怎么样的影响?
	二、帝国传播	1. 波斯帝国、马其顿帝国、罗马帝国在文明扩张方面有何成绩?
		2. 古代帝国的崛起给文明的扩张带来什么影响?
	三、区域交流	1. 早期人类文明的区域交流有何特点?
		2. 早期人类文明的区域交流有何意义?

五、小结

本课讲述农耕文明的进一步发展,古代的波斯帝国、亚历山大帝国和罗马帝国先后崛起,促使欧亚大陆的农耕文明区域逐渐扩张,各农耕文明的交流不断加强,推动区域文明的发展。为了更好地突破两个重难点——农耕文明扩张的原因和三大帝国扩张的影响,本课通过让学生对时间轴内容进行填充、在地图上标示的方式,引导学生分析农耕文明扩张的必要性与可能性。通过小组合作探究,对比波斯帝国、马其顿帝国、罗马帝国文明发展的成就,分析三大帝国扩张带来的全方位影响。在教学过程中,教师重视对学生核心素养的涵育,利用时间轴和地图让学生形成清晰的时空观念;紧紧围绕主题进行问题链设计,选取典型史料,培养学生的史料实证等能力;通过感受古代农耕文明的扩张,帝国的繁盛与衰落,文明的冲突与交融,培养学生看待世界文明的多元视角,拓宽学生的世界思维,使其具有广阔的国际视野。

第三节 "中古时期的欧洲"教学设计

一、研读课标要求，确定主题情境

按照课程标准，本课旨在使学生全面了解中古时期欧洲各国、各民族、各宗族以及社会的演变过程。教材通过三个子目，详细阐述了西欧封建社会的典型特征以及中后期社会的崭新变革，同时也探讨了东欧国家的社会发展状况。基于此，我们将本节课的主题设定为"中古欧洲'面面观'"，并在深入挖掘教材内容和主题思想的基础上，进一步细化为三个分主题，即"'封建'的西欧""'发展'的西欧""'传统'的东欧"，分别呼应三个子目的内容。通过这样的教学设计，希望能够帮助学生更加系统地掌握欧洲中古时期的历史发展脉络。

二、明确教学目标，突破重点难点

教学目标：阅读教材，了解中古西欧政治、经济和思想的发展状况，概括西欧封建社会的基本特征；运用图文资料，设置探究问题，引导学生分析这些基本特征的成因，了解中古中后期西欧社会的变化，认识其影响；利用时间轴，梳理东欧社会发展的历程，分析东欧国家继续发展的原因，并通过对比，认识东西欧社会发展的差异。

重点：中古时期欧洲的发展和变化。

难点：中古西欧多元社会结构的特点、成因及影响；东西欧发展的差异。

三、设计导入环节，激发学习兴趣

首先，让学生回顾《中外历史纲要（下）》第2课关于罗马帝国建立和基督教发展的内容。

随后，教师向学生们展示罗马帝国的分裂和西罗马帝国的灭亡地图，讲述并提问:"当狄奥多西大帝在公元395年将罗马帝国一分为二时,罗马的命运发生了怎样的转变?它分裂为两个国家,走上了截然不同的发展道路。那么,在西罗马帝国灭亡之后,欧洲又遭遇了怎样的局面呢?",通过这样的提问,教师成功地建立了新旧课程之间的联系,有效地激发了学生对新知识的好奇心和学习兴趣,同时也使他们更加深入地理解了本课的主题和背景。

四、设置问题链条,落实核心素养

教师在依据课标并整合教材的基础上设计出问题链,并向学生展示问题链,如表5-3所示。接着教师引导学生在课堂上依据教师提供的材料以小组合作的形式展开讨论后回答相关问题,展示学习成果。

表5-3 "中古欧洲"面面观""问题链

主题	分主题	问题链
中古欧洲「面面观」	一、"封建"的西欧	1. 西欧封建社会的基本特征?
		2. 西欧封建制的政治基础是封君封臣制,它有何特点和作用?
		3. 西欧封建制的经济基础是庄园与农奴制度,它有何特点?怎么看待庄园法庭的作用?
	二、"发展"的西欧	1. 西欧各国王权加强的表现有哪些?产生了怎么样的影响?
		2. 伴随着封建经济的发展,城市出现了哪些新现象?这些给西欧社会带来哪些影响?
		3. 西欧社会的新变化推动了社会进步,但仍受到哪些因素的束缚?
	三、"传统"的东欧	1. 东罗马帝国继续发展的原因有哪些?
		2. 俄罗斯持续发展的原因有哪些?与东罗马帝国有何相似之处?
		3. 欧洲东西部之间发展的差异说明了什么?

五、小结

本课聚焦于中世纪欧洲社会的历史演变。在学习过程中，学生需深入理解并掌握以下核心内容：首先，对西欧封建社会的典型特征及其在中后期所经历的社会变革形成清晰认识；其次，探索中古时期东欧国家的发展历程与演变轨迹；再次，洞察中古欧洲社会的多元性，包括东西欧封建制度的特色及其形成原因；最后，理解西欧封建制度并非全球普遍现象，领悟世界历史的丰富多样性。在本课教学中，"变化"与"多元"两大主题尤为突出。"变化"主要体现在西欧地区，特别是要从中世纪后期西欧的变化，认识其对近代欧洲文明的影响。这里的"多元"不仅是指欧洲文明内部的"多元"，从世界范围来看，欧洲也是世界"多元面貌"中的"一元"。通过学习本课，引导学生树立全球史观，以开放与包容的态度看待不同文明，为后续课程的学习奠定坚实基础。

第四节 "中古时期的亚洲"教学设计

一、研读课标要求，确定主题情境

依据课标，在本节课中学生将了解中古时期亚洲的不同国家、民族、宗教和社会的变化。本课教材主要阐述了三方面内容：一是西亚的阿拉伯帝国、奥斯曼土耳其帝国的建立及它们在东西方交流中的作用；二是南亚的笈多帝国和德里苏丹国的建立及宗教发展；三是东亚的日本和朝鲜模仿中国建立了中央集权国家。基于以上的分析，教师将本节课的主题确定为"多元文明交汇融合"，以突出中古时期亚洲发展的总体特征，并对教材三个子目进行了重新整合，按照空间线索呈现课程内容，体现中古时期亚洲不同区域的发展特点，设置三个分主题："东西文明交汇的西亚""多元宗教并存的南亚""中华文化融汇的东亚"。

二、明确教学目标，突破重点难点

教学目标：阅读教材，运用时间轴与图示，了解中古亚洲各国的发展历程及政治、经济和文化的发展状况，概括其发展特征，认识中古亚洲文明的多元面貌；运用图文资料，设置探究问题，引导学生分析阿拉伯帝国对东西方贸易文化交流的作用，理解文明之间的交流借鉴与国家发展的关系；通过比较，分析奥斯曼土耳其帝国、德里苏丹国与阿拉伯帝国之间的联系，日本、朝鲜的发展与中国的联系，理解文明的延续与扩展、并存与融合。

重点：中古时期亚洲的发展和变化。

难点：中古亚洲历史发展的多样性，理解和尊重各国、各民族文明的传统。

三、设计导入环节，激发学习兴趣

首先，教师展示以下材料：

从公元 500 年到 1500 年这千年之间，亚洲是片令人激动且充满创造力的广阔天地。当时，欧洲随着罗马衰亡而进入了黑暗时代，而亚洲则成为世界贸易、文化、宗教与城市发展的中心。

——《极简亚洲千年史》

随后，教师提出问题——"中古时期的亚洲发展与欧洲有什么不同，为何能成为世界贸易、文化、宗教与城市发展的中心?"，引发学生的思考和讨论。借此教师顺利引导学生进入了新的课程主题，为接下来的学习奠定了坚实的基础。

四、设置问题链条，落实核心素养

教师在依据课标并整合教材的基础上设计出问题链，并向学生展示问题链，如表 5-4 所示。接着教师引导学生在课堂上依据教师提供的材料以小组合作的形式展开讨论后回答相关问题，展示学习成果。

表5-4　"多元文明交汇融合"问题链

主题	分主题	问题链
多元文明交汇融合	一、东西文明交汇的西亚	1. 阿拉伯帝国的发展有何特色？对人类文明交流有何贡献？
		2. 奥斯曼土耳其帝国的发展有何特色？对人类文明交流有何重大贡献？
	二、多元宗教并存的南亚	1. 印度文明的发展呈现出怎样的特点？
		2. 印度多次遭受入侵而导致文明发展受挫，说明了什么？
	三、中华文化融汇的东亚	1. 受中华文明的影响，日本大化改新有何意义？
		2. 随着中央集权的瓦解，日本社会发展呈现出哪些新的特色？
		3. 同样受到中华文明的影响，朝鲜半岛的发展有何特色？

五、小结

亚洲，作为人类文明的发源地之一，同时也是世界多元文明的基石，为世界文明史书写了浓重而精彩的篇章。本课主要呈现了中古时期亚洲地区民族、宗教以及社会的演变过程。鉴于课程内容丰富，教学重点主要聚焦于西亚阿拉伯文明与东亚中华文明的探讨。这两种文明各具特色，对全球文明发展产生了深远的影响。奥斯曼土耳其帝国与南亚的德里苏丹国的兴起，是阿拉伯文明在世界范围内扩张的显著成果。同时，日本与朝鲜在吸收中华文明的基础上，发展出了具有自身特色的文化，这充分展现了亚洲内部各地区之间的紧密联系。阿拉伯帝国在东西经济文化交流中发挥了桥梁作用，为世界文明的进步做出了重要贡献。通过本课程的学习，学生将更深入地理解文明的传承与扩张、共存与交融，从而学会尊重世界各国、各民族的文化传统，认识到文明交流互鉴的重大意义。

第五节 "中古时期的非洲与美洲"教学设计

一、研读课标要求，确定主题情境

按照课程标准，本节课旨在让学生了解中古时期美洲和非洲不同国家、民族以及社会的演变。教材用两个子目阐述中古时期撒哈拉以南的非洲本土各文明以及哥伦布发现新大陆之前的美洲本土的文明状况，基于此，教师将本节课的主题确定为"独立共生的文明"，并在整合教材内容和主题立意的基础上，设置了三个分主题，即"满天星斗的非洲文明""成就斐然的美洲文明""独立发展的原因与启示"，通过这些分主题的探讨，旨在展示古代非洲与美洲丰富的文明成果，进一步认识和理解文明的多元性特征。

二、明确教学目标，突破重点难点

教学目标：运用世界地图准确定位古代非洲和美洲主要国家的地理位置，了解其大致时间，培养时空观念；阅读教材，运用表格梳理知识，了解古代非洲和美洲的主要国家的政治、经济和文化的发展状况，概括文明的基本特征；通过典型例子，结合图文资料，了解古代非洲和美洲文明的成就及其对世界文明的贡献；通过史料分析，从不同角度理解影响非洲和美洲古文明进程的因素，感受文明在交流中发展、在闭塞中衰亡的道理。

重点：古代非洲与美洲主要文明的发展演变及特点。

难点：古代非洲与美洲文明特点形成的原因及启示。

三、设计导入环节，激发学习兴趣

首先，教师展示一段文字：

2006年中非峰会前后，《中国青年报》采访5080名中国人。在他们对于非洲的印象中，"饥饿""原始""战乱"排在第一位，然后才是"友好""热情"和"活力"。这种看法到现在仍未有多少变化。

接着，教师提出问题——"你了解非洲和美洲吗？你对非洲、美洲的印象是怎样的？"，在学生回答的基础上，引导他们思考很多人对非洲与美洲不了解的原因，通过层层设问，激发学生的学习兴趣，进而引出本课的主题"独立共生的文明"，使学生自然地融入新课的学习情境中。

四、设置问题链条，落实核心素养

教师在依据课标并整合教材的基础上设计出问题链，并向学生展示问题链，如表 5-5 所示。接着教师引导学生在课堂上依据教师提供的材料以小组合作的形式展开讨论后回答相关问题，展示学习成果。

表 5-5 "独立共生的文明"问题链

主题	分主题	问题链
独立共生的文明	一、满天星斗的非洲文明	1.（列表：古代非洲国家发展状况）非洲各地文明发展有何特色？
		2. 古代非洲对世界文明的贡献有哪些？
	二、成就斐然的美洲文明	1.（列表：古代美洲国家发展状况）美洲各地文明发展有何特色？
		2. 古代美洲对世界文明的贡献有哪些？
	三、独立发展的原因与启示	结合地理、历史条件分析两个大洲交流有限，导致整体发展受阻的原因。

五、小结

本课旨在通过阐述中古时期非洲与美洲文明的概况，进一步揭示这一时期世界各大区域文明的多元性。鉴于教材内容涉及众多地区与国家，介绍得较为简要，故在教学中应适度补充图像与文献资料，以生动展现古代非洲和美洲文明的辉煌成就与独特魅力，从而深化学生的直观认知，培养其史料实证与历史解读能力。通过运用地图与时间轴工具，引导学生明确各文明国家在时空框架中的定位，进而构建清晰的世界历史时空观。

第六节 "全球航路的开辟"教学设计

一、研读课标要求，确定主题情境

本课核心议题涵盖了新航路开辟的动因、条件，以及西班牙、葡萄牙等国所开启的新航路和其他重要航线。新航路的开辟，不仅为东西方交流铺设了新通道，而且使人类得以窥见一个前所未有的全新世界，为全球各地建立联系、人类社会由分散走向整合提供了重要契机。教材紧密贴合课程标准，强调新航路开辟在人类历史由分散走向整体过程中的关键地位。经过对课标和教材的深入研究，教师将本课的主题设定为"西欧的'热'"，整合教材内容，教师提炼出三个分主题："寻金热""探险热"和"生意热"。这三个主题串联起新航路开辟的原因、影响及其深远意义，既与主题"西欧的'热'"相呼应，又深入落实了课标的核心内容。

二、明确教学目标，突破重点难点

教学目标：阅读教科书，观察地图，研读史料，了解新航路开辟的表现，概括其主要特征；通过史料研习，问题设置，交流研讨，能够运用唯物史观，分析新航路开辟的动因和条件等因素；在立足史实的基础上，树立史料实证意识，对史料做出合理解释，客观看待新航路开辟的影响，并能够对新航路开辟是人类历史从分散走向整体过程中的重要节点做出合理的历史解释，突破本课重点和难点，深化落实课标要求。

重点：认识新航路开辟的动因和条件。

难点：理解新航路开辟是人类历史从分散走向整体过程中的重要节点。

三、设计导入环节，激发学习兴趣

首先，教师展现西欧社会"寻金热"的相关材料：

东方是金瓦盖顶，金砖铺地，门窗都是黄金装饰，连河道里都有滚动的矿石，东方简直是一个灿烂辉煌的黄金世界。

——《马可波罗行纪》

然后教师提出问题——"西欧当时为何会出现'寻金热'？还有哪些因素在推动海外冒险的实施？"，引导学生思考，激发学生的探究欲望，希望学生能够积极地投入本节课的学习中，迅速进入学习状态，为接下来的教学内容做好铺垫。

四、设置问题链条，落实核心素养

教师在依据课标并整合教材的基础上设计出问题链，并向学生展示问题链，如表5-6所示。接着教师引导学生在课堂上依据教师提供的材料以小组合作的形式展开讨论后回答相关问题，展示学习成果。学生则在历史合作探究学习中基于问题的分析与解决、史料的分析与应用等过程提升综合核心素养能力。

表5-6 "西欧的'热'"问题链

主题	分主题	问题链
西欧的『热』	一、寻金热	1. 西欧当时为何会出现"寻金热"？
		2. 还有哪些因素推动着海外冒险的实施？
	二、探险热	1. 在"探险热"的影响下，开辟出哪些新航路？
		2. 哪些国家占得发财的先机？
		3. 后来又有哪些国家参与？开辟了哪些新航路？
	三、生意热	新航路的开辟，给许多人带来了"生意"，简析其影响。

五、小结

本课的教学设计以贯彻课程标准为核心，将"理解新航路的开辟作为人类历史从分散走向整合的关键节点"作为指导思想，教师选择了"西欧的'热'"作为主题，并在整合教材内容和主题思想的基础上，精心设计了三个分主题,分别是"寻金热""探险热"和"生意热"。通过"西欧的'热'"这一视角,全面阐述了新航路开辟的原因、影响及其引发的反思,从而紧扣主题并深入落实课程标准的核心内容。此外,这一教学设计也为后续探讨近代世界日益紧密的联系奠定了坚实的基础,有助于实现单元课标的要求,即"了解新航路的开辟以及其所导致的人口、物种和商品等的全球性流动;理解人类认识世界视野和能力的转变,以及这对世界各地文明产生的不同影响"。

第七节 "全球联系的初步建立与世界格局的演变"教学设计

一、研读课标要求,确定主题情境

本课通过人口迁移与物种交换、商品的世界性流动、早期殖民扩张三个子目详细阐释了新航路开辟及早期殖民扩张所带来的全球性人口迁移、物种交流、商品流通等一系列变革,以及这些变革如何引发世界格局的变动,并对各区域文明产生不同的影响。基于这些分析,教师将本课的教学主题确定为"流动·变动·牵动",并据此设计了三个分主题:"流动的世界""变动的格局"和"牵动的转型"。这三个分主题旨在从多个角度全面展示新航路开辟所带来的深远影响。

二、明确教学目标,突破重点难点

教学目标:通过观看地图,分析新航路开辟后的人口、物种交流和商品流通的特点和影响,掌握基本史实,建立时空观念;通过小组合作探究,解读图文材料,运用唯物史观从多角度认识全球航路开辟的影响;理解全球联系的建立和世界格局的演变,培养史料实证等素养。

重点:新航路开辟的人口、物种交流和商品流通的特点和影响。

难点:多角度认识新航路开辟及早期殖民扩张的影响,理解新航路开辟是人类历史从分散走向整体过程中的重要节点。

三、设计导入环节，激发学习兴趣

首先，教师展示一组摘自《全球通史》的地图，如图 5-1 所示：

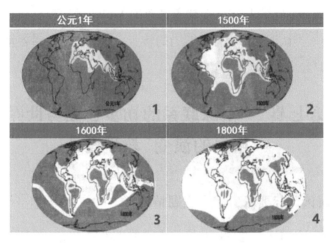

图 5-1　《全球通史》的地图

随后，教师借助地图，提出了一个问题——"图中逐渐扩展的白色区域象征着什么？"，通过这样的问题设置，旨在激发学生的好奇心和探索欲望。在引导学生仔细观察和分析地图的基础上，使他们初步认识到新航路开辟后，人类开始具备全球性的视野。接下来，教师将引导学生思考新航路开辟所带来的全球范围内的联系与各种影响，以此为主线，展开对本节课的主题"流动·变动·牵动"的探讨和学习。

四、设置问题链条，落实核心素养

教师在依据课标并整合教材的基础上设计出问题链，并向学生展示问题链，如表 5-7 所示。接着教师引导学生在课堂上依据教师提供的材料以小组合作的形式展开讨论后回答相关问题，展示学习成果。

表 5-7 "流动·变动·牵动"问题链

主题	分主题	问题链
流动·变动·牵动	一、流动的世界	1. 新航路开辟后,人口、动植物的交流有何特点?
		2. 交流的同时,伴随着疾病的传播,这些都带来了哪些影响?
		3. 海路贸易的兴盛对世界贸易格局带来了哪些影响?
	二、变动的格局	1. 早期殖民扩张给世界格局带来了哪些影响?
		2. 伴随着贸易的进行,白银的流动路线是怎样的?
	三、牵动的转型	早期殖民扩张给欧洲带来哪些深远影响?

五、小结

本课继第 6 课"全球航路的开辟"之后,深入探讨了新航路开辟所带来的深远影响。这些影响体现在多个方面:首先,新航路的开辟极大地拓展了人类对于世界的认知和理解,提升了人类探索未知世界的能力。其次,新航路的开辟也促进了全球范围内的物种交流,这一现象被称为"哥伦布大交换"。此外,新航路的开辟还推动了全球贸易网络的初步形成以及国际劳动分工的出现。最后,新航路的开辟对各地区文明产生了深远影响,特别是推动了西欧社会的转型,使得资产阶级逐渐崭露头角,开启了人类社会变革的新时代。

教师遵循唯物史观的理论框架,对本课内容进行了逻辑梳理。新航路的开辟和早期殖民扩张,不仅推动了人类对于世界的认识视野的扩大,更引发了全球范围内的人口迁移、物种交换和商品流通。这些全球性的流动,进一步导致了世界格局的深刻变化,对各地区文明产生了不同的影响。最终,这些变化汇聚成为人类社会转型的强大动力,推动了欧洲资本主义的发展。人类社会开始进入大变革的时代。

第八节 "欧洲的思想解放运动"教学设计

一、研读课标要求，确定主题情境

在本课中，学生将深入了解欧洲从中世纪封建社会向近代资本主义社会过渡时期，思想文化领域的演变与发展。这一时期，欧洲社会经历了巨大的变革，而思想解放运动正是这场社会变革的先导。基于此，教师为本节课设定了主题，即"社会变革的先导"。在全面整合教材内容及主题立意的基础上，进一步细化了三个分主题："打破教会禁锢""削弱精神支柱"及"革命思想武器"。这三个分主题紧密围绕主题"社会变革的先导"，共同构成了本节课的完整内容框架。通过层层递进的三个分主题，学生可以更好地理解欧洲社会的变革历程，以及思想解放运动在社会变革中的重要作用。

二、明确教学目标，突破重点难点

教学目标：了解文艺复兴、宗教改革、近代科学的兴起、启蒙运动的历史，感受西欧人文精神的复兴和发展，认同以人为本的人文精神，认识思想解放对社会变革的巨大影响。

重点：欧洲思想解放运动的历程。

难点：欧洲思想家的思想理论，如自然权利学说，社会契约论等欧洲资产阶级思想解放运动的原因、主要内容和影响。

三、设计导入环节，激发学习兴趣

教师通过展示两幅圣子圣母图，引起学生对于文艺复兴时期和中世纪艺术风格差异的关注。一幅中世纪的圣子圣母图，它的人物形象可能较为严肃、呆板，色彩较为暗淡；而另一幅文艺复兴时期的圣子圣母图，它的人物形象可能更加生动、自然，色彩更加鲜艳。通过这种对比，让学生直观地感受到两个时期的艺术风格差异,从而引出本节课的主题,即"社会变革的先导",引发学生的思考和激烈讨论,并让学生带着这个问题开始本节课的学习,迅速融入课堂。

四、设置问题链条,落实核心素养

教师在依据课标并整合教材的基础上设计出问题链,并向学生展示问题链,如表5-8所示。接着教师引导学生在课堂上依据教师提供的材料以小组合作的形式展开讨论后回答相关问题,展示学习成果。

表5-8 "社会变革的先导"问题链

主题	分主题	问题链
社会变革的先导	一、打破教会禁锢	1. 文艺复兴运动产生的原因有哪些?核心是什么?
		2. 文艺复兴的扩展说明了什么?有何深远影响?
		3. 在文艺复兴推动下,宗教改革运动的矛头直指教会。其目的有哪些?有何积极影响?
	二、削弱精神支柱	1. 16—17世纪自然科学发展的原因有哪些?
		2. (列表:科技成就)这些成就有何深远影响?
	三、革命思想武器	1. 启蒙运动的背景有哪些?核心是什么?
		2. 启蒙思想家为革命和未来社会做了怎样的宣传和设计?
		3. 启蒙运动有何深远影响?

五、小结

本课着重学习了社会变革的先行力量,包括文艺复兴运动、宗教改革运动、自然科学的进步以及启蒙运动。文艺复兴运动的兴起,源于资本主义的萌芽、意大利的地理优势以及古希腊罗马文化的复兴,其核心精神在于人文主义。文艺复兴的广泛传播彰显了其深远影响,并在一定程度上推动了宗教改革运动的发展。宗教改革运动的主要矛头指向教会,旨在建立符合资产阶级利益的宗教体系,进而推动了欧洲资本主义的壮大。16—17

世纪的自然科学之所以取得显著发展，原因诸多，如对宇宙秩序的探求、对古典文化的尊重等。其深远影响在于触发了科学革命，改变了人们对自然界的认知。启蒙运动则是在资本主义的壮大、文艺复兴和宗教改革的共同推动下兴起的，其核心在于理性主义。启蒙思想家们为革命和未来社会勾画了理想蓝图，对后续的社会变革产生了深远影响。这些运动和思想的演进，为社会变革提供了宝贵的思想资源和动力支持。

第九节　"资产阶级革命与资本主义制度的确立"教学设计

一、研读课标要求，确定主题情境

在本节课中，学生将深入了解资本主义社会逐步取代封建社会的历史进程。这一过程涉及资产阶级思想解放运动、资产阶级革命运动以及一系列的改革措施。资产阶级思想解放运动为资产阶级革命提供了思想基础和先导。随着资产阶级革命和改革的成功，资本主义制度逐渐确立并稳固。以英国资产阶级革命为开端，西方国家相继展开了以改变政治体制为目标的革命或改革。在此过程中，以民主政治为标志的新型政治体制逐渐成为西方国家的主流政治形式。同时，自由、权利等资产阶级政治理念也逐渐被广泛接受并深入人心。针对以上内容，教师将本节课的主题设定为"社会变革与扩展"。为全面展示这一主题，教学设计整合了教材相关内容，并基于立意设立了"民主自由之战""民主自由之象"和"民主自由之势"三个分主题。这三个分主题紧密围绕主题展开。

二、明确教学目标，突破重点难点

教学目标：了解英、法、美三国资产阶级革命和资本主义制度建立的原因、过程和内容；分析启蒙运动对这些制度确立的影响；了解德、意、俄、日四国资本主义制度建立的原因、过程和内容；了解资产阶级民主政治的特点和历史作用。

重点：了解不同国家的革命、改革和制度建设。

难点：认识影响不同资本主义国家政治制度的因素。

三、设计导入环节，激发学习兴趣

首先，教师展示一幅美国的自由女神像图：自由女神像右手高举象征自由的火炬，左手捧着《独立宣言》；脚下是打碎的手铐、脚镣和锁链，这象征着美国挣脱了殖民国家的暴政，走向了独立和民主。

随后，教师提问："同学们，让我们深入思考一个问题，北美大陆摆脱的是哪个国家的统治？让我们回顾那段波澜壮阔的历史，探讨资产阶级革命是如何轰轰烈烈地展开，又是如何奠定了资本主义制度的坚实基础。"在问题的引导下，学生带着好奇心和求知欲开始了本节课的学习，更加迅速和有效地融入课堂讨论中。

四、设置问题链条，落实核心素养

教师在依据课标并整合教材的基础上设计出问题链，并向学生展示问题链，如表5-9所示。接着教师引导学生在课堂上依据教师提供的材料以小组合作的形式展开讨论后回答相关问题，展示学习成果。

表5-9 "社会变革与扩展"问题链

主题	分主题	问题链
社会变革与扩展	一、民主自由之战	1.（列表：英法美三国的革命道路对比）这种差异是由什么造成的？
		2. 虽然道路不同，共性却很明显，请你指出来。
	二、民主自由之象	1.（列表：英法美三国政体对比）这种差异是由什么造成的？
		2. 英法美三国虽然政体不同，共性却很明显，请你指出来。
	三、民主自由之势	1.（列表：19世纪五国政体对比）这反映出怎样的时代潮流？
		2. 德、日、俄等国政体有哪些相似性？为何会如此？
		3. 资本主义制度的确立有何深远影响？

五、小结

在这节课中，教师带领学生分析了主要资本主义国家在社会变革过程中的不同途径以及它们在政体选择上的异同。英、法、美三国虽然革命道路不同，但它们在结束旧有秩序之后都转向了民主制度的建立，体现了民主、自由、平等等原则。此外，19 世纪的德、意、日、俄等国的政治体制展现出了一定的共性，尤其是君主立宪制和民主立宪制的广泛采用，这反映了资本主义作为经济体系的全球性扩张。与此同时，德国、日本和俄罗斯等国家的政治体制则显示出了专制制度的特点，这与它们特定的历史背景和经济发展水平有着直接的联系。这些国家的专制制度通常是由国家的具体国情和经济基础决定的，体现了它们在政治发展道路上的个性。围绕主题"社会变革与扩展"，本课"民主自由之战""民主自由之象"和"民主自由之势"三个分主题层层呼应，引导学生了解不同国家的革命、改革和制度建设的过程，从而认识资产阶级民主政治的特点和历史作用。

第十节 "影响世界的工业革命"教学设计

一、研读课标要求，确定主题情境

"影响世界的工业革命"一课深入剖析了工业革命对社会生产力的巨大推动作用，以及由此引发的生产关系深刻变革。本节课将带领学生了解工业革命后资本主义经济在欧洲和北美的迅猛增长，使得资本主义国家实力大幅跃升，资产阶级逐渐确立了对全球的统治，最终构建了资本主义世界体系这一史实。同时，工业革命促进生产力提升，这又对人类社会的各个方面产生了深远的影响。基于此，教师确定了本节课内容的主题为"工业革命：低效与高效"。围绕这一主题，教师整合了教材内容，并依据主题立意设置了三个分主题："蒸汽时代：'蒸汽'的效率""电气时代：'电气'的效率""负面问题及解决的效率"。这些分主题旨在通过不同时期的效率变迁，呼应本课"工业革命：低效与高效"，从而全面、深入地展现工业革命对人类社会发展的深远影响。

二、明确教学目标，突破重点难点

教学目标：通过了解工业革命带来的社会生产力的极大发展以及所引起的生产关系的深刻变化，理解工业革命对资本主义世界体系的形成及对人类社会生活的深远影响。

重点：工业革命的背景及影响。

难点：工业革命对资本主义世界体系的形成及对人类社会生活的深远影响。

三、设计导入环节，激发学习兴趣

首先，教师以恩格斯的《反杜林论》为引，展示一段振聋发聩的文字："当革命风暴肆虐法国大地时，英国却静悄悄地进行着一场不事声张，却同样具有磅礴威力的革命。"随后，教师抛出问题——"这两个'革命'对世界产生了哪些深远的影响？"，引导同学们思考。这样的提问方式，不仅成功地激发了学生对新知识的好奇，更点燃了他们对学习的热情。在探索的过程中，学生们对课程的主题和背景有了更为深刻的理解和认识。

四、设置问题链条，落实核心素养

教师在依据课标并整合教材的基础上设计出问题链，并向学生展示问题链，如表5-10所示。接着教师引导学生在课堂上依据教师提供的材料以小组合作的形式展开讨论后回答相关问题，展示学习成果。

表 5-10 "工业革命：低效与高效"问题链

主题	分主题	问题链
工业革命：低效与高效	一、蒸汽时代："蒸汽"的效率	1. 猜一猜：蒸汽机的热效率是多少？
		2. 为何会爆发蒸汽机革命？其实质是什么？
		3. "蒸汽时代"怎样高效地改变了世界？
	二、电气时代："电气"的效率	1. 猜一猜：内燃机的热效率是多少？
		2. 内燃机等带来的"电气革命"有何特点？
		3. "电气时代"怎样高效地改变了世界？
	三、负面问题及解决的效率	1. 两次工业革命带来了哪些负面问题？
		2. 西方社会是如何应对这些负面问题的？

五、小结

本课深入剖析了两次工业革命中的核心技术及其对全球产生的深远影响。首先，师生共同回顾了蒸汽时代的辉煌历程。从蒸汽机的热效率问题入手，探讨了蒸汽机革命为何能够爆发，以及它是如何高效地推动世界发展的。蒸汽机的出现不仅极大地提高了生产效率，还推动了交通运输的革新，为推动工业化进程奠定了坚实的基础。随后，师生将视线转向了电气时代，继续探讨内燃机的热效率问题。与此同时，引导学生分析电气革命的主要特征，以及它是如何高效地改变世界的。电气技术的广泛应用，使得人类的生产力得到了前所未有的提升，同时也极大地丰富了人们的生活方式。从电灯、电话到电视、计算机，电气技术为人类社会的发展带来了无数惊喜。然而，两次工业革命所引发的负面问题也不容忽视。环境污染、资源枯竭、社会不公等问题逐渐显现，给人类社会的发展带来了巨大挑战。因此，教师引导学生对这些问题进行了深入讨论，并探讨了西方社会在面对这些问题时所采取的策略。这些策略包括加强环境保护、推动可持续发展、促进社会公平等，为我们提供了宝贵的经验和启示。通过对两次工业革命的学习，学生可以更好地理解人类社会的发展历程，同时，学生也关注工业革命所带来的负面问题,积极寻求解决方案,进一步理解工业革命的双重影响。

第十一节 "马克思主义的诞生与传播"教学设计

一、研读课标要求,确定主题情境

工业革命推动了资本主义的深入发展,进而引发了一系列社会矛盾,资本主义制度的内在缺陷越发明显。在这一背景下,工人运动蓬勃兴起,马克思与恩格斯深入剖析了工业革命后的资本主义社会,结合工人运动的实践经验,创立了马克思主义理论。在一定意义上来说,工业革命促使了马克思主义的诞生。基于此,教师把本课主题设置为"为了人类的解放,穿越时空的力量",遵循历史逻辑,下设"悲惨遭遇:力量的萌发""正确方向:力量的诞生""重要启示:力量的发展"三个分主题,围绕马克思主义诞生的背景、核心内容和全球影响展开系统论述,全面展示了马克思主义如何从空想走向科学,从理论转化为实践,并深刻改变了世界历史进程。

二、明确教学目标,突破重点难点

教学目标:通过图片,了解工业革命后资本主义的发展状况,理解工人运动、空想社会主义与马克思主义诞生之间的关系,从唯物史观角度认识马克思主义诞生的时代背景;通过阅读《共产党宣言》的节选材料,概述《共产党宣言》的主要内容,提升学生的史料研读能力,进而利用文字获取所需信息,增强学生的历史解释能力;通过了解马克思、恩格斯的理论探索和革命实践,感悟马克思与恩格斯为共产主义事业奋斗的崇高理想和为人类事业勇于献身的精神。

重点:马克思主义的诞生;巴黎公社。

难点:理解马克思主义产生的世界意义。

三、设计导入环节，激发学习兴趣

教师展示马克思的墓碑以及恩格斯所著的《在马克思墓前的讲话》，提出问题——"马克思在他一生中作出了怎样的伟大贡献？"，旨在引导学生快速进入课堂。在讨论的基础上，为学生进入"马克思主义的诞生与传播"这一课的学习做铺垫。

四、设置问题链条，落实核心素养

教师在依据课标并整合教材的基础上设计出问题链，并向学生展示问题链，如表 5-11 所示。接着教师引导学生在课堂上依据教师提供的材料以小组合作的形式展开讨论后回答相关问题，展示学习成果。

表 5-11　"为了人类的解放，穿越时空的力量"问题链

主题	分主题	问题链
为了人类的解放，穿越时空的力量	一、悲惨遭遇：力量的萌发	1. 为何工业革命增加了社会财富，而工人阶级却陷入"悲惨遭遇"？
		2. 工人阶级的反抗从自发走向自觉，屡遭挫折，这说明了什么？
		3. 空想社会主义思想虽然实现不了，但有哪些历史价值？
	二、正确方向：力量的诞生	1. 结合马克思主义的起源和发展历程，谈谈为什么说它是"富有生命力"的。
		2. 为什么说马克思主义能为社会主义运动指引正确方向？
		3. 马克思主义的诞生有何深远意义？
	三、重要启示：力量的发展	1. 第一国际的成立，有何历史意义？
		2. 巴黎公社运动对于无产阶级革命来说有哪些重要启示？

五、小结

从巴黎公社到俄国十月革命，再到中国的新民主主义革命，马克思主义由理论到实践再到现实。中国共产党开辟的新民主主义革命道路、社会主义革命道路、社会主义建设道路、中国特色社会主义道路，都是把马克思主义基本原理同中国具体实际相结合的伟大创举。本设计紧扣"马克思主义"这一核心要义，分三个主题讲授了其诞生背景、内容和影响，既符合课标要求，又符合学生认知和学习的逻辑，整体设计清晰明了，易于理解。此外，在分主题教学中又设计了几个情境问题，贴近生活实际，使学生对马克思主义理解更为深入。

第十二节 "资本主义世界殖民体系的
形成"教学设计

一、研读课标要求，确定主题情境

根据课标要求，学生需要了解西方列强对亚非拉的殖民扩张、世界殖民体系的建立，理解世界殖民体系的建立对世界历史发展的影响。本课从殖民者这一主体讲述殖民扩张历史。基于此，教师把本课主题设置为"时空视角下的殖民扩张"，下设"早期扩张""蒸汽时代""电气时代"三个分主题，带领学生归纳早期殖民体系在亚洲、非洲、美洲形成的过程，其次分析殖民体系形成的原因，从而总结世界殖民体系的形成对世界历史发展的影响。分主题之间遵循历史时空顺序，展示了世界殖民体系形成的动态过程，背后反映的更深层逻辑则是资本主义的不断发展，世界联系的不断加强。

二、明确教学目标，突破重点难点

教学目标：识记列强在拉丁美洲进行专制统治、财富掠夺，在亚洲建立东印度公司、开辟殖民地半殖民地，在非洲召开柏林会议集中瓜分殖民地等反映西方列强殖民亚非拉的关键内容和史实；梳理资本主义世界殖民体系的建立过程，结合两次工业革命认识其建立背景，理解列强殖民扩张的"双重使命"，对于殖民者、殖民地和半殖民地、世界格局的多重影响。

重点：资本主义世界殖民体系的建立过程。

难点：资本主义世界殖民体系的建立过程及其影响。

三、设计导入环节，激发学习兴趣

教师展示大三巴牌坊图片，询问同学们是否知道此景点，随后简要介绍大三巴牌坊，并提问"这一遗址诉说着一段怎样的历史，发生了什么？"，教师指出"建造教堂以传播先进文明"这一说法，引导学生辨析并探究真相，引导学生深入思考，为学生顺利进入"早期扩张"这一分主题的学习环节做铺垫。

四、设置问题链条，落实核心素养

教师在依据课标并整合教材的基础上设计出问题链，并向学生展示问题链，如表 5-12 所示。接着教师引导学生在课堂上依据教师提供的材料以小组合作的形式展开讨论后回答相关问题，展示学习成果。

表 5-12　"时空视角下的殖民扩张"问题链

主题	分主题	问题链
时空视角下的殖民扩张	一、早期扩张	1. 新航路开辟后哪些国家率先开始殖民扩张？有何特点？
		2. 英法荷相继介入，甚至后来者居上，控制了哪些地区？
		3. 总体上看，早期殖民扩张的手段有何特点？有何影响？
	二、蒸汽时代	1. 工业革命后，英法美等扩张方式发生了哪些变化？
		2. 此时的殖民扩张带来怎样的影响？
	三、电气时代	1. 19 世纪末 20 世纪初，殖民扩张的总体态势是怎样的？
		2. 世界殖民体系最终形成的原因是什么？有何影响？

五、小结

本课教学内容以殖民体系形成的过程、成因及其影响为主线，结合丰富的历史资料，选取独特材料，以小见大，展现微观史学的独特魅力。这种设计不仅能有效激发了学生的学习兴趣，而且在拓宽学生知识视野的同时，培养了其史料实证的核心素养。通过开放式讨论环节，引导学生辩证地认识殖民体系的影响，进而培养其全面分析问题的能力，深化和提升其对唯物史观的理解与运用能力。

第十三节 "亚非拉民族独立运动"教学设计

一、研读课标要求，确定主题情境

本课聚焦世界殖民体系与亚非拉民族独立运动，涵盖拉丁美洲的独立、亚洲的觉醒和非洲的抗争，内容丰富，重难点较多。依据课程标准要求，了解亚非拉民族独立运动的史实，理解亚非拉民族运动的深远意义，教师以"为了正义与公平"作为本课的教学主题，下设"'独立的火种'：拉美民族独立""'亚洲的觉醒'：亚洲的反抗""'思想的传播'：非洲的抗争"三个分主题，通过这样的结构安排，力求帮助学生深入理解亚非拉民族独立运动的历史背景和深远意义。

二、明确教学目标，突破重点难点

教学目标：通过时间轴、地图展示，厘清亚非拉民族独立运动的基本史实，培养学生的知识归纳概括能力；通过引导学生阅读材料，运用唯物史观分析亚非拉民族独立运动的原因、特点及影响，涵养学生历史解释与史料实证素养；通过本课学习，让学生认识到资本主义殖民体系的掠夺与不公正性和构建公正合理国际新秩序的必要性，感受当代人民不懈追求正义的抗争精神，树立当代学生的使命感和责任意识。

重点：亚非拉民族解放运动的意义。

难点：亚非拉民族解放运动的特点及成因。

三、设计导入环节，激发学习兴趣

首先，教师展示一段视频资料，视频内容为 2023 年 3 月中旬中美高层在阿拉斯加州举行的会谈。随后，教师提出问题："视频中中国代表不卑不亢、掷地有声的回击是想抨击什么？"通过讨论，教师引导学生将思维回溯至 100 多年前中国同世界人民一起为反对殖民霸权，追求民族独立、国家平等、人民自由的民族解放运动时代。导入设计在课堂开始就体现出师生互动原则，为学生顺利进入本课学习打下良好基础。

四、设置问题链条，落实核心素养

教师在依据课标并整合教材的基础上设计出问题链，并向学生展示问题链，如表 5-13 所示。接着教师引导学生在课堂上依据教师提供的材料以小组合作的形式展开讨论后回答相关问题，展示学习成果。

表 5-13 "为了正义与公平"问题链

主题	分主题	问题链
为了正义与公平	一、"独立的火种"：拉美民族独立	1. 拉美民族独立运动的背景是怎样的？
		2. "独立的火种"烧掉了旧的殖民统治，取得一定成功，有何历史意义？
		3. 独立后的拉美国家还面临着怎样的困境？
	二、"亚洲的觉醒"：亚洲的反抗	1. 推动亚洲开始觉醒的因素有哪些？
		2. 亚洲的反抗有何历史意义？
	三、"思想的传播"：非洲的抗争	1. 非洲抗争的原因有哪些？
		2. 非洲抗争有何历史意义？

五、小结

在百余年前，亚非拉地区的人民在殖民统治的压迫下，坚韧不拔地追求民族独立。经过无数次的抗争与努力，他们最终成功地实现了国家的独立和民族的解放，书写了民族解放运动的辉煌历史。本课程的设计遵循以学生为主体的教学理念，结合学生的认知水平，对传统教材的分段叙述方式进行了创新性的整合。教师从宏观的角度，探讨了 19 世纪至 20 世纪初亚非拉美地区抗争的根源及其产生的深远影响。同时，教师也从微观层面，深入剖析了各地区、各阶段抗争的独特之处，并运用唯物史观进行了深入分析，既体现了共性，又突出了个性。通过这样的教学设计，教师期望学生能够理解并感知亚非拉地区民族独立运动的精神内涵，以此来激发他们作为新时代青年的责任感和使命感。

第十四节　"第一次世界大战与战后国际秩序"教学设计

一、研读课标要求，确定主题情境

学生在本节课中将学习到第一次世界大战的发生及战后所建立的凡尔赛—华盛顿体系带来的影响。教科书讲述了一战爆发前资本主义国家之间政治经济发展不平衡，为一战发生埋下伏笔；一战后建立的凡尔赛—华盛顿体系影响了战后几十年的世界格局。基于此，教师确定了本节课内容的主题，即"矛盾与秩序"。在整合教材内容以及主题立意的基础上，设置了三个分主题，即"新矛盾""新冲突""新秩序"。

二、明确教学目标，突破重点难点

教学目标：梳理教材，观察地图，研读史料，了解第一次世界大战前列强的矛盾；通过史料研习、交流研讨、分组活动，能够运用唯物史观分析导致第一次世界大战的根本原因；在立足史实的基础上，树立史料实证意识，对史料做出合理解释，客观看待第一次世界大战对人类带来的破坏与灾难，培养反对战争，珍爱和平的家国情怀；归纳教材内容，总结凡尔赛—华盛顿会议的内容，分析相关史料，对战后的新秩序做出客观、符合历史发展的评价，构建起推动国际秩序向更公平、更合理方向发展的世界意识。

重点：第一次世界大战爆发的原因；凡尔赛—华盛顿体系的评价。

难点：凡尔赛—华盛顿体系的评价。

三、设计导入环节，激发学习兴趣

首先，教师提出一个学生感兴趣的问题："11 月 11 日对你来说，是个什么日子？"，学生回答后，提出下一个问题——"1918 年 11 月 11 日对德国人来说，是个痛苦的日子，你知道为什么吗？"，引发学生思考。

然后，教师展示图片，并告诉学生："1918 年 11 月 11 日，德国战败，第一次世界大战停战协议'福煦元帅'车厢签订。"引发学生思考，再通过过渡语"德国为什么要进行'一战'，怎样战败的，'一战'对世界秩序有何重大影响，相信同学们学习本课内容后会有更清晰的了解"引入本课的学习。

四、设置问题链条，落实核心素养

教师在依据课标并整合教材的基础上设计出问题链，并向学生展示问题链，如表 5-14 所示。接着教师引导学生在课堂上依据教师提供的材料以小组合作的形式展开讨论后回答相关问题，展示学习成果。

表 5-14 "矛盾与秩序"问题链

主题	分主题	问题链
矛盾与秩序	一、新矛盾	1. 19世纪末20世纪初帝国主义国家之间有哪些新矛盾？这些新矛盾的实质是什么？
		2. 这些新矛盾是否必然会导致一战？为什么？
	二、新冲突	1. 这场新冲突有何特点？
		2. 谁是这场大冲突的赢家？新冲突有何影响？
	三、新秩序	1. 一战后的国际新秩序是如何形成的？有何积极作用？
		2. 作为战后新秩序的框架"凡尔赛—华盛顿体系"解决了帝国主义之间的矛盾和冲突，带来长久的和平吗？

五、小结

本课讲述20世纪初由于帝国主义政治经济发展的不平衡引发的各种矛盾，最终导致了第一次世界大战爆发。一战的破坏力巨大，给人类带来巨大的创伤。战后建立的以凡尔赛—华盛顿体系为代表的国际秩序，并没有带来真正的和平，反而在逐步为下一场大战埋下隐患。由于学生在初中时已经了解一战的过程，因而本课的重难点确定为第一次世界大战爆发的原因和凡尔赛—华盛顿体系的评价。为了突破重难点，教师引导学生设计一战前夕欧洲列强矛盾的示意图，并理解矛盾的实质；通过让学生圈划地图、读表格数据的方式，引导学生得出一战发生的根本原因和导火线；围绕主题下的问题链，引导学生以阅读史料、小组合作探究的方式，分析战后帝国主义力量对比，全面理解两次会议对国际秩序带来的深远影响。

本课重视对学生核心素养的培养，教师用大量地图让学生对空间有更直接认识；教师紧紧围绕主题进行问题链设计，选取典型史料，让学生能够从史料中提取有效信息，并提出自己的历史见解，从而增强实证意识和历史解释能力；通过学习一战爆发的原因、经过及结果，理解战争的危害，培养学生远离战争、珍爱和平的家国情怀。

第十五节 "十月革命的胜利与苏联的社会主义实践"教学设计

一、研读课标要求，确定主题情境

学生在本节课中将了解到十月革命发生的原因、过程、意义及苏联社会主义建设的成就与局限。教科书在分析这些基本史实的基础上，对十月革命的意义进行重点讲述，对战时共产主义、新经济政策和斯大林模式进行了对比分析，从而让学生理解十月革命的伟大而深远的影响及社会主义建设的得失。基于此，教师确定了本节课内容的主题，即"社会主义建设道路的初步探索"。同时在整合教材内容以及主题立意的基础上，设置了三个分主题："条件：建立起社会主义政权""初探：列宁的社会主义建设""固化：斯大林社会主义实践"。"条件：建立起社会主义政权"对应教材"列宁主义的形成和十月革命的胜利"小标题下的内容；"初探：列宁的社会主义建设"对应教材"战时共产主义和新经济政策"的内容；"固化：斯大林社会主义实践"对应教材"斯大林模式"的内容。

二、明确教学目标，突破重点难点

教学目标：阅读教科书，了解农奴制改革后的俄国实行改革的必要性与可能性，特别是列宁主义的重要推动作用；通过梳理教材，列时间轴，了解十月革命的经过，理解十月革命对世界历史的意义；在立足史实的基础上，树立史料实证意识，比较与分析苏联社会主义实践在不同时期的特点、实质及影响，合理看待苏联社会主义建设的进步性与局限性。

重点：十月革命爆发的原因及意义；战时共产主义、新经济政策、斯大林模式的内容及影响。

难点：列宁主义、斯大林模式的实质和评价。

三、设计导入环节,激发学习兴趣

首先,教师给出一幅苏联时期的漫画,引导学生通过人物、事件、意义几个方面对苏联的漫画进行解读,了解列宁领导俄国人民进行十月革命,推翻资本主义统治,实现社会主义从理想到现实的伟大飞跃这一重要史实。

接着,教师抛出一个问题——"经历了一战、经济危机等问题后的西方国家所走的发展道路与十月革命后的俄国所走道路有何不同?",引发学生的思考和激烈讨论,呼应主题"社会主义建设道路的初步探索",并让学生带着这个问题开始本节课的学习,迅速融入课堂。

四、设置问题链条,落实核心素养

教师在依据课标并整合教材的基础上设计出问题链,并向学生展示问题链,如表 5-15 所示。接着教师引导学生在课堂上依据教师提供的材料以小组合作的形式展开讨论后回答相关问题,展示学习成果。

表 5-15 "社会主义建设道路的初步探索"问题链

主题	分主题	问题链
社会主义建设道路的初步探索	一、条件: 建立起社会主义政权	1. 已经走上资本主义道路的俄国为何还要进行革命?
		2. 经济相对落后的俄国为何能第一个成功建立社会主义国家?
		3. 十月革命的胜利有何重大意义?
	二、初探: 列宁的社会主义建设	1. 俄国并不具备建立成熟的社会主义国家的条件,强制推行的战时共产主义政策有何利与弊?
		2. 面临战时共产主义继续推行所引发的危机,列宁是如何顺应时势做出调整的?这些调整有何特点及意义?
	三、固化: 斯大林社会主义实践	1. 列宁逝世后,斯大林对建设路线做了哪些重大调整?有何特点?
		2. 苏联模式取得了哪些成就?有何潜在的问题?
		3. 对比中苏两国建设社会主义的历程,你得到什么启示?

五、小结

本课讲述俄国十月革命的发生以及苏俄(苏联)的社会主义建设历程。由于学生初中已经学习了相关史实，因而本课的重点放在十月革命的意义、苏俄(苏联)经济政策的得失及原因上。为了突破重难点，老师让学生做出十月革命进程的时间轴后，利用文献史料引导学生分析十月革命的意义；结合图片、漫画、文献史料等填写表格，比较战时共产主义、新经济政策和斯大林模式的内容、特点及评价。教师紧紧围绕主题进行问题链设计，选取典型文献史料、图片及漫画史料，让学生能够从史料中提取有效信息，作为历史叙述的证据，并提出自己对苏联经济政策的见解，从而增强学生的实证意识和历史解释能力；通过学习十月革命发生的原因及意义，理解苏联经济政策的内容和影响，认识到经济政策只有符合社会现实和国情的需要才有利于国家的长治久安，培养学生对中国特色社会主义道路的自信心，坚定为社会主义建设奋斗的家国情怀。

第十六节 "亚非拉民族民主运动的高涨"教学设计

一、研读课标要求，确定主题情境

学生在本节课中将了解到两次世界大战期间的亚非拉民族民主运动的概况。教科书着重梳理亚非拉民族民主运动的典型事例，但学生们还需要理解本时期亚非拉民族民主运动发生的共同原因和影响，分析一战所形成的国际秩序对其产生的影响。基于此，教师确定了本节课内容的主题，即"亚非拉民族民主运动的高涨"。同时教师在整合教材内容以及主题立意的基础上，设置了三个分主题，即"背景：时代的巨变""差异：斗争的特点""结果：深远的影响"。

二、明确教学目标，突破重点难点

教学目标：阅读教材，运用唯物史观分析一战后到二战前，影响亚非拉民族民主革命的迅猛发展的因素；通过归纳教材、观看地图、史料研习、问题设置、交流研讨，形成对亚非拉民族民主运动在时空上的理解，并客观地分析各地典型运动的原因及影响；在立足史实的基础上，树立史料实证意识，总结亚非拉民族民主运动的总体特征，客观看待一战后二战前的亚非拉民族民主运动形势高涨对一战后及二战后的国际秩序的深远影响。

重点：两次世界大战之间的亚非拉民族民主运动及其对国际秩序的影响。

难点：两次世界大战之间的亚非拉民族民主运动对国际秩序的影响。

三、设计导入环节，激发学习兴趣

首先，教师展示一段话："有位历史名人说过：'心若改变，态度就会改变，态度改变，习惯就改变；习惯改变，人生就会改变。'"让学生读着这段有哲理的话，思考这句名言是谁说的。接着，教师给予更多提示："印度民族解放运动的领导人、印度国民大会党领袖、泰戈尔赠予他'圣雄'尊称"，并提问"你猜猜以上关键字词指的是谁"，引发学生的思考和讨论。最后，在学生回答出"甘地"后，提出问题——"他对印度民族独立有何重大贡献?"，引出本课主题"亚非拉民族民主运动的高涨"，让学生迅速融入课堂。

四、设置问题链条，落实核心素养

教师在依据课标并整合教材的基础上设计出问题链，并向学生展示问题链，如表5-16所示。接着教师引导学生在课堂上依据教师提供的材料以小组合作的形式展开讨论后回答相关问题，展示学习成果。

表 5-16 "亚非拉民族民主运动的高涨"问题链

主题	分主题	问题链
亚非拉民族民主运动的高涨	一、背景：时代的巨变	亚非拉民族民主运动高涨的背景有哪些？
	二、差异：斗争的特点	1. 为什么说亚洲民主独立运动达到新高潮？以印尼和印度为例，说明亚洲民主独立运动中典型的斗争运动是如何展开的。
		2. 与亚洲相比，非洲民主独立运动中典型的斗争运动有何特点？如何认识埃塞俄比亚的抗争？
		3. 为什么独立后的美洲仍然需要进行民族民主运动？
	三、结果：深远的影响	1. 20世纪20—40年代，世界民族民主运动有何特征？
		2. 一战后亚非拉的民族民主运动有何历史意义？

五、小结

本课讲述两次世界大战之间的民族民主运动及其对国际秩序的影响，所涉史实多、空间范围广，内容相对陌生，对学生的空间理解能力形成一定的挑战。根据课标要求，确定本课的重难点为两次世界大战之间的亚非拉民族民主运动及其对国际秩序的影响。为了突破重难点，教师通过各洲地图对亚非拉民族民主运动进行空间定位；通过图片、文献史料、表格等形式介绍亚洲、非洲、美洲的民族民主运动的典型代表，然后分析各洲民族民主运动的不同特点。

本教学设计意在引导学生通过史料研读、合作交流，突破难点，培养学生的历史学科核心素养。通过学习，引导学生了解两次世界大战之间的民族民主运动对国际秩序的冲击，促进了帝国主义殖民体系的瓦解，从而让学生认识到人民群众在历史发展中的重要作用。

第十七节 "第二次世界大战与战后国际秩序的形成"教学设计

一、研读课标要求，确定主题情境

学生在本节课中将学习到第二次世界大战的发生及战后所建立的雅尔塔体系带来的影响。教科书指出二战爆发的根本原因是帝国主义政治经济发展的不平衡，主要原因是一战后不合理的国际秩序及调节机制的失衡；因而二战后建立有序的国际秩序和冲突协调机制尤为重要。基于此，教师确定了本节课内容的主题，即"新困境·新大战·新秩序"。在整合教材内容以及主题立意的基础上，设置了三个分主题，即"新困境的产生""新大战的爆发""新秩序的建立"。

二、明确教学目标，突破重点难点

教学目标：通过阅读教科书，研读史料，交流研讨，能够运用唯物史观，分析第二次世界大战发生的根本原因、主要原因及直接原因，理解一战后的国际秩序与二战发生的逻辑联系；通过史料研习、问题设置，了解第二次世界大战发生的过程，认识战争对人类带的巨大影响；在立足史实的基础上，树立史料实证意识，通过比较、分析等史学方法，对史料做出合理解释，客观看待二战后所确立的雅尔塔体系相比凡尔赛—华盛顿体系的进步性，并结合二战的史实分析雅尔塔体系的局限性。通过本课培养同学们的反战意识和珍爱和平的家国情怀，树立起推动国际秩序向更公平、更合理发展的世界意识。

重点：第二次世界大战爆发的原因、雅尔塔体系的进步性与局限性。

难点：雅尔塔体系的进步性与局限性。

三、设计导入环节，激发学习兴趣

首先，教师展示图片，"1918 年 11 月 11 日，德国战败，第一次世界大战停战协议在'福煦元帅'车厢签订"。接着展示协约国联军统帅福煦预言的"这不是和平，这是 20 年的休战"这一段话，并提问学生"一战及战后的'凡尔赛—华盛顿体系'国际秩序能否给人类带来长久的和平呢?"让学生把一战的影响和二战的爆发联系起来，为学习新课做好准备。最后，教师告诉学生历史发生了惊人的反转，"1940 年 6 月 22 日，为了羞辱在二战中战败的法国，德军将法国博物馆的'福煦车厢'拉出，法德两国代表在'福煦车厢'中签订停战协定"。可知法德的长久仇恨并没有得到彻底地解决。由此教师可提出问题:"同学们，从法德的冤冤相报中，我们应该吸取怎样的教训，和平地改变社会秩序呢?"以此呼应主题"新困境·新大战·新秩序"。由这些问题带领学生迅速进入本节课的学习，以达到提高学生学习兴趣，使其快速融入课堂的目的。

四、设置问题链条，落实核心素养

教师在依据课标并整合教材的基础上设计出问题链，并向学生展示问题链，如表 5-17 所示。接着教师引导学生在课堂上依据教师提供的材料以小组合作的形式展开讨论后回答相关问题，展示学习成果。

表 5-17 "新困境·新大战·新秩序"问题链

主题	分主题	问题链
新困境·新大战·新秩序	一、新困境的产生	1. 凡尔赛—华盛顿体系是如何引发困境的? 德意日等国是如何应对的?
		2. 德国、日本与美国应对经济危机困境的方式有何不同? 为什么? 其做法分别对世界产生了怎样的影响?
		3. 面对法西斯带来的困境，英法美如何应对? 为什么? 如此应对会带来怎样的恶果?
	二、新大战的爆发	1. (结合地图)二战有哪些主要战场?
		2. 世界人民为何能取得二战的胜利?
	三、新秩序的建立	1. 二战后的世界格局及国际秩序发生了什么变化?
		2. (列表比较)雅尔塔体系所构建的新秩序有何进步性?
		3. 雅尔塔体系所构建的新秩序能否保证公平与公正? 为什么?

五、小结

本课主要讲述在帝国主义政治经济发展的不平衡影响下，以一战后建立的凡尔赛—华盛顿体系为代表的国际秩序中的四大矛盾不断激化，最终导致了第二次世界大战爆发。由于学生在初中时已经了解二战爆发的经过，因而本课的重难点主要放在第二次世界大战爆发的原因、雅尔塔体系的进步性与局限性上。为了突破重难点，本课安排了三个课堂活动：在二战爆发的原因部分，设置了"活动1——透过漫画看困境"，利用5幅漫画解读二战爆发的原因，让学生理解凡尔赛—华盛顿体系的强权政治对推进二战发生的作用，理解二战发生的根本原因；在二战爆发过程中，设计了"活动2——运用地图看大战"，让同学们在地图册上指出二战战线，填写表格，总结二战的特点；通过"活动3——自选材料谈秩序"，让同学们选用导学案的材料说明战后新秩序的进步性，并通过小组讨论方式完成表格填写，客观评价战后秩序带来的积极与消极影响。

在本课中，根据主题和问题链指引设置情境，围绕着学生的兴趣设置活动来展开课堂教学，力图做到"学习中心课堂"。活动设计目的在于带着学生感受当时所面临的社会问题，从而培育学生的唯物史观、时空观念；通过让学生选取合适史料，评价雅尔塔体系所构建的新秩序，增强其史料实证和历史解释等能力。通过本课学习，引导学生理解战争的危害，培养学生远离战争，珍爱和平，以和平方式构建国际政治经济新秩序的家国情怀。

第十八节 "冷战与国际格局的演变"教学设计

一、研读课标要求，确定主题情境

本课程紧密贴合课程标准的要求，要求学生理解战后美苏冷战格局形成的原因与表现形式，认识到两极格局对世界局势的深远影响；同时，还需理解美苏冷战的特点，以及多极化趋势的主要表现。为此，教师将本课主题设定为"战后世界格局的嬗变"，并以此为基础，进一步细化了三个分主题："裂变——天下裂两极""渐变——格局渐多元"以及"剧变——解体促多极"。这三个分主题以"嬗变"为主线，贯穿冷战与国际格局在冷战过程中的演变，与课程主题相呼应，并深入贯彻了课程标准的核心内容。

二、明确教学目标，突破重点难点

教学目标：借助时间轴、地图和阅读关于冷战与两极格局对峙的相关史料，认识冷战形成的历史背景、基本特征和两极格局形成的原因，突破本课的重点，落实课标要求。通过史料研习、问题设置、合作探究，能够运用唯物史观分析和认识两极格局对世界局势的影响，能对世界格局由两极向多极化发展的相互关系做出较为客观的历史解释，突破本课重点和难点，深化落实课标要求。

重点：美苏冷战格局形成的原因、表现和特点。

难点：认识两极格局对世界局势的影响。

三、设计导入环节，激发学习兴趣

首先，教师展现中美元首会晤的图片和一段材料。

拜登总统表示美方尊重中国的体制，不寻求改变中国的制度，不寻求打新冷战，不寻求强化同盟关系反对中国，无意同中国冲突，无意围堵中国。

——《人民日报》，2022 年 11 月 15 日

随后，教师抛出一个问题——"何谓冷战？为何强大的美国能以此来维持霸权？"通过这样的问题，教师希望学生能够紧密围绕"战后世界格局的嬗变"这一主题展开思考。在问题的引导下，学生将带着好奇心和求知欲开始本节课的学习，从而能更加迅速和有效地融入课堂讨论中。

四、设置问题链条,落实核心素养

教师在依据课标并整合教材的基础上设计出问题链,并向学生展示问题链,如表 5-18 所示。接着教师引导学生在课堂上依据教师提供的材料以小组合作的形式展开讨论后回答相关问题,展示学习成果。

表 5-18 "战后世界格局的嬗变"问题链

主题	分主题	问题链
战后世界格局的嬗变	一、裂变——天下裂两极	1. 何谓冷战?为何强大的美国能以此来维持霸权?
		2.(列表:冷战的表现)冷战带来了怎样的后果?
		3. 两极格局看似平衡,其实不太平衡,为何还能维持几十年的相对和平?
	二、渐变——格局渐多元	1. 二十世纪六七十年代,哪些新的力量冲击着两极格局?
		2.(材料:尼克松主义、布雷顿森林体系的瓦解等)美国的实力与之前相比,是否相对衰落?
		3. 1985 年以后,美苏、苏中关系的缓和有何影响?这能否从客观上反映出苏联的相对衰落?
	三、剧变——解体促多极	苏联解体、两极格局的瓦解带来了哪些影响?

五、小结

本课课程内容主要围绕冷战与两极格局、冷战的发展与多级力量的成长以及两极格局的瓦解等三个核心子目展开。教学内容遵循历史发展脉络,详细阐释了冷战的起源、演进及终结,并结合国际格局在冷战过程中的变化,揭示了世界多极化的发展趋势,为学生提供了宏观的世界历史发展视角。通过本课的学习,学生不仅能够深入了解冷战的历史,也能够理解世界历史的发展规律和多极化趋势。同时在教学过程中,教师引导学生思考当今世界格局变化的趋势,帮助他们更好地理解当前国际形势。

第十九节 "资本主义国家的新变化"教学设计

一、研读课标要求，确定主题情境

根据课程标准，本课旨在使学生理解第二次世界大战后资本主义国家的变革，以及这些变革的成果与所引发的问题。教师经过对课标与教材的细致研究，将本课的主题设定为"调整与变化"。在这一主题下，教师设置了三个分主题，"两只手的平衡""生产力的发展""固有的弊端"。这些分主题将围绕"调整与变化"的主题，系统阐述二战后资本主义国家的变化，以及其发展中的成绩与挑战，从而紧扣主题并深入落实课标的核心内容。

二、明确教学目标，突破重点难点

教学目标：以生产力与生产关系基本原理为指导，通过观察图表、对比归纳、分析史料，学习第二次世界大战后资本主义国家的变化背景、内容以及影响，探讨其发展中的成就与问题，理解新变化的实质是资本主义生产关系的自我调节与完善，资本主义制度的本质未发生根本变化，逐步培养唯物史观和史料实证等素养，从而突破本课重点、难点和深化落实课标要求。

重点：分析二战后资本主义国家新变化的背景，理解二战后资本主义国家新变化的内容。

难点：认识资本主义国家新变化的成就与存在的问题。

三、设计导入环节，激发学习兴趣

首先，教师展现经济危机破坏性大的两幅图片和一段材料。

1929 年 10 月 24 日，纽约华尔街股票市场价格狂跌，一场空前严重的经济大危机席卷了美国乃至整个资本主义世界，面对危机，德日法西斯政权掀起第二次世界大战，资本主义国家几乎变为废墟。面对一重重的危机，不禁使人们以为资本主义即将迎来终结。

教师紧接着抛出问题："二战前哪些教训和经验促使各国重视国家对经济的干预？取得了哪些效果？"这引发了学生的思考和讨论。这些问题呼应主题"调整与变化"，使学生迅速融入课堂，进行本节课的学习。

四、设置问题链条，落实核心素养

教师在依据课标并整合教材的基础上设计出问题链，并向学生展示问题链，如表 5-19 所示。接着教师引导学生在课堂上依据教师提供的材料以小组合作的形式展开讨论后回答相关问题，展示学习成果。

表 5-19 "调整与变化"问题链

主题	分主题	问题链
调整与变化	一、两只手的平衡	1. 二战前怎样的教训和经验促使各国重视国家对经济的干预？取得了哪些效果？
		2. 后来为何又减少了国家干预？在国家干预与市场主导之间，是否有一个平衡点？
		3. "福利国家"也属于国家干预经济的一种福利政策，对此如何评价？在提高效率和公平之间有无"新的平衡"？
		4. 从国际视角看，有哪些国际性的经济干预和调节机制？有何作用？
	二、生产力的发展	1. （列表：科技发展成就）这有何意义？
		2. （列表：三大产业人口比重）这说明了什么？
		3. （列表："中间阶层"人数增加）这说明了什么？
		4. （列表：社会运动增加）这说明了什么？
	三、固有的弊端	资本主义的新变化的实质是什么？"固有的弊端"有无解决途径？

五、小结

本课的教学设计致力于实现课程标准所提出的目标，即通过深入研究第二次世界大战后资本主义国家的发展变迁，全面认识这些国家在发展过程中的成就与挑战。为实现这一目标，教师将"调整与变化"作为主题，并通过构建一系列相关的问题链，引导学生进行深入学习。通过这样的教学设计，教师期望学生能够深刻理解到资本主义国家已经建立起一套自我调节机制，借助新科技的推动，资本主义经济得到了迅猛的发展，社会矛盾在一定程度上得到了缓解。然而，教师也需要引导学生认识到资本主义制度的基本矛盾依然存在，并仍在不断发展中。本课程与第 20 课"社会主义国家的发展与变化"相互呼应，共同构成了对二战后世界格局的相对全面和深入的理解。

第二十节 "社会主义国家的发展与变化"教学设计

一、研读课标要求，确定主题情境

本课从二战后社会主义国家建设成就和面临的问题入手，概述了二战后苏联的四位领导人进行社会主义建设的成就和问题，以及东欧国家和中国的改革探索。课标要求通过了解第二次世界大战后社会主义的变化，认识其发展中的成就与问题，教师研读课本和课标分析后确定本课的主题为"社会主义国家的发展与变化"，基于课标和本课的主题立意，设置了三个分主题："发展中的困境""困境中的改革""改革后的反思"。以"社会主义国家的发展与变化"为主题，通过"困境""改革""反思"连贯呈现了第二次世界大战后社会主义国家的发展与变化，既呼应主题，又深化落实课标核心内容。

二、明确教学目标，突破重点难点

教学目标：梳理苏联历次改革的背景，比较三位领导人改革的共性和差异。纵向对比苏联不同时期的改革措施，分析苏联改革失利以及最终导致解体的原因；横向对比苏联、东欧和中国在改革探索社会主义道路过程中的问题与成就，联系社会主义发展的三次跨越，认识中国特色社会主义发展的世界意义，涵养学生的家国情怀。

重点：了解苏联的改革与苏联解体、东欧的改革和东欧剧变、中国特色社会主义发展的成就。

难点：认识二战后苏联改革的成就与问题，改革的最终失败与苏联解体的情况；东欧社会主义国家建设与东欧剧变。

三、设计导入环节，激发学习兴趣

教师展现两幅图片，如图 5-2 所示。

图 5-2　苏联原子弹、氢弹爆炸

教师紧接着提出问题："二战后，苏联经济发展面临哪些困境?"这引发了学生的思考和讨论。该问题呼应主题"社会主义国家的发展与变化"，使学生迅速融入课堂，进行本节课的学习。

四、设置问题链条，落实核心素养

教师在依据课标并整合教材的基础上设计出问题链，并向学生展示问题链，如表 5-20 所示。接着教师引导学生在课堂上依据教师提供的材料以小组合作的形式展开讨论后回答相关问题，展示学习成果。

表5-20 "社会主义国家的发展与变化"问题链

主题	分主题	问题链
社会主义国家的发展与变化	一、发展中的困境	1. 二战后,苏联经济发展面临哪些困境?
		2.（列表:苏联三次改革的措施）你认为哪些措施的方向正确却力度不足?哪些措施的方向错误?为什么?
		3. 苏联解体的主要原因是什么?
	二、困境中的改革	1. 二战后,照搬苏联模式的东欧国家在经济发展上面临哪些困境?
		2.（列表:各国改革的主要措施）你认为哪些措施的方向正确却力度不足?哪些措施的方向错误?为什么?
		3. 东欧剧变的主要原因是什么?
		4. 为何中国的改革开放取得了举世瞩目的成就?
	三、改革后的反思	结合社会主义国家的发展历史,谈谈你的经验教训。

五、小结

本课的教学设计旨在实现课程标准的要求,即通过了解第二次世界大战后社会主义的演变,深入认识其发展历程中的成就与挑战。为达此目的,教师确定了"社会主义国家的发展与变化"作为主题,并细化为三个分主题"发展中的困境""困境中的改革"以及"改革后的反思"。这些分主题以"发展与变化"为主线,逻辑清晰地展现了二战后社会主义国家所经历的挑战、应对措施及其后续影响,不仅紧扣主题,而且深入贯彻了课程标准的核心理念。

第二十一节 "世界殖民体系的瓦解与新兴国家的发展"教学设计

一、研读课标要求,确定主题情境

课程标准要求学生应当掌握第二次世界大战后世界殖民体系的瓦解情况,并理解战后发展中国家所取得的成就及其所面临的挑战。本课程内容与课程标准紧密呼应,主要阐述了第二次世界大战后,亚非拉地区的民族民主运动如潮水般汹涌澎湃,民族民主运动在亚洲地区达到高潮,随后波及非洲与拉丁美洲,最终导致世界殖民体系彻底崩溃。这些新独立的国家虽然取得了不同程度的发展成就,但同时也面临着来自内部和外部的诸多挑战,其发展道路既复杂又充满曲折。在深入研究课程标准和教材内容后,教师将本课的主题确定为"发展之路:道阻且长"。围绕这一主题,本课设置了"独立之路""发展之路"和"未来之路"三个分主题,以"路"为线索,通过"独立""发展"和"未来"三个方面,系统地阐述了第二次世界大战后殖民体系的崩溃、发展中国家的发展成就及其所面临的挑战,从而呼应了主题并深入落实了课程标准的核心内容。

二、明确教学目标,突破重点难点

教学目标:梳理教材二战后世界殖民体系崩溃的史实,简要分析殖民体系瓦解的必然性;归纳战后发展中国家现代化建设取得的成就,运用唯物主义史观理解 20 世纪以来各国现代化道路发展的原因和面临的问题。

重点:世界殖民体系走向瓦解的原因与表现。

难点:亚非拉发展中国家发展的成就与问题。

三、设计导入环节,激发学习兴趣

首先,教师展示资本主义世界殖民体系的形成和瓦解时间轴,如图 5-3 所示。

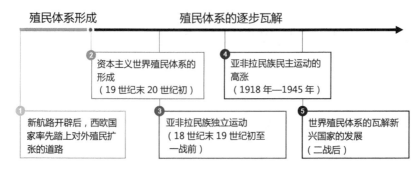

图 5-3　资本主义世界殖民体系的形成和瓦解

教师在回顾所学的同时提出问题——"二战后世界殖民体系为何会崩溃？"，引发学生的思考和讨论，呼应主题情境"发展之路：道阻且长"，并让学生迅速融入课堂，进行本节课的学习。

四、设置问题链条，落实核心素养

教师在依据课标并整合教材的基础上设计出问题链，并向学生展示问题链，如表 5-21 所示。接着教师引导学生在课堂上依据教师提供的材料以小组合作的形式展开讨论后回答相关问题，展示学习成果。

表 5-21　"发展之路：道阻且长"问题链

主题	分主题	问题链
发展之路：道阻且长	一、独立之路	1. 二战后世界殖民体系为何会崩溃？
		2. 二战后世界殖民体系崩溃有何历史意义？
	二、发展之路	1.（列表：亚非拉发展中国家取得的经济成就）亚非拉发展中国家为何能取得如此成就？
		2. 亚非拉发展中国家取得这些成就有何意义？
	三、未来之路	1. 从本国来看，发展中国家经济发展有哪些历史性困境？有何对策？
		2. 从国际来看，发展中国家经济发展有哪些发展困境？
		3. 结合历史进程，谈谈发展中国家经济发展的经验教训。

五、小结

本课以"发展之路:道阻且长"为主题,结合相关问题链引导的学习,聚焦于"路"的概念。通过"独立""发展"和"未来"三个维度,系统地探讨了第二次世界大战后殖民体系的瓦解、发展中国家的进步与所遭遇的困境。此内容不仅紧扣主题,而且深入落实了课程标准的核心要求。在单元结构上,本课承接了之前课程"亚非拉民族民主运动的高涨",并为后续"世界多极化与经济全球化"的学习奠定了基础。其所涵盖的内容既是前一阶段民族民主运动成果的体现,也是推动下一阶段世界政治格局演变的重要因素。

第二十二节 "世界多极化与经济全球化"
教学设计

一、研读课标要求,确定主题情境

学生在本节课中将学习冷战结束后世界多极化、经济全球化、社会信息化、文化多样化的发展的相关知识。教科书主要围绕冷战结束后,特别是 21 世纪以来,人类社会发展面临的世界之变、时代之变、历史之变,挑战与机遇并存,发展与欠发展并存,一体化与多样性并存等进行全面阐释。基于此,教师确定了本节课内容的主题,即"新趋势·新特点"。同时在整合教材内容以及主题立意的基础上,设置了三个分主题。即"'趋势不可逆转'的政治""'相互依存度剧增'的经济""信息时代的多样文化"。"不可逆转""相互依存""多样文化"三个词体现了冷战后世界发展变化的主要特点。

二、明确教学目标,突破重点难点

教学目标:了解冷战结束后世界多极化、经济全球化、社会信息化、文化多样化的发展特点。通过史料研习，能够运用唯物史观探索当今世界复杂多变的多维面相；从历史与现实、理论与逻辑的视角探讨"世界怎么了?""我们怎么办?"等问题。厘清三个子目之间的逻辑关系，帮助学生认清人类社会发展大趋势，树立正确的世界观和历史观。

重点：冷战结束后世界历史发展的世界多极化、经济全球化、社会信息化和文化多样化等四大特点，发展趋势及面临的挑战。

难点：美国的一超独大与多极化趋势，经济全球化与"逆全球化"并存。

三、设计导入环节，激发学习兴趣

首先，教师给出几组 G20 峰会的图片和主题。

2016 年 9 月二十国集团领导人第十一次峰会(中国杭州)，议题：构建创新、活力、联动、包容的世界经济；2017 年 7 月二十国集团领导人第十二次峰会(德国汉堡)，议题：塑造联动世界(世界经济形势、贸易、金融、数字经济、能源、气候变化、发展、非洲、卫生、难民移民、反恐等)；2022 年 11 月二十国集团领导人第十七次峰会(印度尼西亚巴厘岛)，议题：共同复苏、强劲复苏。

教师紧接着抛出一个问题——"从上述 20 峰会的主题中，你能发现当今世界具有什么特征?"，引发学生的思考，呼应主题"新趋势·新特点"，并让学生迅速融入课堂，开始本节课的学习。

四、设置问题链条，落实核心素养

教师在依据课标并整合教材的基础上设计出问题链，并向学生展示问题链，如表 5-22 所示。接着教师引导学生在课堂上依据教师提供的材料以小组合作的形式展开讨论后回答相关问题，展示学习成果。

表 5-22 "新趋势·新特点"问题链

主题	分主题	问题链
新趋势·新特点	一、"趋势不可逆转"的政治	1. 冷战结束后,"单极世界"成功阻止了多极化趋势了吗?
		2. 哪些因素推动世界多极化趋势的发展"不可逆转"?
	二、"相互依存度剧增"的经济	1.(列表:经济全球化的发展历程)这反映了什么趋势?
		2. 当代有哪些因素在推动经济全球化? 当今经济的区域集团化与全球化的关系是怎样的?
		3. 全球化是福是祸? 悲观主义者说:"全球化是陷阱。" 乐观主义者说:"全球化是馅饼。"你觉得上述说法哪一种合理? 我们应如何正确认识经济全球? 如何应对全球化的风险?
	三、信息时代的多样文化	1. 社会信息化有何影响?
		2. 如何在经济全球化和信息化时代保持文化的多样性?

五、小结

随着冷战的结束,两极格局的瓦解,世界历史进入新的发展阶段,呈现了一系列新的特点和新趋势,主要有世界多极化、经济全球化、社会信息化、文化多样性。本课设计的重点:一是运用唯物史观,借助地图、材料等载体,让学生通过小组合作方式等认识世界多极化与经济全球化所处的特定时空环境,并在特定时空背景下分析历史问题;二是利用不同学者对全球化的看法,引起学生认知冲突,并辩证分析看待全球化的作用;三是从整体上把握时代主题,理解世界多极化趋势加强、经济全球化加速发展、社会信息化成为社会潮流、文化多样性不可或缺是相互影响的,根本上是由于经济全球化所决定的,打破把它们割裂理解的错觉,同时树立全球意识、责任意识、安全意识,尊重文化多样性。本课重视对学生核心素养和关键能力的培养,教师在课堂中运用了不同类型的史料、运用现实案例，以问题为导向，环环相扣，培养学生历史解释能力和思辨思维。

第二十三节 "和平发展与合作共赢的时代潮流"教学设计

一、研读课标要求，确定主题情境

学生在本节课中将学习当今世界的时代潮流、人类发展面临的问题、推动构建人类命运共同体等内容。通过学习，学生能理解和平、发展、合作、共赢成为时代潮流；牢固树立构建人类命运共同体意识，共同促进全球的和平与发展。教科书以高度概括的理论和典型的事例，揭示了我们生活的时代的基本特点，当今时代面临的全球性问题以及中国提出的解决时代问题之道。基于此，教师确定了本节课内容的主题，即"时代之问"。同时在整合教材内容以及主题立意的基础上，设置了三个分主题。即"时代主题的判断""时代问题的凸显""时代挑战的应对"。"判断""凸显""应对"三个词充分体现了本课三个子目的逻辑关系。

二、明确教学目标，突破重点难点

教学目标：通过教材阅读和材料研读，了解和平与发展成为时代潮流的表现，认识推动和平与发展时代潮流的重要因素；了解人类发展面临的问题与挑战；通过史料解析、典型事例，认识中国智慧和中国方案为全球治理做出的贡献，牢固树立构建人类命运共同体意识。

重点：了解冷战后世界历史的发展特点；理解和平、发展、合作、共赢成为时代潮流；认识全球性问题以及人类社会面临的机遇和挑战。

难点：认识全球性问题以及人类社会面临的机遇和挑战。

三、设计导入环节，激发学习兴趣

首先，教师给出一张关于 2024 年 10 月经济发展统计数据的图片。

随后，教师提出一个问题——"通过观察上述图表，同学们能否洞察出世界正面临怎样的挑战与变革？"此问题旨在引导同学们深入思考当前时代的重大问题，与我们设定的主题"时代之间"联系紧密。带着这个问题，师生将共同展开本节课的学习，期待同学们能够迅速融入课堂，共同探索答案。

四、设置问题链条，落实核心素养

教师在依据课标并整合教材的基础上设计出问题链，并向学生展示问题链，如表5-23所示。接着教师引导学生在课堂上依据教师提供的材料以小组合作的形式展开讨论后回答相关问题，展示学习成果。

表5-23 "时代之问"问题链

主题	分主题	问题链
时代之问	一、时代主题的判断	1. 结合教材思考"和平与发展"的内涵分别指什么？二者是什么关系？
		2. 请根据大事年表概括指出20世纪以来有关时代主题的论述经历了几个大的阶段？
		3. 请结合教材内容以及所学知识，思考为什么"和平与发展"成了当今时代的主题？
	二、时代问题的凸显	思考当今世界和平面临着哪些危机与挑战？
	三、时代挑战的应对	1. 二战后建立的国际组织有哪些仍然在发挥全球治理作用？
		2. 当代有哪些新的机制和力量有利于促进全球共同发展？
		3. 作为负责任的大国，中国扮演了怎样的角色？提出了怎样的方案？

五、小结

冷战结束后，在世界多极化、经济全球化、社会信息化、文化多样化发展的形势下，和平与发展成为时代的主题，人类面临前所未有的发展机遇，但同时存在着威胁人类生存的全球性问题，对人类社会的可持续发展构成了巨大挑战。这些全球性问题，超越了任何一国的利益，也非任何一国所能解决，世界各国在解决这些问题方面存在着共同的利益和诉求，唯有合作，才能共赢。本课与时政结合紧密，因此在设计时特别注重引入时政热点，让学生了解和平与发展的时代主题出现的背景以及所面临的挑战，理解和平与发展的关系。利用小组合作方式，通过对联合国、二十国集团、上海合作组织、"一带一路"、"构建人类命运共同体"等时政热点的分析，认识到合作共赢、构建人类命运共同体的重要性，培养家国情怀和时代责任感。

第六章 《选择性必修1》教学设计

第一节 "中国古代政治制度的形成与 发展"教学设计

一、研读课标要求，确定主题情境

本课主要阐述中国古代不同历史时期政治制度的基本内涵、演变过程与阶段性发展。学生通过学习本课程，能了解中国古代政治制度在秦朝建立前后的巨大变化；通过分析宰相制度和地方行政层级管理的变化，能认识自秦朝起君主专制中央集权政治制度的演变线索。教材三个子目体现了中国古代政治制度的时空演变，反映了不同社会形态以及同一社会形态下不同历史阶段政治制度的变化。基于此，教师确定了本节课内容的主题，即"制度建设'守'与'变'"。同时在整合教材内容以及主题立意的基础上，设置了三个分主题，即"统治者：从'王'到'皇'""中央：从宰相到军机大臣""地方：从外服到行省"。从"统治者""中央""地方"三个角度较全面地阐释了中国古代政治制度发展线索。通过以上主题与分主题的设定，将课程标准的要求转化为课堂教学的聚焦问题，做到了课标问题化。

二、明确教学目标，突破重点难点

教学目标：通过时间轴或表格梳理中国古代政治制度发展演变的基本知识线索，引导学生在一定时空框架下认识古代政治文明的演进，认识到不能脱离特定历史背景和社会状况评判制度。同时要深入分析教材，做到教材学材化，并结合课外文字、图片史料及学生自主探究活动，引导学生自主概括、解释不同领域(统治者、中央、地方)、不同历史阶段政治制度的变化及特征，从历史发展角度正确理解中国古代政治文明的演进及其背后展现的政治智慧，增强对当今中国制度建设与发展的自信心。

重点：中央集权制度、宰相制度和地方行政制度的演变。

难点：不同历史时期相关制度的变化。

三、设计导入环节，激发学习兴趣

首先，教师进行提问："假如你是中国古代某个朝代的皇帝，你将设置哪些制度，构建起国家治理体系呢？为什么你要设置的这些制度？它们的价值又是什么呢？"通过提问引发学生的思考和激烈讨论。同时通过同学们的具体回答，总结出古代有些制度的设置是相似的，有些制度的设置则是有区别，并以此呼应主题"制度建设'守'与'变'"。为何会有不同？让学生带着问题开始本节课的学习，迅速融入课堂。导入设计在课堂开始就体现出生生互动、师生互动的原则，为教学的下一步展开打下良好的基础。

四、设置问题链条，落实核心素养

教师在依据课标并整合教材的基础上设计出问题链，并向学生展示问题链，如表 6-1 所示。接着教师引导学生在课堂上依据教师提供的材料以小组合作的形式展开讨论后回答相关问题，展示学习成果。

表 6-1　"制度建设'守'与'变'"问题链

主题	分主题	问题链
制度建设『守』与『变』	一、统治者：从"王"到"皇"	1. 先秦时期，建立了哪些政治制度？这些政治制度有什么特点？
		2. 商朝实行内外服制，西周推行贵族等级分封制，你认为两者有哪些相同和不同之处？
		3. 秦朝建立后，为何改王为皇帝？政治制度还有何变化？反映了什么特点？
	二、中央：从宰相到军机大臣	1. 自商朝始，地方行政体制如何演变？
		2. 相权的变化趋势和特点是怎样的？你如何看待这一变化趋势和特点？
		3. 开放讨论：从有利于社会发展的角度来看，你觉得哪个朝代的中央官制较好？说说你的理由。
	三、地方：从外服到行省	1. 梳理自商至清，地方行政体制演变的历程。
		2. 地方权力的变化规律和趋势如何？你如何看待？
		3. 开放讨论：你觉得哪个朝代的地方制度比较合理？说说你的理由。

五、小结

中国古代政治制度的形成源远流长，经历了两千多年的发展，形成了植根于中国文化传统和社会经济发展基础上的独特的政治制度，且影响深远。在早期国家阶段，形成了以血缘政治、等级森严和原始民主传统为特征的政治制度。在统一多民族国家的形成过程中，出现了集权和统一的发展趋势。从秦朝开始到清朝，中央行政制度、地方行政制度不断调整和变化，整体上呈现出皇权和中央集权不断加强的趋势，顺应了统一多民族国家不断巩固和发展的历史潮流。基于此特征，本课设计时注重"演变"，从统治者权力、中央权力、地方权力三方面进行设计，特别是对中央制度和地方制度发生重大变化的内容进行情境任务设置。在教学过程中重视学生的主体性，让学生在对话、合作探究中明晰历史演进的规律和时代进步的大趋势。在材料分析、问题解决中，提升思维能力、历史解释能力。并在学习过程中，感悟统一多民族国家发展中的制度动力，深刻理解中国政治文明的源远流长和独特性。

第二节 "西方国家古代和近代政治制度的演变"教学设计

一、研读课标要求，确定主题情境

本课课标要求了解古代至近代西方政治体制各主要类型的产生和演变过程。教材第一个子目"古希腊罗马的政治制度"，第二个子目"中古西欧的封建制度"，第三个子目"西方资本主义政治制度的产生与发展"，三个子目分阶段说明了西方国家不同时期政治制度的特点，也隐含了不同的时空条件与政治制度之间的密切联系。基于此确定了本节课内容的主题，即"源与流"。同时在整合教材内容和主题立意的基础上，设置了三个分主题，即"渊远""曲折""流长"。从前后的因果联系，较全面地阐释了西方政治制度的发展线索。通过以上主题与分主题的设定，将课程标准的要求转化为课堂教学的聚焦问题，做到了课标问题化。

二、明确教学目标，突破重点难点

教学目标：教师首先要深入地分析教材，理解教材，要做到教材的学材化，同时要利用时间轴、表格、图片、史料等史料，创设情境，通过问题讨论、合作探究等形式，让学生了解古代至近代西方政治体制各主要类型的产生和演变，掌握古代希腊民主政治，古代罗马共和制、元首制，中世纪封建专制，近代英国君主立宪制，美国联邦制总统制共和制，法国议会制共和制等主要政体形式，探讨各种政治制度的特征，让学生认识到制度没有优劣之分，只有适合与不适合，只有不断进行制度创新，才能适应社会发展。另外，本课有较多的抽象的政治概念，学生理解起来较为困难，注意利用比较方式，从各个政治体制的特点方面加以区分。

重点：古代希腊民主政治；中古时期，欧洲王权加强；近代英国君主立宪制；美国联邦制总统制共和制；法国议会制共和制。

难点：古代希腊罗马的城邦国家与今天的国家形态的本质区别；中古欧洲的封建专制；近代资本主义国家政治体制运行模式。

三、设计导入环节，激发学习兴趣

教师以政治活动主体——"公民"这一概念作为导入，引出"早期公民""中世纪市民""近现代公民"等概念。紧接着教师抛出问题——"公民这一概念最早出现在什么时候？公民的变化背后反映了政治制度发生何变化？"引发了学生对本课核心内容的思考和讨论。这些问题呼应本课的主题"源与流"，使学生迅速融入课堂，开始本节课的学习。整个导入的环节在课堂开始就体现出生生互动、师生互动的原则与场景，激发了学生的思维，活跃了课堂的气氛，为教学的下一步顺利开展打下了良好的基础。

四、设置问题链条，落实核心素养

教师在依据课标并整合教材的基础上设计出问题链，并向学生展示问题链，如表6-2所示。接着教师引导学生在课堂上依据教师提供的材料以小组合作的形式展开讨论后回答相关问题，展示学习成果。

表 6-2 "源与流"问题链

主题	分主题	问题链
源与流	一、渊远	1. 虽然同处希腊半岛，历史和现实的差异造就了雅典和斯巴达两种体制。这两种体制各有什么优缺点？
		2. 罗马共和国的体制与前两者相比，有何相似点和差异？与罗马共和国相比较，罗马帝国政治制度最突出的特征是什么？
		3. 如何理解雅典的民主制度和罗马的法律成为近代西方制度的滥觞？
	二、曲折	1. 中世纪的西欧社会制度有何特点？
		2. 教会的统治是否造成了民主与法律的完全断绝？请举例说明。
		3. 中古西欧的政治制度对西方近代政治制度有何影响？
	三、流长	1. 为什么近代西方民主政治制度会产生？
		2. 结合英美法民主政治制度的归纳，同样是借鉴雅典民主制和罗马法律，西方各国近代民主制有何差异和共性？造成差异的原因有哪些？
		3. 如何评价近代西方的民主政治制度？

五、小结

本课按时序梳理了西方国家从古代至近代的主要政治制度的演变历程。古希腊罗马文明是西方文明的源头，尤其是古代雅典的民主政治、罗马法律，对近代西方国家民主、法治思想和民主制度的形成、法律的制定产生了重要的影响。中古西欧时期，在国王与教会、贵族的斗争中，法国和英国分别形成了等级君主制和议会君主制，为法国和英国近代民主政治制度的建立奠定了基础。近代西方由于国情、革命道路等不同，资本主义政治制度也呈现出不同特征。本课在设计时，以时间为线索，灵活运用历史地图，帮助学生构建时空框架，厘清三个阶段政治制度演变规律和内在联系；以合作探究、小组讨论的形式重点探讨近代资产阶级代议制权力运行、特征等问题。

通过问题设计和活动方式，让学生认识到制度建设要符合国情，体会制度创新的重要性，领会政治文明的多样性，增强学生的制度自信。学生在活动过程中，通过小组合作、问题探究，提高理解历史、解释历史的能力。

第三节 "中国近代至当代政治制度的演变"教学设计

一、研读课标要求，确定主题情境

本课课标要求了解共和制在中国建立的曲折过程，理解中国政治发展道路的独特性。本课三个子目分别是"民国时期的政治制度""中国共产党在根据地和解放区的制度探索""中华人民共和国的政治制度"。三个子目以时间为脉络，叙述了政治制度在中国发展的历程。共和制是近代中国人对国家制度的探索和追求，但近代中国的国情决定了资产阶级共和国的方案在中国行不通。经过了长期的探索，中国人民在中国共产党的领导下在继承中创新，在探索中前进，逐渐摸索出一条带有中国特色的中国道路，建立起了独特的、符合中国国情的、真正意义上的中华人民共和国的政治制度，这样的中国特色社会主义制度与国家治理体系具有强大生命力和巨大优越性，为中华民族的伟大复兴提供了制度保障。基于此，教师确定了本节课内容的主题，即"'镜'象共和"。同时在整合教材内容以及主题立意的基础上，设置了三个分主题："透视镜：民主共和梦难圆""平面镜：民主之路新探索""广角镜：人民民主渐完善"。用"透视镜""平面镜""广角镜"三种方式探究不同时期政治制度发展及特点，贴合了当时政治制度的发展状况。通过以上主题与分主题的设定，将课程标准的要求转化为课堂教学的聚焦问题，做到了课标问题化。

二、明确教学目标，突破重点难点

教学目标：要深入分析教材，做到教材学材化，通过时间轴梳理近现代不同政府、不同阶级对民主共和制度的探索历程；利用情境设置、问题探究，让学生学会运用唯物史观的基本观点和方法来认识资产阶级共和国的方案在近代中国行不通，理解中国特色社会主义制度是最符合中国国情的共和体制。通过学习，感悟中国共产党进行制度探索的卓越贡献与伟大成就，理解中国特色社会主义制度与国家治理体系具有强大生命力和巨大优越性的原因，树立中国特色社会主义道路自信、理论自信、制度自信、文化自信。

重点：共和制在中国近现代的建立与完善。

难点：理解近代以来中国政治道路发展的独特性。

三、设计导入环节，激发学习兴趣

教师以民国初年的国歌歌词"东亚开化中华早，揖美追欧，旧邦新造。飘扬五色旗，国民荣光，锦绣山河普照，我同胞鼓舞文明，世界和平永保"为引入，提出问题——"近代孙中山等仁人志士所要新造的是怎样的国家？是否成功？"引发学生的思考和讨论。学生回答后，再抛出第二个问题："近现代，各政府各阶级追求的共和制有何特征？如何探索共和制度的建立？"这些问题呼应主题"'镜'象共和"让学生带着这个问题和制度自信迅速融入课堂，开始本节课的学习。导入设计在课堂开始就体现出生生互动、师生互动的原则，为教学的下一步展开打下良好的基础。

四、设置问题链条，落实核心素养

教师在依据课标并整合教材的基础上设计出问题链，并向学生展示问题链，如表6-3所示。接着教师引导学生在课堂上依据教师提供的材料以小组合作的形式展开讨论后回答相关问题，展示学习成果。

表 6-3 "'镜'象共和"问题链

主题	分主题	问题链
『镜』象共和	一、透视镜：民主共和梦难圆	1. 孙中山等革命党人设计了怎样的民主共和制度？
		2. 该设计在北洋政府和南京国民政府时期有着怎样的遭遇？
		3. 哪些因素导致近代以来的民主共和政体屡屡受挫？
	二、平面镜：民主之路新探索	1. 中国共产党在新中国成立前各个时期开展的制度探索分别有何特点？
		2. 是什么造成了这种制度探索的差异？
		3. 这种探索有何意义？
	三、广角镜：人民民主渐完善	1. 新中国在政治制度探索方面取得了哪些成就？
		2. 以"人民代表大会制度"为例，谈谈你对新中国人民民主政治优越性的理解。

五、小结

共和制度在中国建立的历程十分曲折艰辛。在近代列强入侵和民族危亡的背景下，辛亥革命推翻了两千多年的封建帝制，但共和政体有名无实。北洋政府和国民政府的独裁统治使共和民主名存实亡。中国共产党成立后，在农村革命根据地、抗日根据地及解放区不断探索共和国的道路，为中华人民共和国的建立奠定坚实基础。新中国成立后，中国共产党人在前期探索的基础上，将马克思列宁主义国家学说与中国实际相结合，开创了中国特色社会主义制度，引领中国人民迈入了实现中华民族伟大复兴的伟大征程。

基于这一发展线索，本课设计注重构建清晰的时间轴，利用图片、文字等史料，设置情境问题，以小组合作、探究等形式，让学生认识不同历史时期中国的政治制度的特点，培养历史解释和分析归纳知识的能力，引导学生运用唯物史观，理解民国时期初建共和制和新中国成立的重大意义，培养学生的辩证思维；并让学生在学习过程中，认识到中国特色社会主义民主政治是历史的选择、人民的选择，增强对国家制度建设的认同感，树立中国特色社会主义道路自信、理论自信、制度自信、文化自信。

第四节 "中国历代变法和改革"教学设计

一、研读课标要求，确定主题情境

根据课程标准要求，本课需要让学生了解中国历代重要变法和改革，认识到中国改革的必然性、曲折性与独特性。在本节课，中学生将接触到春秋战国以来历代政府是如何顺应时代潮流进行改革的内容，时间跨度涉及中国古代、近代和现代。教科书在归纳梳理变革线索的基础上，对这些变法改革的原因、曲折艰辛的过程和影响都进行了分析。在古代变法改革中，商鞅在秦孝公支持下，建立起了封建制度，秦国由此开始富强，为秦国统一六国奠定基础，随后北魏孝文帝改革，实施了一系列的汉化政策，促进民族融合和统一多民族国家的形成。在一定的时代背景下，王安石变法和张居正改革进一步巩固封建制度，促进国家统一富强。近代的变法改革是在中国"面临千年未有之变局"的情况下进行的，变革者主张学习西方进行改革，实现自强求富；现代的变革也经历了波折。新中国成立后，中国在探索社会主义制度过程中遇到了一些挫折与失误，但在改革开放后，中国又逐渐探索出符合中国国情的新的发展道路。基于此，教师确定了本节课内容的主题，即"砥砺图治，因时而变"。同时在整合教材内容以及主题立意的基础上，设置了四个分主题，即"变革的类型""为统一而变""为独立而变""为复兴而变"。三个"为"道出了中国三个不同时期的时代追求，呼应了主题的"因时而变"。通过以上主题与分主题的设定，将课程标准的要求转化为课堂教学的聚焦问题，做到了课标问题化。

二、明确教学目标，突破重点难点

教学目标：本课学生需要深入分析教材，做到教材学材化，同时要了解中国历代重要变法和改革，认识改革具有历史必然性，也充满了艰辛与曲折；理解中国政治发展道路的独特性。通过文字、图片等资料，梳理教材内容，帮助学生了解中国历代的重要变法和改革，分析中国历代重要变法改革的背景、基本内容、成功或者失败的原因及其历史意义；借助史料，通过比较不同时期的变法和改革，来理解改革与时代潮流的关系，认识改革过程的曲折与艰辛；通过讲述从古至今中国历代重要变法和改革，引导学生感悟历代改革的艰辛和历史任务的品质，体会改革对中国发展的重要意义，体会中华民族的"求变"和"求新"的历史传统精神。

重点：历代变法和改革的历程及其作用。

难点：认识改革与时代之间的关系，理解改革的意义。

三、设计导入环节，激发学习兴趣

首先，教师给出一则材料。

穷则变，变则通，通则久。

——《周易》

教师紧接着抛出问题：材料中的话道出了中国政治文化历史不断前进的奥秘。中国自古就有改革的传统，历代政府的应时而变是中华文化源远流长的关键要素之一。每个阶段为什么要变？如何变？变了带来怎样的结果？又经历了怎样的发展阶段？以这几个问题引发学生的思考，引出本课的教学主题"砥砺图治，因时而变"，迅速引入课堂。导入设计在课堂开始就体现出生生互动、师生互动的原则，为教学的下一步展开打下良好的基础。

四、设置问题链条，落实核心素养

教师在依据课标并整合教材的基础上设计出问题链，并向学生展示问题链，如表6-4所示。接着教师引导学生在课堂上依据教师提供的材料以小组合作的形式展开讨论后回答相关问题，展示学习成果。

表6-4 "砥砺图治，因时而变"问题链

主题	分主题	问题链
砥砺图治，因时而变	变革的类型	变法、改革的类型，影响改革成败的因素。
	为统一而变	1. 中国古代的四场改革分别属于哪种类型？
		2. 为什么要这样分类？分类的依据是什么？
		3. 请以张居正改革为例，综合评价古代的改革。
	为独立而变	1. 近代的两场改革分别属于哪种类型？
		2. 这样的分类依据是什么？
		3. 通过学习近代改革，你有怎样的认识？
	为复兴而变	1. 请谈谈改革开放的必要性。
		2. 以你现实生活为例，谈谈改革开放带来的意义。

五、小结

本课内容以春秋战国为开端，到21世纪初止，涉及的时间非常久，因此本课尽量简化课程结构，细化为三个"为……而变"，帮助学生梳理清楚不同时期的改革。通过本课的学习，学生可以对中国历代改革有较为清楚而深刻的了解，课堂上师生们深入了解不同时期的变法与改革，探讨其背后的时代特征，培养学生的唯物史观、时空观念，同时让学生了解只有顺应历史发展潮流，积极应变，主动求变，才能做到时刻与时代同行。

第五节 "中国古代官员的选拔与管理"教学设计

一、研读课标要求，确定主题情境

"中国古代官员的选拔与管理"是国家制度的重要组成部分，也是社会治理的必要前提。本课主要叙述了从秦汉到明清中国古代官员的选拔、考核、监察制度，学生将了解到中国古代官员选拔方式的更迭和不同阶段的特征，知道中央集权体制下中国古代官员考核和监察制度的发展演变历程。本课教材将教学内容主要分为三部分，第一部分聚焦于秦朝的"以法为教""以吏为师"、汉代的察举制与魏晋南北朝时期的九品中正制；第二部分叙述隋唐开始的科举制以考试取人，扩大了用人范围，对历代封建国家政权的稳定发挥了巨大作用；第三部分聚焦元明清时期的官员选拔与管理。无论哪个时期的选官与考察，都是围绕"官员选拔""官员考核"和"官员监察"三个方面进行，通过整合教材内容与具体的课程标准要求，本课的教学内容可以以三条线来展开教学——尚贤线（官员选拔）、升降线（官员考核）和合法线（官员监考），因此可将本课的教学主主题定为"从'三线'看管官"，并设置三个分主题"选官之变：尚贤线""考核之变：升降线""监察之变：合法线"。通过以上主题与分主题的设定，将课程标准的要求转化为课堂教学的聚焦问题，做到了课标问题化。

二、明确教学目标，突破重点难点

教学目标：本课学生需要了解中国古代官员选拔方式的更迭和不同阶段的特征，知道中央集权体制下古代中国的官员考核和监察制度；运用时空定位，以时间为序，总结出不同历史阶段的时代特征，培养学生的时空观念；同时要深入分析教材，做到教材学材化，引导学生学会分析文献史料，分析不同时期的官员选拔与管理制度的演变原因，理解经济基础与上层建筑的关系、经济发展与文化发展的关系，培养学生的唯物史观；引导学生学会解读教材与相关史料，分析不同时期的官员选拔与管理制度的演变趋势，培养学生的历史解释与史料实证的素养，同时对个别的事件与人物进行深入分析，帮助学生更深入地理解和认识历代政治制度，增强学生服务于国家建设与社会进步的爱国情怀。

重点：中国古代不同时期的官员选拔方式的变迁；中国古代官员考核与监察的方式。

难点：认识中国古代不同时期选官制度的利弊及制度演变的内在规律。

三、设计导入环节，激发学习兴趣

首先，教师给出下面史料：

"若询事而不考其终，兴事而不加屡省，上无综核之明，人怀苟且之念，虽使尧舜为君，大皋为佐，恐亦难以底绩而有成也。"

——张居正《请稽查章奏随事考成以修实政疏》

然后，教师抛出问题——"国家治理的治理绕不开治国者的理念与政策执行者的素质，政策执行者就是我们俗称的官员。中国古代的官员是怎样来的？中国古代政府又是怎样管理这些官员的？张居正认为应该如何管理官员？你又能否提炼出中国古代官员管理的最重要的三个环节？"，引发学生的思考呼应主题"从'三线'看管官"，将学生迅速引入课堂。导入设计在课堂开始就体现出生生互动、师生互动的原则，为教学的下一步展开打下良好的基础。

四、设置问题链条，落实核心素养

教师在依据课标并整合教材的基础上设计出问题链，并向学生展示问题链，如表6-5所示。接着教师引导学生在课堂上依据教师提供的材料以小组合作的形式展开讨论后回答相关问题，展示学习成果。

表 6-5 "从'三线'看管官"问题链

主题	分主题	问题链
从『三线』看管官	一、选官之变：尚贤线	1.（列表：世官制、举荐/军功爵制、察举制、九品中正制、科举制的标准）从选贤任能的标准来看，官员选拔变化的趋势是什么？
		2. 发生这些变化的原因有哪些？
		3. 科举制有何优点？又有何弊病？
	二、考核之变：升降线	1. 从选贤任能的标准来看，官员考核变化的趋势是什么？
		2. 发生这些变化的原因有哪些？
		3. 明清的官员考核制度有何特点？
	三、监察之变：合法线	1. 从有效防范官员违法的标准来看，官员监察变化的趋势是什么？
		2. 发生这些变化的原因有哪些？
		3. 明清的官员监察制度有何特点？

五、小结

官员的选拔与管理是国家制度的重要组成部分，也是实现社会治理的必要前提。中国古代官员选拔和管理制度经历了漫长的发展历程，为国家治理积累了丰富的经验，同时也为人类政治文明做出了卓越的贡献。本课以三条线为序，引导学生了解中国古代官员选拔、考核、监察制度前后的演变，挖掘制度内细微的变化，分析制度变迁背后的原因和利弊影响，引导学生提炼出不同时代的特征。在师生的研究活动中，让学生通过比较不同来源的史料，认识"三线"，即选官制度、官员考核制度和监察制度之间的关系，理解经济基础与上层建筑之间的关系。

第六节 "西方的文官制度"教学设计

一、研读课标要求，确定主题情境

官员选拔与管理是各个时期不同国家的国家制度的重要组成部分，中西方国家社会形态不同，政治制度与国情都有较大的差异。西方文官制度是指资本主义国家由法律或者法令规定的关于政府文职官员的考试、任用、考核、升降、薪金、奖惩、免职、退休等的管理制度。"西方的文官制度"作为承上启下的一课，上承中国古代的科举制度，下启近现代中国公务员制度，主要从西方文官制度出现的背景、建立的过程与特点和影响三个方面进行讲解。根据课标要求，本课学生需要了解中国科举制与西方近代文官制度的渊源关系，也需要了解西方制度对近现代中国公务员制度的影响。由于初中并无相关的学习内容，学生对本课的内容相对陌生，因此教师在授课过程中需要注重解释基础概念。西方资本主义国家探索和建立起来考试选拔的文官制度，有利于规避政党更替造成的政府工作动荡，基于此，教师确定了本节课内容的主题，即"西方政治的稳定器"。同时在整合教材内容以及主题立意的基础上，设置了三个分主题，即"琢器——西方文官制度确立的背景""成器——西方文官制度确立的过程""思器——西方文官制度的特点与影响"。通过以上主题与分主题的设定，将课程标准的要求转化为课堂教学的聚焦问题，做到了课标问题化。

二、明确教学目标，突破重点难点

教学目标：首先要深入分析教材，做到教材学材化，同时学生通过研读史料与分析史料，分析西方文官制度出现的背景，探究工业革命与西方文官制度的建立的关系，理解西方文官制度的特点，培养学生的史料实证与历史解释能力；通过具体的案例探究西方文官制度的历史意义及其不足之处，并探讨其对当今社会的启示，培养学生辩证、全面看待问题的能力，培养学生的唯物史观。

重点：西方文官制度出现的背景和特点。

难点：工业革命与西方文官制度建立的关系；西方近代文官制度的历史作用。

三、设计导入环节，激发学习兴趣

首先，教师给出一段材料：

1726 年，国王用"绳上跳舞"的方法选拔官员。谁跳绳跳得越好，跳得越高，谁就越能得到国王的宠爱，越能当上大官。

接着教师抛出一个问题："《格列佛游记》(1726)是英国著名讽刺小说家斯威夫特的代表作。在《小人国》篇章中，国王用'绳上跳舞'的方法选拔官员，谁跳绳跳得越好，跳得越高，谁就越能得到国王的宠爱，越能当上大官。国王真的会这样选官吗？"引发学生的思考，呼应本课主题"西方政治的稳定器"，将学生迅速引入课堂。导入设计在课堂开始就体现出生生互动、师生互动的原则，为教学的下一步展开打下良好基础。

四、设置问题链条，落实核心素养

教师在依据课标并整合教材的基础上设计出问题链，并向学生展示问题链，如表 6-6 所示。接着教师引导学生在课堂上依据教师提供的材料以小组合作的形式展开讨论后回答相关问题，展示学习成果。

表 6-6　"西方政治的稳定器"问题链

主题	分主题	问题链
西方政治的稳定器	一、琢器——西方文官制度确立的背景	1. 何为文官制度？
		2. 西方早期实行什么样的选官用官制度？有何弊端？
		3. 为何工业革命后要求改革选官制度的呼声日益强烈？
	二、成器——西方文官制度确立的过程	1. 19 世纪初，英国选官制度有何发展？
		2. 19 世纪中期以后，英国的文官制度最终确立。它有何特点？
		3. 为何英国选官制度能向西方其他国家扩展？
	三、思器——西方文官制度的特点与影响	1. 西方文官制有何特点？
		2. 如何评价西方文官制度？

五、小结

工业革命后，英国的社会分工日益复杂，国家管理职能不断扩展，急需尽快建立起新的职业官僚体系。本课以"西方政治的稳定器"为主题，从"琢器""成器""思器"三个层面讲授西方文官制度的演变历程，帮助学生了解西方文官制度形成的背景原因、过程与评价，紧扣课标内容，问题层层递进，有利于引发学生对本课内容的深入思考。

师生通过教材归纳与史料分析的方法，归纳西方文官制度的时代背景，并且通过文官制度的形成过程，帮助学生明白经济基础与上层建筑的关系，培养学生的时空观念与唯物史观；通过史料研读，了解西方文官制度对中国科举制度的借鉴，不仅能增强学生的民族自豪感，还使学生理解世界不同文明之间的交流、吸收与发展，明白近代以来的历史是各民族、国家在碰撞、交流和互鉴中发展的历史。

第七节 "近代以来中国的官员选拔与管理"教学设计

一、研读课标要求，确定主题情境

本课主要分成三个子目，首先介绍晚清时期的科举制的废除，确立学堂选官制度与留学毕业生选官制度为晚清政府选拔官员的方式，其次则讲述民国时期逐渐构建中国现代文官制度的过程，最后讲述了新中国成立后我国的干部制度与公务员制度的演变情况。对于"近代以来中国的官员选拔与管理"这一课，课标要求学习并掌握西方近代文官制度对近现代中国公务员制度的影响，学生需要掌握不同时期官员选拔和管理制度的内容和特点，探究近代以来中国的官员选拔与管理制度的演变趋势，同时也需要理解不同的选官制度是如何在不同的时代背景下产生与演变的，其发展历程注定不可能一蹴而就，而是因时而变。基于此，教师确定了本节课内容的主题"曲折中的发展"。同时在整合教材内容以及主题立意的基础上，设置了三个分主题，即"应变：废旧立新""变形：新旧杂陈""完善：中国特色"。通过以上主题与分主题的设定，将课程标准的要求转化为课堂教学的聚焦问题，做到了课标问题化。

二、明确教学目标，突破重点难点

教学目标：本课学生通过对近代以来三个时期的官员选拔与管理制度进行梳理，掌握不同时期的制度特点，提高学生时空观念的核心素养；同时要深入分析教材，做到教材学材化，并且学生通过史料分析，知晓不同时期选官制度制定的时代背景与带来的影响；以唯物史观为指导，引导学生从历史发展的角度看待不同时期官员选拔与管理制度的更迭，探究近代以来官员选拔与管理制度的演变趋势，知道西方近代文官制度对近现代公务员制度的影响，理解现代中国公务员制度的推进是改革开放和时代发展的必然要求，体会制度创新对促进社会发展前进的重要性与现实价值，从而帮助学生树立起强烈的社会责任感与使命感。

重点：近代以来中国选官制度的演变过程；分析近代西方文官制度对近现代中国公务员制度的影响。

难点：认识近代以来中国的官员选拔与管理制度的变革趋势。

三、设计导入环节，激发学习兴趣

正式授课前，教师给出一条近代历史大事的时间轴，引导学生回忆戊戌变法的内容，从而引出慈禧反对变法，处死戊戌六君子的史实。

随后，教师抛出问题："清政府当年不让维新派废除科举制，为何他们自己却在几年后主动废除了科举制？这期间发生了什么事让他们态度有这么大的转变？"这些问题引发学生的思考，呼应主题"曲折中的发展"，将学生迅速引入课堂。导入设计在课堂开始就体现出生生互动、师生互动的原则，为教学的下一步展开打下良好的基础。

四、设置问题链条，落实核心素养

教师在依据课标并整合教材的基础上设计出问题链，并向学生展示问题链，如表6-7所示。接着教师引导学生在课堂上依据教师提供的材料，以小组合作的形式展开讨论后回答相关问题，展示学习成果。

表 6-7 "曲折中的发展"问题链

主题	分主题	问题链
曲折中的发展	一、应变：废旧立新	1. 清政府为何不让维新派废除科举制，几年后自己却废除了科举制？
		2. 清政府选官制度改革有何特点？
		3. 清政府选官制度带来怎样的后果？
	二、变形：新旧杂陈	1. 孙中山的文官考试思想有何意义？
		2. 南京临时政府的文官选拔制度有何特点？
		3. 北洋军阀和国民政府时期如何改进选官制度？有何弊病？
	三、完善：中国特色	1. 新中国的干部制度有何特点？
		2. 在不断完善的过程中建立的公务员制度改革有何作用？

五、小结

任何一种制度都是在社会发展与历史生活中逐渐孕育出来的有机产物，这个过程不可能一蹴而就，也不是随意或故意而成。近代以来，我国在欧风美雨的冲击下，社会发生了巨变，从鸦片战争到辛亥革命，从国民大革命到解放战争，从新中国成立到改革开放，我国不同时期的官员选拔制度始终带着时代的烙印，其既有传承的因子，又受外来文化的影响。

本课通过引导学生阅读史料，帮助学生认识晚清时期科举制由"渐废"到"立废"的历史走向和时代渊源，通过梳理民国时期的时间轴，理解孙中山对文官制度的设计，北洋政府与南京国民政府时期对选官思想的继承与发展及其不足，培养学生的时空观念与辩证看待问题的能力。通过新中国成立以来的选官制度变迁的研究，将历史学科与政治课程相关内容进行整合，增强学生对国家发展的责任感与自信心，提升学生的家国情怀。

第八节　"中国古代的法治与教化"教学设计

一、研读课标要求，确定主题情境

首先，依据课本内容并对应课程标准，从历史学科核心素养出发，采用"主题+问题链"的教学模式进行授课。按照时间与朝代的顺序对不同时期法治与教化的特点进行梳理，了解中国古代历朝历代法治与教化并用的统治手段，并理解法治与教化二者之间的关联。基于此，将本课主题确定为"从'家国一体'看古代国家治理"，同时在主题的引导之下设置三个分主题"缘起：'德'与'法'""治图：'合'与'融'""齐家：'教'与'化'"，并设置一系列问题，组成相应的问题链，从而使整个主题更为凸显，方便学生更好地掌握本课相关知识要点。通过以上主题与分主题的设定，将课程标准的要求转化为课堂教学的聚焦问题，做到了课标问题化。

二、明确教学目标，突破重点难点

教学目标：要深入分析教材，做到教材学材化，同时查找中国古代相关的法制史、乡约史史料，从时空观念、历史概念、历史唯物史观等核心素养出发，将中国古代治国、法制、思想等相关知识结合一并学习。通过"主题+问题链"的内在逻辑，将知识有层次、有架构地呈现给学生，从而帮助学生深化事件与概念理解，达到优化知识架构、学会自主解释历史事件，评析历史概念的目的。培养学生的历史综合思维能力，提升学生历史学科核心素养。

重点：春秋时期德治与法治之争；中华法系的形成和特点；乡约与法律合流。

难点：以宗法为核心的礼制；中国古代法律形式的变化。

三、设计导入环节，激发学习兴趣

首先，教师给出一段影音资料——不同朝代的"奇葩"法律。影音资料的播放使学生迅速产生对本课学习的热情，并通过自主思考或集体讨论分析不同朝代的"奇葩"法律设置的出发点与相关影响。在"奇葩"中去寻找法律实施的必然性。学生带着热情开始本节课的学习，迅速融入课堂。导入设计在课堂开始就体现出生生互动、师生互动的原则，为教学的下一步展开打下良好的基础。

四、设置问题链条，落实核心素养

教师在依据课标并整合教材的基础上设计出问题链，并向学生展示问题链，如表6-8所示。接着教师引导学生在课堂上依据教师提供的材料以小组合作的形式展开讨论后回答相关问题，展示学习成果。

表6-8 "从'家国一体'看古代国家治理"问题链

主题	分主题	问题链
从『家国一体』看古代国家治理	一、缘起："德"与"法"	1. 德治与法治理念的渊源分别是什么？分别有什么价值？
		2. 为何出现德法之争，有何社会影响？
		3. 为何会再次出现德法之争，再次相争有何社会影响？
	二、治国："合"与"融"	1. 礼与刑，德与法是否有相结合的可能性？
		2. 汉至明清，礼与法是如何结合乃至融合的？分别有何影响？
		3. 思考为什么法律和儒学的结合越来越紧密？
	三、齐家："教"与"化"	1. 从唐朝到明清，地方治理有何特色？
		2. 从唐朝到清朝，地方治理发展的趋势是怎样的？
		3. 为什么会发生这种变化？

五、小结

本节课教材时间跨度大、教学内容多，涉及晦涩难懂的名词较多。同时需要在教学过程当中呈现较多的文字材料、图片材料，对学生的阅读水平、分析能力等均有较高的要求。针对以上的情况，要求教师对教材进行整合与深度的挖掘，形成知识网络。利用比较表格与时间轴等方式突出本节课的主干知识与重点知识，帮助学生更为清晰地把握时代特征，并理清知识体系。同时在教学过程当中要更多地创设情境化教学，设置问题并进行引导，让学生更为积极地参与到课堂当中，从而达到事半功倍的教学效果。

第九节　"近代西方的法律与教化"教学设计

一、研读课标要求，确定主题情境

依据课本内容并对应课程标准，从历史学科核心素养出发，采用"主题+问题链"的教学模式进行授课，按照西方法律发展的不同阶段和社会教化的特点与局限进行知识的梳理与讲解，了解近代西方法律与教化的作用与影响。经过研究，将本课主题确定为"近代西方国家治理体系的传统与革新"，同时在主题的引导之下设置三个分主题，并设置一系列问题，组成相应的问题链，从而使整个主题更为凸显，方便学生更好掌握本课相关知识要点。通过以上主题与分主题的设定，将课程标准的要求转化为课堂教学的聚焦问题，做到了课标问题化。

二、明确教学目标，突破重点难点

教学目标：要深入分析教材，做到教材学材化，同时查找史料，选择合适的情景素材，既激发学生探究历史的兴趣，又紧紧围绕学科特质，促使学生在与历史密切相关的情景中，加深体验，深化历史理解，发展历史学科思维，客观地分析近代西方社会的法律与教化，对于其特征与局限性有着深刻的认识，形成正确的价值观。

重点：近代西方法律制度的渊源和基本特征。

难点：西方宗教伦理与教化的作用和社会影响。

三、设计导入环节，激发学习兴趣

首先教师讲述一个故事：

在1866年，德国著名的威廉一世国王盖了一个豪华的房子，然后发现一个磨坊有碍观瞻，他就下令让卫队把这个磨坊拆除。磨坊的主人把威廉一世告上了法庭，主审官认为国王滥用王权，判定威廉一世立即在同等地段修复磨坊。

通过故事的讲述让学生们发散思维让学生在不加任何限定的情况下，分析这则故事，自由评价近代西方社会的"法律"与"王权"的"孰轻孰重"。教师不给出确定答案，让学生们带着问题开始本课学习，迅速融入课堂。导入设计在课堂开始就体现出生生互动、师生互动的原则，为教学的下一步展开打下良好的基础。

四、设置问题链条，落实核心素养

教师在依据课标并整合教材的基础上设计出问题链，并向学生展示问题链，如表6-9所示。接着教师引导学生在课堂上依据教师提供的材料以小组合作的形式展开讨论后回答相关问题，展示学习成果。

表 6-9 "近代西方国家治理体系的传统与革新"问题链

主题	分主题	问题链
近代西方国家治理体系的传统与革新	一、国家统治工具的传统与革新	1.《民法大全》有何优势成为西方法律制度的渊源?
		2. 11世纪欧洲出现研究罗马法和宣传罗马法运动有何意义?
		3. 西方社会为什么会出现两种不同的法律体系?
	二、社会治理工具的传统与革新	1. 西方传统的社会治理工具有何特点和作用?
		2. 如果西方传统的社会治理工具有用,那为何还会发生宗教改革?
		3. 宗教改革是否完全解决上述问题?
	三、国家治理体系的反思	1. 近代西方法律制度和社会教化分别有哪些局限?
		2. 结合近代西方国家治理体系的传统与革新,谈谈认识。

五、小结

虽然学生在《中外历史纲要(下)》中已经学习了关于西方法律相关的知识,但是本课依然会出现较多新的概念,例如日耳曼法、教会法、英美法系、大陆法系等,同时本课内容理论性较强,课堂容量较大,所以在学生学习过程和教师教学实践中会遇到一定的困难。针对以上问题,本课采用"主题+问题链"教学模式进行教学。主题与分主题的设定,紧紧围绕新课程标准,使得学生在学习过程中主线清楚,一目了然。同时问题链下设置的8个子问题,也使得学生在学习过程中有了探索的动力。同时在具体教学实践中,通过小组合作探究的方式,激发并培养学生养成主动思考的学习意识。

第十节 "当代中国的法治与精神文明建设"教学设计

一、研读课标要求，确定主题情境

依据课本内容并对应课程标准，从历史学科核心素养出发，采用"主题+问题链"的教学模式进行授课。通过本课学习，学生应当了解当代中国的法治建设和精神文明建设成就，掌握新中国成立后中国法治建设取得的成就，认识中国法治建设与时俱进的特点，了解新中国成立后精神文明建设取得的成就，理解社会主义核心价值观的主要内容和重大意义。基于此，将本课主题确定为"强国之利器"，同时在主题的引导之下设置三个分主题，并设置一系列问题，组成相应的问题链，从而使整个主题更为凸显，有利于学生更好地掌握本课相关知识要点。通过以上主题与分主题的设定，将课程标准的要求转化为课堂教学的聚焦问题，做到了课标问题化。

二、明确教学目标，突破重点难点

教学目标：从时空观念角度把握中华人民共和国成立后法治建设的基本历程，认识依法治国对社会政治、经济、文化等方面发展的重大意义。从家国情怀的角度认识英勇奋斗的革命传统和艰苦奋斗的精神，坚守社会主义核心价值观。同时要深入分析教材，做到教材学材化。

重点：社会主义法律体系的形成；依法治国的提出；社会主义精神文明建设的重要作用。

难点：社会主义法制和社会主义法治的区别；社会主义精神文明建设的全面推进和发展。

三、设计导入环节，激发学习兴趣

首先，教师进行提问：同学们，大家能不能说一说，你所了解的法律知识和你所熟知的社会榜样和他们的事迹？通过同学们踊跃的课堂发言，教师进行总结并紧接着抛出问题——"应该如何治理国家、治理社会？"，引发学生的思考和激烈讨论，呼应主题，并让学生开始本节课的学习，迅速融入课堂。导入设计在课堂开始就体现出生生互动、师生互动的原则，为教学的下一步展开打下良好的基础。

四、设置问题链条，落实核心素养

教师在依据课标并整合教材的基础上设计出问题链，并向学生展示问题链，如表 6-10 所示。接着教师引导学生在课堂上依据教师提供的材料以小组合作的形式展开讨论后回答相关问题，展示学习成果。

表 6-10 "强国之利器"问题链

主题	分主题	问题链
强国之利器	一、法律完备稳秩序	1. 20 世纪 50 年代，社会主义法治取得了哪些成就？
		2. 改革开放后，法治建设取得了哪些成就？有何意义？
	二、社会新风聚民心	1. 新中国成立初期，精神文明建设取得了哪些成就？
		2. 改革开放后，精神文明建设取得了哪些成就？有何意义？
	三、社会和谐国运强	1. 谈谈你对我国坚持"物质文明和精神文明两手抓，两手都要硬"的理解。
		2. 谈谈依法治国的重大历史意义。

五、小结

"当代中国的法治与精神文明建设"一课属统编教材选择性必修内容，学生对于本课内容有一定的学习基础与社会实践基础，但是本课课标与课本实际内容对于学生的要求程度较高。教师在教学设计过程当中要把握好难度，既不能浮于表面，又不能过于深奥复杂。同时本课内容政治学科色彩浓厚，如何融合政治知识但又能凸显历史学科特色是本课教学的一个难点。

教师使用"主题+问题链"的教学模式很好地解决了上面的难题。学生在学习过程当中不枯燥、不乏味。同时学生通过学习牢牢地认识到自中华人民共和国成立以来，在中国共产党领导下，逐步建立有中国特色的社会主义民主、法治之路的过程，领悟了社会主义精神文明建设的巨大成就与作用。

第十一节 "中国古代的民族关系与对外交往"教学设计

一、研读课标要求，确定主题情境

依据课本内容并对应课程标准，通过本课学习，学生应了解中国古代的民族政策和边疆管理制度，了解秦汉至明清民族关系的发展趋势和特点，认识统一多民族国家的发展历程。经过研究，将本课主题确定为"从礼宾图看变迁"，同时在主题的引导之下设置三个分主题，并设置一系列问题，组成相应的问题链，从而使整个主题更为凸显，有利于学生更好地掌握本课相关知识要点。通过以上主题与分主题的设定，将课程标准的要求转化为课堂教学的聚焦问题，做到了课标问题化。

二、明确教学目标，突破重点难点

教学目标：分析秦汉时期与周边民族关系和民族关系政策、秦汉时期对民族事务的管理，了解统一多民族国家的形成和发展过程，了解元明清时期的民族事务管理机构和民族融合进一步发展的状况；分析统一多民族国家的成因和影响、不同时期民族政策的变化。同时要深入分析教材，做到教材学材化。

重点：统一的多民族国家形成；不同时期的民族政策、边疆管理方式的变化；古代中国的对外交往。

难点：认识不同时期民族政策的变化；认识封建统治者处理民族关系的局限性。

三、设计导入环节，激发学习兴趣

首先，教师展示一个切开的大石榴，让同学们看到石榴籽心连心，紧紧地抱在一起。

教师紧接着抛出一个问题——"根据石榴的实物展示，我们应该如何看待民族问题与民族关系?"，引发学生的思考和激烈讨论。导入设计在课堂开始就体现出生生互动、师生互动的原则，为教学的下一步展开打下良好的基础。

四、设置问题链条，落实核心素养

教师在依据课标并整合教材的基础上设计出问题链，并向学生展示问题链，如表 6-11 所示。接着教师引导学生在课堂上依据教师提供的材料以小组合作的形式展开讨论后回答相关问题，展示学习成果。

表 6-11 "从礼宾图看变迁"问题链

主题	分主题	问题链
从礼宾图看变迁	一、礼宾的机构	1. 礼宾机构的增多、职能的日益丰富反映了什么?
		2. 这些机构对于民族交往有何作用?
	二、边疆的宾客	1. 历代边疆管理措施的变迁反映了什么趋势?
		2. 这些管辖和管理对于民族交往和大一统国家有何作用?
	三、国外的宾客	1. 汉代打通陆海通道有何意义?
		2. 隋唐对外关系空前发展的表现有哪些? 宋元时期有哪些发展?
		3. 明清时期对外关系有何变化? 为什么?

五、小结

本课涉及民族关系的概念较为复杂，同时对外交往变化较大，整体而言，本课教学内容较多且零散。在实际教学准备中，不能对教材的内容进行简单的罗列，不能只是单一的材料堆砌。在必修教材中，学生已经对中国古代民族政策和边疆管理制度以及统一多民族国家发展历程有一定的了解，所以教师要有针对性地对教材进行深挖与总结，根据新课标要求与学生基本学情设定主题，以"主题+问题链"的教学模式进行本课教学，让学生通过学习达到情感、态度、价值观的三维统一目标。同时在教学过程中，创设良好的教学情景、搭设合理的认知阶梯、充分发挥学生的主体地位、调动学生的参与热情也是本节课在教学实践过程中需要考虑的内容。

第十二节 "近代西方民族国家与国际法的发展"教学设计

一、研读课标要求，确定主题情境

依据课本内容并对应课程标准，从历史学科核心素养出发，采用"主题+问题链"的教学模式进行授课。学生学习本课要了解近代西方民族国家的形成情况，以及国际法的发展。基于此，将本课主题确定为"民族国家与国际协调"，同时在主题的引导之下设置三个分主题，并设置一系列问题，组成相应的问题链，从而使整个主题更为凸显，有利于学生更好地掌握本课相关知识要点。通过以上主题与分主题的设定，将课程标准的要求转化为课堂教学的聚焦问题，做到了课标问题化。

二、明确教学目标，突破重点难点

教学目标：分析近代西方民族国家产生的历史背景和过程；通过分析国际法原则的确立的过程和影响，培养学生的时空观念的核心素养；认识民族国家、宗教改革、《至尊法案》、法国大革命、拿破仑战争、国际法、《威斯特伐利亚和约》、外交制度、维也纳体系、凡尔赛—华盛顿体系、国际联盟、《非战公约》《联合国宪章》、全体一致原则、大国一致原则等历史概念。做到深入分析教材，做到教材学材化。

重点：民族国家的形成过程；国际法和外交制度的形成和发展；近代国际法和外交制度的发展。

难点：影响国际法的主要因素；国际法在当今世界外交活动中的作用。

三、设计导入环节，激发学习兴趣

首先，教师给出一段材料：

像英格兰、法兰西这些概念，基本上是一种地域的概念……现代人脑子里的"民族"观念，在中世纪西欧是很模糊的……同时，"国家"的概念也一样模糊……因此人们说，在中世纪西欧，只有领地，没有"国家"……事实上，如果说在中世纪西欧有什么共同点，那就是它是个天主教大世界，天主教是所有人共同的身份认同。

——钱乘旦《世界现代化历程：总论卷》

教师紧接着抛出一个问题——"近代西方人是怎样从模糊的国家和民族概念中，以及对自己和自己所处群体的不确定性中，找到了现代意义上的身份认同——民族国家，从而找回了自我呢？"，引发学生的思考和激烈讨论。呼应主题情景，并让学生带着问题开始本课学习，迅速融入课堂。导入设计在课堂开始就体现出生生互动、师生互动的原则，为教学的下一步展开打下良好的基础。

四、设置问题链条，落实核心素养

教师在依据课标并整合教材的基础上设计出问题链，并向学生展示问题链，如表6-12所示。接着教师引导学生在课堂上依据教师提供的材料以小组合作的形式展开讨论后回答相关问题，展示学习成果。

表 6-12 "民族国家与国际协调"问题链

主题	分主题	问题链
民族国家与国际协调	一、从国家到民族国家	1. 宗教改革对西欧民族国家的诞生有何意义？
		2. 法国大革命和拿破仑战争对民族国家的诞生发挥怎样的作用？
	二、从争端到国际协调	1. 国家主权意识的增强带来了什么？
		2. 17—19世纪的国际协调机制有何发展？有何局限性？
		3. 维也纳体系推动国际法应用范围的扩大，说明了什么？
	三、从软弱到曲折发展	1. 第一次世界大战对于国际秩序的发展有何作用？有何局限？
		2. 二战后国际法的发展有何进步之处？有何局限？
		3. 结合民族国家和国家法的发展历史谈谈你的认识。

五、小结

本课教学内容在必修课程当中较少涉及，民族国家和国家法对学生来讲属于新内容、新知识。这些内容距离学生的实际生活与认知较远，学生在课堂实际教学当中不易产生共鸣。同时本课教材在内容上涉及较多的学术性、理论性介绍，整体学习困难较大，所以授课教师对教材与教学要有整体把控，通过"主题+问题链"的方式解决实际问题。通过主题的阐明与问题设计加强学生对于概念的理解、问题的分析与时空观念的把握，引导学生在特定的时空坐标上理解西方民族国家产生的内涵，了解国家法的形成与发展的过程与认识，同时通过鲜活的历史情景创设与话题激发学生的学习积极性与参与程度，从而实现本课的教学目标。

第十三节 "当代中国的民族政策"教学设计

一、研读课标要求，确定主题情境

本课内容主要分成三部分：第一部分主要叙述了新中国成立后为了改变过去各民族在经济、政治和文化发展不平等不平衡的历史而实行民族区域自治制度；第二部分主要讲述我国的民族区域自治制度的发展与完善过程及其带来的影响；第三部分则讲述中共十八大以来我国对民族区域自治制度的继续发展与完善。中国自古以来就是一个多民族国家，在漫长的岁月中，我国各民族通过各种方式交流互补，推动了统一多民族国家的形成。新中国成立后，中国共产党在我国各民族"大杂居、小聚居"的现实情况下，强调各民族一律平等，运用中国传统"和而不同"的观念与马克思主义解决中国的民族问题，对巩固中华民族团结具有重大意义。基于此，教师确定了本节课内容的主题，即"制度保障下的交融发展"。同时在整合教材内容以及主题立意的基础上，设置了三个分主题。即"基础：一体共存""制度：法律保障"和"完善：手足相亲"。通过以上主题与分主题的设定，将课程标准的要求转化为课堂教学的聚焦问题，做到了课标问题化。

二、明确教学目标，突破重点难点

教学目标：要深入分析教材，做到教材学材化，通过对教材整理与史料分析，引导学生归纳梳理中国民族区域自治制度的发展历程，提高学生的自我学习和整理归纳能力；通过探究制度演变背后的背景与原因，帮助学生理解当代中国解决民族问题的特色道路，加深学生对民族区域自治制度建立与完善的意义的了解，让学生理解"民族平等"不仅是形式上、法律上的平等，更是政治、经济和文化上的平等，同时引导学生形成正确的民族观、国家观，认识新中国处理民族问题的智慧，增强学生的制度自信与时代责任感。

重点：实施民族区域自治制度的意义。

难点：实施民族区域自治制度的时代背景。

三、设计导入环节，激发学习兴趣

首先，教师给出有关欧美国家的族群（种族）冲突，非洲苏丹、埃塞俄比亚、尼日利亚等国家的族群冲突，南亚地区的印度以及斯里兰卡的族群冲突，东南亚地区的缅甸、泰国和马来西亚的族群冲突的图片材料与文字材料。

然后，教师抛出问题——"从世界民族问题的现状看，之所以产生许多民族问题，发生激烈的民族矛盾，一方面与所在国家内部或所在国家之间政治、经济、文化、宗教的历史与现状有着密切的联系，另一方面民族政策的失当也是引发矛盾的重要原因。反观我国采用民族区域自治制度，各民族实现了真正意义上的平等，各民族人民紧紧团结在一起，为中华民族伟大复兴贡献自己的力量。我国为什么能够做到团结各民族？"，引发学生的思考，呼应主题情境，迅速引入课堂。导入设计在课堂开始就体现出生生互动、师生互动的原则，为教学的下一步展开打下良好的基础。

四、设置问题链条，落实核心素养

教师在依据课标并整合教材的基础上设计出问题链，并向学生展示问题链，如表6-13所示。接着教师引导学生在课堂上依据教师提供的材料以小组合作的形式展开讨论后回答相关问题，展示学习成果。

表 6-13 "制度保障下的交融发展"问题链

主题	分主题	问题链
制度保障下的交融发展	一、基础：一体共存	1. 中国统一多民族国家的多元一体格局是怎样形成的？
		2. 中国统一多民族国家的多元一体格局有哪些历史经验可以借鉴？
	二、制度：法律保障	1. 新中国成立前夕，中国共产党的民族区域自治政策有何发展？有何意义？
		2.《共同纲领》和 1954 年宪法对于民族区域自治政策的规定有何意义？
	三、完善：手足相亲	1. 改革开放后民族区域自治制度有何重大发展？有何意义？
		2. 民族区域自治制度有何优势？十八大以来，又有哪些发展？

五、小结

中国是一个多民族国家。在艰辛探索、长期实践和反复比较中，在充分考虑历史渊源和现实条件的基础上，中国共产党和全国各族人民开创性地选择了民族区域自治制度，成功地走出了一条符合中国国情、具有中国特色的解决民族问题道路。本课涉及的内容比较多，教学过程中难以做到面面俱到，因此本课以民族区域自治制度的背景和历史意义为教学重点。同时，本课的内容与现实的联系比较密切，在教学中注重以学生为主体，采取小组合作探究的方式，既能活跃课堂氛围，提高学生的表达能力和合作意识，又能使学生在教师的引导下加强对本课重难点的理解。

本课重视对学生核心素养的培养，教师在课堂中运用了大量的史料，以问题为导向，环环相扣，培养学生提取信息、分析概括的能力，思辨过程中既有对史料分析的过程，也有学生提出自己的见解，有利于帮助学生形成正确的价值观，提升学生的家国情怀。

第十四节 "当代中国的外交"教学设计

一、研读课标要求，确定主题情境

课标要求学生了解中国当代独立自主的和平外交政策及其成就。学生在本节课学习中将了解当代中国外交在不同时段获得的不同成就，针对不同的国家与地区所对应的不同外交方针；通过中国外交政策的形成，学会掌握科学的历史研究方法，能够分析出政策背后形成的原因，并通过相关史实总结外交政策对中国的影响。在整合教材内容以及主题立意的基础上，教师确定了本节课内容的主题，即"外交里的中国智慧"，以时间为纲，设置了三个分主题："初登舞台（1949—1972）""打破僵局（1972—1978）""拥抱世界（改革开放后）"。通过以上主题与分主题的设定，将课程标准的要求转化为课堂教学的聚焦问题，做到了课标问题化。

二、明确教学目标，突破重点难点

教学目标：要深入分析教材，做到教材学材化，同时借助历史图片、历史地图、文字资料等多元媒介，深入探究中国外交政策的演进过程，并学习科学的历史分析方法，剖析政策背后的深层次原因。通过梳理相关历史事实，全面总结外交政策对中国的影响。同时，在国际大背景下审视新中国外交的历程，了解不同历史时期外交政策的调整及其背后的动因，进一步认识中国在当今国际外交舞台上的重要地位，理解并认同当代中国坚持的独立自主的和平外交政策。在此基础上，深化理解当代中国积极发展与世界各国友好关系的意义，以及构建人类命运共同体的现实意义。

重点：新中国成立后的外交政策与原则；新中国外交的基本历程及成就；中共十八大以来中国特色大国外交的成就及其影响。

难点：结合国际形势理解新中国外交的方针和政策。

三、设计导入环节，激发学习兴趣

首先，教师给出两段材料，分别是古代和近代中国外交的情况：

材料1：中国皇帝居于至高无上的统治地位，负有抚驭、开化四夷的责任。是以大一统理念的理想境界是以中国为宗主，以四夷为附庸的华夷一统。……古代中国之所以将先秦诸侯与天子之间的朝聘制度用于对外关系，形成历代相沿的朝贡制度，便是大一统理念在外交制度上的折射。

——李云泉《万邦来朝：朝贡制度史论》

材料2：在近代中国的历史上，"外交"同"屈辱"可以说是一对孪生兄弟。周恩来曾满怀义愤地指出：中国的反动分子在外交上一贯是神经衰弱惧怕帝国主义的。清朝的西太后，北洋政府的袁世凯，国民党的蒋介石，哪一个不是跪在地上办外交呢？

——《周恩来传》

通过两则材料来引发学生的思考和讨论，呼应主题"外交里的中国智慧"，以当今时政入手，教师随即设问："回望百年前的历史。我们什么时候站起来？如何一步步站起来？"，激起学生思维的碰撞，引发学生学习新课的兴趣。导入设计在课堂开始就体现出生生互动、师生互动的原则，为教学的下一步展开打下良好的基础。

四、设置问题链条，落实核心素养

教师在依据课标并整合教材的基础上设计出问题链，并向学生展示问题链，如表6-14所示。接着教师引导学生在课堂上依据教师提供的材料以小组合作的形式展开讨论后回答相关问题，展示学习成果。

表6-14 "外交里的中国智慧"问题链

主题	分主题	问题链
外交里的中国智慧	一、初登舞台 （1949—1972）	1. 新中国成立初期面临着怎样的社会环境？实行了怎样的外交方针？
		2. 这一时期还有哪些外交方针和原则？分别取得了哪些成绩？
		3. 中法建交，有何意义？
	二、打破僵局 （1972—1978）	1. 为何20世纪70年代中美关系能走向正常化？
		2. 随后中国迎来建交热潮的原因有哪些？
	三、拥抱世界 （改革开放后）	1. 这一时期的外交方针有何特点？
		2. 这一时期的外交工作取得了哪些成就？
		3. 结合新中国外交方针的变化，你得到了什么启示？

五、小结

通过"外交里的中国智慧"这一主题，学生深入探索中国外交政策的演变历程。首先，在"初登舞台（1949—1972）"这一分主题中，学生了解了新中国成立初期面对复杂多变的国际环境，中国如何积极争取和平共处，打破帝国主义的封锁和围堵。这一时期的中国外交政策，体现了对独立自主和和平发展的坚定追求。接下来，在"打破僵局（1972—1978）"这一分主题中，学生看到中国外交逐渐打破与西方国家的外交僵局，这一时期的中国外交政策，不仅为中国赢得了更多的国际支持和尊重，也为后来的改革开放奠定了坚实的基础。最后，在"拥抱世界（改革开放后）"这一分主题中，学生了解到在改革开放的大背景下，中国积极参与国际事务，致力于维护世界和平与发展。

通过学习这三个分主题，学生不仅能够深入了解中国外交政策的演变历程，还能够体会到中国外交政策背后的智慧和策略。同时，通过学习中国的外交成果，学生也能够更加深刻地认识到祖国在一步步变得强大的过程中，外交政策所发挥的重要作用。这将有助于增强学生的民族自豪感，激发他们为祖国的繁荣富强而努力奋斗的热情。

第十五节　"货币的使用与世界货币体系的形成"教学设计

一、研读课标要求，确定主题情境

课标要求了解中外历史上货币发行和使用情况，以及现代世界货币体系的形成。本课共有两个子目：子目一梳理了中国货币演变史，了解人民币的发行原则；子目二分析了国际货币体系的三个阶段，了解人民币走向国际的必要性和必然性。中国的货币文化源远流长、丰富多彩，既体现了中华民族的智慧和创造力，又为世界货币文化的发展做出了重要贡献。基于此，教师确定了本节课内容的主题，即"货币演进背后的经济智慧"，在整合教材内容以及主题立意的基础上设置了三个分主题："中国货币：关乎经济运行""世界货币：关乎贸易的稳定""历史反思：合理有度"。通过以上主题与分主题的设定，将课程标准的要求转化为课堂教学的聚焦问题，做到了课标问题化。

二、明确教学目标，突破重点难点

教学目标：经过系统学习，学生应能够清晰梳理货币发展的历史脉络，深入理解其演变过程的前因后果。同时要深入分析教材，做到教材学材化，结合文献与实物资料，学生能概括中国货币演变的历程及其阶段性特征。此外，通过研读文字、图片等材料，学生将认识到货币不仅是交换的媒介，更是社会重大变革或重要事件的产物和象征。了解中国的纸币是世界上最早的纸币这一史实，有助于树立学生对中国货币文化源远流长、丰富多彩的自信。

重点：中国古代货币演变历程及相关史实；现代世界两大货币体系相

关史实。

难点：中国古代货币演变的特点；金本位制和布雷顿森林体系形成原因。

三、设计导入环节，激发学习兴趣

在正式上课之前，学生进行课前作业展示环节：展示你所知道与了解的货币。

教师然后总结："每天我们都在使用货币进行购物、支付账单、储蓄和投资。货币，这个看似普通却又无比重要的东西，其实承载着丰富的历史和文化内涵。从远古时期的物物交换，到夏商周的贝币、铜铸币，再到现代社会的纸币和电子货币，货币的形态和功能都在不断演变。那么，货币究竟是如何产生的？它又是如何影响我们的生活和经济的呢？"带着这些问题让学生进入今天的新课学习。导入设计在课堂开始就体现出生生互动、师生互动的原则，为教学的下一步展开打下良好的基础。

四、设置问题链条，落实核心素养

教师在依据课标并整合教材的基础上设计出问题链，并向学生展示问题链，如表6-15所示。接着教师引导学生在课堂上依据教师提供的材料以小组合作的形式展开讨论后回答相关问题、展示学习成果。

表 6-15 "货币演进背后的经济智慧"问题链

主题	分主题	问题链
货币演进背后的经济智慧	一、中国货币：关乎经济运行	1. 秦代统一货币有何历史意义？
		2. 北宋纸币的出现有何作用？既然有用，为何后来又屡屡出现问题？
		3. 明朝中叶后，白银成为普遍流通的货币的原因是什么？有何作用？
		4. 晚清直至民国银圆的流行，受哪些因素的影响？后来，民国政府推行纸币，最终纸币又崩盘，说明了什么？
		5. 人民币诞生的背景是什么？后来又发挥了怎样的功用？
	二、世界货币：关乎贸易的稳定	1. 金本位制形成的背景是什么？有何作用？
		2. 既然金本位制稳定可靠，为何后来出现问题？美元成为世界货币体系的霸主，有何影响？
		3. 美元体系为何走向瓦解？世界货币体系的走向怎样？
	三、历史反思：合理有度	纵观世界货币发展史，你获得了哪些历史启示？

五、小结

在本课中，学生通过对货币发展的深入学习，洞察到货币与社会、经济、政治之间的紧密关系。在问题链设计中，学生被引导去关注那些隐藏在货币背后的历史故事和社会变革。比如，中国古代货币形式的演变，从最初的贝币、刀币到后来的方孔圆钱，再到近代的银圆、纸币，每一次变革都反映了当时社会的政治、经济和文化状况。这些历史的细节，不仅增加了货币学习的趣味性，也有助于学生更深入地理解历史。在全球化的背景下，学生应当具有更加开放的视野和前瞻性的思考。

第十六节 "中国赋税制度的演变"教学设计

一、研读课标要求，确定主题情境

按照课程标准，学生需要全面理解中国古代赋役制度的演变过程，以及关税和个人所得税制度在中国的发展历程和实施情况。本课程主要包括两个部分：第一部分详细阐述了中国古代从秦朝到明清时期的赋税制度变化情况；第二部分则聚焦于关税与个人所得税制度的起源和演变，其中特别关注了中国关税在近代历史上的丧失与收回的曲折过程，以及中国个人所得税制度的发展历程。为更好地帮助学生理解和把握本课知识，本课主题设定为"从赋税制度看国计民生"，并以此主题，设定"古代中国""近代中国"和"现代中国"为三个分主题，深入剖析与中国国计民生息息相关的赋税制度。赋税制度是中国古代、近代和现代历史上不可或缺的一部分。它不仅关系到国家的财政收入和社会的稳定发展，也反映了不同历史时期的经济、政治和文化特点。通过了解中国赋税制度的演变，学生可以更深入地了解中国历史的演变和发展，也可以更好地认识和理解当今中国的税收制度和经济政策。通过以上主题与分主题的设定，将课程标准的要求转化为课堂教学的聚焦问题，做到了课标问题化。

二、明确教学目标，突破重点难点

教学目标：要深入分析教材，做到教材学材化，通过对中国古代赋税制度演变历程的系统学习，学生们要领悟到生产力与生产关系之间的辩证关系。通过对赋税制度历史资料的深入研究，学生们要认识到赋税制度的变革与社会历史条件的演变紧密相连。通过详细剖析每个朝代赋税制度的背景、内容及其影响，学生们能够从多个维度对历史现象进行严谨的历史解释。同时，结合近代关税的发展历程，学生们要进一步意识到赋税制度在国家政权稳定中的重要作用，赋税制度是中华民族繁荣富强、人民安居乐业的重要基石。

重点：关税制度的起源与演变。

难点：中国古代赋税制度的发展过程。

三、设计导入环节，激发学习兴趣

教师给出文字资料与问题：

文字资料：自人类文明产生至国家形成，从事社会管理的政府是不会为社会创造财富的，政府的运行需要经济资金的支撑，那么支撑这些运行的资金从哪里获得呢？

问题：展示近年来偷税漏税的不良艺人照片，大家如何评价这些艺人偷税漏税的行为呢？

通过以上的文字资料和图片资料让同学们进行讨论，迅速把学生带入到新课内容当中，并且引出本课的主题——"从赋税制度看国计民生"。导入设计在课堂开始就体现出生生互动、师生互动的原则，为教学的下一步展开打下良好的基础。

四、设置问题链条，落实核心素养

教师在依据课标并整合教材的基础上设计出问题链，并向学生展示问题链，如表6-16所示。接着教师引导学生在课堂上依据教师提供的材料以小组合作的形式展开讨论后回答相关问题，展示学习成果。

表6-16 "从赋税制度看国计民生"问题链

主题	分主题	问题链
从赋税制度看国计民生	一、古代中国	1. 古代中国赋税制度的变化趋势是怎样的？说明了什么问题？
		2. 明代后期实施的"一条鞭法"有何影响？
		3. 清代的地丁银和"摊丁入亩"政策有何影响？
	二、近代中国	1. 国内关税的废止，说明了什么？
		2. 关税自主权的丧失，有何历史影响？
		3. 国人在收回关税自主权的抗争中，取得了哪些成果？
	三、现代中国	1. 新中国颁布了税则与实施条例，收回了关税自主权，有何意义？
		2. 改革开放后实行的关税条例有何作用？
		3. 伴随着改革开放的进行，征收个人所得税有何作用？

五、小结

在本课中，围绕"从赋税制度看国计民生"这一主题，教师引导学生深入理解各个历史阶段赋税制度的核心特点。在秦汉时期，赋税制度与政权的稳固建设紧密相连；自隋唐至明清，赋税制度发生重大的创新变革；进入近现代，关税自主权的争夺与民族经济的发展紧密相连；而在当代，个人所得税的实施则承载了深远的社会意义。

通过对这些阶段的分析，学生可以得出以下几点认识：首先，经济基础是上层建筑的决定性因素，生产力的发展水平直接影响制度的建构，赋税制度同样也遵循这一规律。其次，赋税制度具有延续性，新的朝代在继承前朝制度的基础上，结合当下实际进行改良和创新。最后，从长期趋势来看，国家的赋税制度逐渐减轻了对民众的负担，税收制度越来越重视社会公平的实现。这些认识为学生理解中国赋税制度的历史变迁和未来发展提供了有益的视角。

第十七节 "中国古代的户籍制度与
社会治理"教学设计

一、研读课标要求，确定主题情境

按照课程标准，学生要了解中国古代以赋役征发为首要目的的户籍制度，以及有代表性的基层管理组织；知道中国古代在社会救济和优抚方面采取的重要措施。为更好地帮助学生理解和把握这一主题，教师设定了主题"秩序和稳定"，以此来学习中国古代的户籍制度与社会治理的演变历程。本课共分为三个子目，第一个子目"历代户籍制度演变"，主要涉及中国古代历代政府编制、管理户籍的相关内容。第二个子目为"历代基层组织与社会治理"，这些基层组织是政府编制户籍，也是赋役征发的基本单位，其正常运转关系到整个国家的有效治理。第三个子目"历代社会救济与优抚政策"主要涉及历代救济与优抚政策的具体内容，它是社会治理的重要组成部分。中央政府和基层政权配合，来保证中央集权与地方的安定。基于此，设置三个分主题，即"治之基石""治之支柱""治之补充"。通过以上主题与分主题的设定，将课程标准的要求转化为课堂教学的聚焦问题，做到了课标问题化。

二、明确教学目标，突破重点难点

教学目标：要深入分析教材，做到教材学材化，同时学生应能借助多样化的历史资料，运用实证与解释的方法，系统梳理古代中国户籍制度及其基层组织形态的变迁过程，深入剖析古代户籍制度的功能与影响。同时，学生需理解古代户籍制度改革与赋税制度改革间的内在联系，并认识到在特定历史背景下，社会救济与救助所发挥的积极作用。此外，学生还应认识到现代社会保障制度建立的重要历史意义，从而深化对历史发展和社会进步的理解。

重点：中国古代的户籍制度和基层管理组织。

难点：中国古代的户籍制度和基层管理组织所牵涉的制度问题。

三、设计导入环节，激发学习兴趣

教师展示户口本的图片并进行提问——"户口页上包含了哪些关键信息？国家通过户口本能够了解哪些基本的社会信息？中国的户口本都有哪些变化？"通过这种方式，将现实生活中的问题与本课内容紧密联系起来，从而激发学生的学习兴趣。导入设计在课堂开始就体现出生生互动、师生互动的原则，为教学的下一步展开打下良好的基础。

四、设置问题链条，落实核心素养

教师在依据课标并整合教材的基础上设计出问题链，并向学生展示问题链，如表 6-17 所示。接着教师引导学生在课堂上依据教师提供的材料以小组合作的形式展开讨论后回答相关问题，展示学习成果。

表 6-17 "秩序和稳定"问题链

主题	分主题	问题链
秩序和稳定	一、治之基石	1. 自主学习战国、秦朝、汉朝、宋朝、明朝户籍制度的演变，并谈谈户籍制度演变趋势。
		2. 清代户籍的作用为何大为削弱？
		3. 结合历史，谈谈你对古代户籍管理的认识。
	二、治之支柱	1. 在户籍管制基础上形成的基层组织有何特点？
		2. 基层的自我管理和相互监督机制有何作用？
		3. 清代保甲制有何特点？说明了什么？
		4. 历代社会救济的主体有哪些？手段有哪些？
	三、治之补充	1. 古代辅助性的救济主体和方式有哪些？
		2. 结合历史史实，谈谈你对古代社会救济的认识。

五、小结

在古代中国，治理民众的策略主要围绕着户籍管理和基层组织展开。围绕"秩序和稳定"这个主题，学生学习了中国古代户籍制度和社会治理的过程和作用。一方面，关于"治民"的策略，其基础在于户籍管理，它是基层治理的基石和依据；而基层组织则是基层治理的核心和纽带，发挥着至关重要的作用。此外，"救济"与"优抚"相结合，则是对基层治理的延伸和保障，有助于更好地满足民众的需求。另一方面，"治民"与"济民"并行，才能真正达到安抚民心的目的。为了更好地安抚民心，古代政府还采取了救济与优抚相结合的策略。这种策略不仅为民众提供了物质上的帮助，还给予了他们精神上的支持和关怀。这种关怀体现在对孤寡老人的照顾、对残疾人的扶持、对受灾群众的救助等方面，现代社会对基层治理提出了更高的要求。人民是国家的根基，国家是人民的依托。"民有所呼，我有所应"，政府应积极响应民众的需求，以"政之所为"对接"民之所需"。

第十八节 "世界主要国家的基层治理与社会保障"教学设计

一、研读课标要求，确定主题情境

根据教学大纲的要求，学生需深入理解西方主要国家基层治理的特点及历史成因，同时，还需对现代社会保障制度的诞生背景及其实际运作情况有全面的认识。为了促进学生更加系统、深入地掌握这方面知识，本文以"效率与稳定"为核心主题，以期引导学生探索世界主要国家基层治理和社会保障制度的历史演变轨迹，从而更好地领会其内涵与意义。这些制度的建立和发展，既是为了适应社会发展的需要，也是为了维护国家的稳定。同时，这些制度也在一定程度上促进了社会效率的提高。例如，通过优化基层治理结构，提高政府工作效率，可以更好地满足人民的需求；而社会保障制度的建立，可以为人民提供基本的生活保障，减少社会不安定因素。基于对教材的分析，设置了"西方的基层治理""西方的社会保障""中国的社会保障"三个分主题。通过以上主题与分主题的设定，将课程标准的要求转化为课堂教学的聚焦问题，做到了课标问题化。

二、明确教学目标，突破重点难点

教学目标：要深入分析教材，做到教材学材化，通过深入学习雅典民主制下的基层社会管理，学生能够深刻感受到古希腊时期基层管理在特定时空背景下的独特性。结合图片和文字资料，学生可以更加直观地了解中世纪时期农村、城市、教会等不同领域基层管理的特点；通过对城市自治制度和二战后社区的学习，学生能够将所学知识与生活经验相结合，探讨东西方国情差异带来的不同。在探究西方社会保障制度的发展历程时，学生需要梳理近代、现代、当今社会保障制度的相关史料，从而能够更加深入地理解当今中国制度建设与发展的成就与挑战。

重点：西方主要国家基层治理的主要特点；二战后主要资本主义国家社会保障制度的建立与发展。

难点：社会保障制度在中国的推行进程和成效。

三、设计导入环节，激发学习兴趣

教师给出两张图片并进行讲述：

一个人生活在一个福利制度健全的国家，享受着完善的医疗保障和丰富的社会福利；另一个人则生活在一个注重个人责任和市场竞争的国家，政府的角色相对较弱，社会保障更多地依赖于个人和市场的力量。这两种截然不同的社会制度，会对人们的生活产生怎样的影响呢？

通过这种方式引发学生的思考和讨论，使学生迅速融入到课堂的教学当中。导入设计在课堂开始就体现出生生互动、师生互动的原则，为教学的下一步展开打下良好的基础。

四、设置问题链条，落实核心素养

教师在依据课标并整合教材的基础上设计出问题链，并向学生展示问题链，如表 6-18 所示。接着教师引导学生在课堂上依据教师提供的材料以小组合作的形式展开讨论后回答相关问题，展示学习成果。

表 6-18　"效率与稳定"问题链

主题	分主题	问题链
效率与稳定	一、西方的基层治理	1. 从古希腊到中古时期，西方基层治理有何特点？
		2. 近代以来，西方基层治理有何特点？影响因素有哪些？
		3. 二战后，西方基层治理有何特点？
	二、西方的社会保障	1. 近代社会保障有何特点？
		2. 现代西方社会的社会保障有何特点？
		3. 如何评价西方的社会保障制度？
	三、中国的社会保障	新中国的社会保障制度有何特点？有何意义？

五、小结

基层治理和社会保障是社区、乡村等基层单位的管理和运作方式，它涉及公民参与、权力分配、公共服务等多个方面。在"效率与稳定"的主题下，学生从古代的城邦自治，到中世纪的封建庄园，再到现代的城市社区，学习了西方基层治理的形式和内涵。这种演变受到历史、文化、经济、政治等多种因素的影响，形成了各具特色的基层治理模式。在探讨这些主题时，学生不仅要关注到其理论层面的内容，更要结合当代社会背景，从实践层面进行深入分析。例如，随着全球化、城市化的推进，西方基层治理和社会保障体系面临着新的挑战和机遇。如何在全球化的背景下，推动基层治理的创新与发展？如何在城市化的进程中，保障公民的基本生活需求？这些都是学生需要深入思考的问题。教师通过问题链的设置，引导学生理解基层治理和社会保障体系对于国家、社会的重要性，积极参与到相关实践中去，为推动国家、社会的发展贡献自己的力量。

第七章 《选择性必修2》教学设计

第一节 "从食物采集到食物生产"教学设计

一、研读课标要求，确定主题情境

本课教材有三个子目"人类早期的生产和生活""不同区域的食物生产与社会生活""生产关系的变化"，教师确定了本节课内容的主题，即"物质生产与文明发展"。同时在整合教材内容以及主题立意的基础上，设置了三个分主题："相同的文明起源""相似的文明归宿""不同的文明特色"。通过以上主题与分主题的设定，将课程标准的要求转化为课堂教学的聚焦问题，做到了课标问题化。

二、明确教学目标，突破重点难点

教学目标：通过阅读教材，了解早期农业发展的基本史实和概况，理解农业革命对人类生存、定居、文明起源的重要作用；引用史料，分析农业生产效率提高(生产力发展)对人类社会阶级分化的重要影响，分析私有制发展的利弊，肯定国家形成是人类历史的进步体现；同时要深入分析教材，做到教材学材化，引导学生结合课本知识，引用史料，综合地理学科知识，结合地图，认识到早期农业发展具有地域性，理解农业分工对区域文明、人类文明发展程度的影响；理解农业差异性发展与人类文明多元化、多样性的关系。通过本课学习，学生能综合认识自然、人类、经济(物质生产)、政治生态、区域文明(民族文化)等相互之间的关系，肯定农业革命是人类生存能力的重大突破，构建正确的唯物史观。

重点：农业革命的意义；古代不同地区食物生产的特点。

难点：农业革命的原因与影响。

三、设计导入环节，激发学习兴趣

首先，教师播放视频《荒野求生》片段。《荒野求生》是美国探索频道制作的一档写实电视节目，由英国冒险家贝尔·格里尔斯主持，每集他会走到沙漠、沼泽、森林、峡谷等危险的野外境地，在极为恶劣的环境下，为脱离险境，设法寻找回到文明社会的路径。

教师紧接着抛出一个问题——"如果没有农业革命，人类会怎样？"，引发学生的思考和讨论，并让学生带着这个问题开始本节课的学习，迅速融入课堂。导入设计在课堂开始就体现出生生互动、师生互动的原则，为教学的下一步展开打下良好的基础。

四、设置问题链条，落实核心素养

教师在依据课标并整合教材的基础上设计出问题链，并向学生展示问题链，如表 7-1 所示。接着教师引导学生在课堂上依据教师提供的材料以小组合作的形式展开讨论后回答相关问题，展示学习成果。

表 7-1 "物质生产与文明发展"问题链

主题	分主题	问题链
物质生产与文明发展	一、相同的文明起源	1. 哪些因素推动了农业出现？
		2. 农业的出现给人类带来了哪些新发展？
	二、相似的文明归宿	1. 农业生产如何推动国家的发展？
		2. 这反映了怎样的历史规律？
	三、不同的文明特色	1. 各地区农业分别有何特色？
		2. 为什么会形成差异？
		3. 这种差异带来怎样的影响？

五、小结

本课以"物质生产与文明发展"为主题，通过深入挖掘农业革命与人类文明起源、发展之间的关系，旨在引导学生全面理解生产方式的变革对人类社会发展的重大影响。通过提出问题链条，引导学生从农业起源的推动因素、农业革命带来的新发展、农业生产对国家发展的推动作用等方面进行深入探讨，培养学生的历史思维能力。同时，引导学生理解不同区域农业发展的特色及其成因，将培养学生的比较思维和综合分析问题的能力。通过本课的学习，学生将对农业革命及其对人类文明发展的重要性有了深刻认识，这将为他们理解新航路开辟后物种交流的历史背景和影响奠定坚实基础。同时，通过对不同区域农业发展的探讨，学生也将更加关注不同文明间的交流与互动，为下一课的学习做好铺垫。

第二节　"新航路开辟后的食物物种交流"教学设计

一、研读课标要求，确定主题情境

本课课标要求，了解新航路开辟后各大洲之间的食物物种交流及其对人类历史的影响。本课教材中的三个子目分别为"美洲物种的外传""其他地区物种在美洲的推广""食物物种交流带来的影响"。本课论述新航路开辟以来的物种交流，阐述食物的丰富和高产对地区发展的客观作用，论述食物引进者、享用者在交流中变化，这种交流也可视为文明的交流，最后分析食物物种交流的利弊。教师把本课的教学主题定为"交流，让生活更美好"，结合课本三个子目的设计，为了有效推进课堂教学，设置了三个分主题："'美物'外传""'他物'传美""'美美'与共"。通过以上主题与分主题的设定，将课程标准的要求转化为课堂教学的聚焦问题，做到了课标问题化。

二、明确教学目标，突破重点难点

教学目标：通过阅读教材，学生能自主归纳总结美洲食物物种外传的类别和途径，培养学生的时空观和逻辑思维；通过对课本"学思之窗"的阅读，初步认识美洲物种外传对中国社会发展的特殊意义和作用，理解物种交流、文明交流的复杂性。同时要深入分析教材，做到教材学材化，引导学生通过阅读教材，引用史料，运用唯物辩证法分析食物物种交流的利弊，尤其是要培养其科学分析、扬长避短、全面认识事物的素养。

重点：新航路开辟后，美洲和其他地区物种交流的表现和影响；食物物种交流给社会经济和人们生活带来的变化。

难点：食物物种交流给社会经济和人们生活带来的变化。

三、设计导入环节，激发学习兴趣

首先，教师给出一张图片和几个对图片描述的关键词，如图 7-1 所示。

图7-1　火锅食材

教师紧接着抛出问题——"这些食材中哪些最早是由中国本土培育的作物？哪些是外来的食物作物？外来的食物是如何进入中国的？对中国有哪些影响？"，引发学生的思考和讨论。并让学生带着这个问题开始本节课的学习，迅速融入课堂。导入设计在课堂开始就体现出生生互动、师生互动的原则，为教学的下一步展开打下良好的基础。

四、设置问题链条，落实核心素养

教师在依据课标并整合教材的基础上设计出问题链，并向学生展示问题链，如表7-2所示。接着教师引导学生在课堂上依据教师提供的材料以小组合作的形式展开讨论后回答相关问题，展示学习成果。

表7-2 "交流，让生活更美好"问题链

主题	分主题	问题链
交流，让生活更美好	一、"美物"外传	1. 15世纪以后食物物种交流明显增长的原因有哪些？
		2. 哪些原产美洲的农作物的传播至全世界？
		3. 近代物种交换对中国历史有哪些影响？
	二、"他物"传美	1. 哪些欧亚作物和禽畜传至美洲？
		2. 伴随着物种的传播，还有哪些与此相关的文化传入美洲？
	三、美美与共	1. 食物物种的全球传播给世界带来了哪些积极影响？
		2. 有哪些问题需要警惕？

五、小结

通过对主题"交流，让生活更美好"的学习，学生深入探讨了新航路开辟后食物物种交流的广泛影响。从"'美物'外传"，了解美洲作物如何传播至全球，并对包括中国在内的各国历史产生了深远影响。从"'他物'传美"，认识到欧亚作物和禽畜的传入以及文化交流的丰富性，使得美洲的农业和文化面貌焕然一新。最后，从"'美美'与共"看到食物物种的全球传播在丰富饮食文化、促进经济发展、改善人类生活等方面发挥了积极作用，同时也需要警惕其中可能带来的生态问题。通过对食物物种交流的学习，学生能够更好地理解不同地区、不同文化之间的交流与融合，这对进一步探讨经济全球化、文化多样性等议题具有重要的启示作用。

第三节 "现代食物生产、储备与食品安全"教学设计

一、研读课标要求，确定主题情境

本课课标要求是"了解农业现代化的过程，感受人类在食物生产、储备等方面的进步，认识消除饥饿和食品安全对于人类社会发展的重大意义"，结合本课教材中的三个子目"食物生产的现代化""食物储备技术的进步""消除饥饿与食品安全"，教师确定了本节课内容的主题为"粮食安全'面面观'"。同时在整合教材内容以及主题立意的基础上，设置了三个分主题："生产技术革新保安全""储备技术进步保安全""供应需求平衡保安全"。通过以上主题与分主题的设定，将课程标准的要求转化为课堂教学的聚焦问题，做到了课标问题化。

二、明确教学目标，突破重点难点

教学目标：本课最大的特点就是贴近现实生活，但内容有一定的专业性，教学时需要把技术发展概况与历史叙述综合起来，避免侧重于对专业技术的梳理而缺乏历史思维认识。同时要深入分析教材，做到教材学材化，引导学生通过阅读教材、展示材料、采用表格等形式，让学生归纳总结出古今粮食生产的差异，培养学生梳理知识体系的能力，提升学生的历史思维能力。通过比较中外、各地区农业生产的多样性，拓宽学生的知识面。通过对中国国家政策的学习，了解时政新闻，引导学生关注现实生活。

重点：食物生产的现代化。

难点：粮食安全与食品安全之间的关系。

三、设计导入环节，激发学习兴趣

首先，教师给出一张图片和几个对图片描述的关键词，让某个学生介

绍陈皮的收藏技术及老陈皮的价值。

　　教师紧接着抛出问题——"农业革命后，人类一直思考如何保证有足够的食物、富余的粮食如何储存和保质，从而保证社会的稳定和发展，如果说陈皮越老越好，那对其他食品又有什么要求呢？如果说人们收藏陈皮是为了升值、赚钱，那国家储存粮食是为了什么呢？"，引发学生的思考和讨论，并让学生带着这些问题开始本节课的学习，迅速融入课堂。导入设计在课堂开始就体现出生生互动、师生互动的原则，为教学的下一步展开打下良好的基础。

四、设置问题链条，落实核心素养

　　教师在依据课标并整合教材的基础上设计出问题链，并向学生展示问题链，如表7-3所示。接着教师引导学生在课堂上依据教师提供的材料以小组合作的形式展开讨论后回答相关问题，展示学习成果。

表7-3　"粮食安全'面面观'"问题链

主题	分主题	问题链
粮食安全『面面观』	生产技术革新保安全	1. 农业机械化对于农业发展有何意义？
		2. 杂交育种技术和化肥等新技术对于农业发展有何意义？
		3. 大型农场、养殖场等对于农业发展有何意义？
	储备技术进步保安全	1. 粮仓储备技术的发展对食物安全有何意义？
		2. 保鲜技术的发展对食物安全有何意义？
	供应需求平衡保安全	1. 食物供需矛盾有哪些风险？
		2. 中国在粮食安全、食品安全方面的贡献有哪些？

五、小结

　　该教学设计的核心在于将"现代食物生产、储备与食品安全"这一课题融入历史教学的框架中，旨在通过丰富的历史材料和深入的问题探讨，引导学生理解技术革新、社会进步与粮食安全之间的紧密联系。通过主题的设定，学生得以从多个维度审视粮食安全问题，从而培养起全面的历史视野。问题链的设计紧扣课标和教材，通过由浅入深、层层递进的问题，引导学生逐步深入探索食物生产、储备与食品安全的各个方面。这样的设计不仅有助于培养学生的历史思维能力和解决问题的能力，还能帮助他们建立起完整的历史知识体系。通过对现代食物生产和储备技术的探讨，学生将更加清晰地认识到技术进步对人类社会发展的重要性，从而更加深入地理解古代生产工具与劳作方式的历史意义。这种连贯性的教学设计有助于学生形成对历史的整体性认识，提高他们的历史素养。

第四节 "古代的生产工具与劳作"教学设计

一、研读课标要求，确定主题情境

本课课标的要求是"了解劳动在社会生产中的作用，以及历史上劳动工具和主要劳作方式的变化；理解劳动人民对历史的推动作用，以及生产方式的变革给人类社会带来的革命性意义"。本课内容包含三个子目："农业工具的变化""手工业工具的进步""劳作方式的发展"。教师确定本节课内容的主题为"劳动创造生活"。同时在整合教材内容以及主题立意的基础上，设置了三个分主题："生产工具的革新""劳作方式的发展""社会发展的动力"。通过以上主题与分主题的设定，将课程标准的要求转化为课堂教学的聚焦问题，做到了课标问题化。

二、明确教学目标，突破重点难点

教学目标：通过阅读教材，学生要初步掌握生产工具发展概况，通过对比古今中外生产工具的发展，结合图表，学生掌握劳动工具对生产效率提高的重要意义，理解人类发展的历程和基本方向。同时教师要深入分析教材，做到教材学材化，引导学生通过阅读教材，结合史料，理解劳动工具如何影响劳作方式的变化，引导学生分析劳作方式与政治形态、区域文明的关系，从而培养学生的科学精神和唯物史观。

重点：古代生产工具的演进。

难点：认识生产工具的进步对社会发展的推动作用。

三、设计导入环节，激发学习兴趣

首先，本课以两个概念的解释作为导入。

劳动工具：又称生产工具，它是人们在劳动过程中用来对劳动对象进行加工的物件，生产工具是生产力发展水平的标志。

劳作方式：是劳动过程中劳动者所采取的包括分工协作方式在内的劳动组织形式。

教师抛出问题——"恩格斯曾经强调，劳动是人类由猿到人的关键，而之所以只有人类学会劳动，是因为只有人类学会了使用工具、制作工具。由此可知，劳动工具对人类具有特殊而重要的意义。人类历史发展的进程中，劳动工具是如何进化、发展的？劳动工具又如何影响了人类文明的阶段性发展？"，让学生带着这个问题开始本节课的学习，迅速融入课堂。导入设计在课堂开始就体现出生生互动、师生互动的原则，为教学的下一步展开打下良好的基础。

四、设置问题链条，落实核心素养

教师在依据课标并整合教材的基础上设计出问题链，并向学生展示问题链，如表7-4所示。接着教师引导学生在课堂上依据教师提供的材料以小组合作的形式展开讨论后回答相关问题，展示学习成果。

表7-4 "劳动创造生活"问题链

主题	分主题	问题链
劳动创造生活	一、生产工具的革新	1. 分析古代各种农业工具演进的趋势和意义。
		2. 分析古代各种手工业工具演进的趋势和意义。
	二、劳作方式的发展	1. 从集体劳作到家庭式劳作的原因有哪些？
		2. 庄园式劳作的背景有哪些？
		3. 手工业的发展对家庭有何影响？
	三、社会发展的动力	结合历史史实，分析劳动在社会发展中的作用。

五、小结

首先，该教学设计紧密围绕课标要求和教材内容，明确了教学目标和重点难点，确保了教学内容的准确性和完整性。其次，通过设计导入环节，激发学生对劳动工具及其意义的兴趣，为后续的深入学习奠定了良好的基础。再者，通过设置问题链条，引导学生逐步深入探讨生产工具的革新、劳作方式的发展以及社会发展的动力等问题，帮助学生构建完整的历史知识体系，同时培养了学生的历史思维能力和唯物史观。最后，通过小组合作的形式开展课堂讨论，不仅提升了学生的团队协作能力和沟通能力，还使学生在互动中深化了对历史知识的理解和认识。该教学设计旨在通过启发式的教学方法和丰富的教学内容，帮助学生全面理解古代生产工具与劳作的历史意义，培养学生的历史素养和综合能力。

第五节 "工业革命与工厂制度"教学设计

一、研读课标要求，确定主题情境

本课课标的要求是"认识大机器生产、工厂制度、人工智能技术等对人类劳作方式及生活方式的影响；理解劳动人民对历史的推动作用，以及生产方式的变革给人类社会带来的革命性意义"。本课包含两个子目："机器大生产与工厂制度""工业革命后生活方式的变化"。本课内容相对简单，事件少，逻辑清晰，时空范畴相对集中，学生容易阅读、理解，大部分内容在此前有所接触和学习。基于以上分析，本课的教学要点要落在本套教材"经济与社会生活"的主题上，以工业革命后的社会生活的变化作为切入口和重点，构建起立体的近代生活气息，让学生深刻体会到工业革命对生活的影响。由此，确定了本节课内容的主题为"技术改变生活"。同时在整合教材内容以及主题立意的基础上，设置了三个分主题，即"劳作方式的变化""生产关系的变化""生活方式的变化"。通过以上主题与分主题的设定，将课程标准的要求转化为课堂教学的聚焦问题，做到了课标问题化。

二、明确教学目标，突破重点难点

教学目标：本课要深入分析教材，做到教材学材化，让学生通过时空对比、史料研究，引导学生认识工厂制度是近现代劳作方式的重大变革，学会分析个体劳作和集体劳作的利弊，培养学生的辩证分析思维。通过对工业革命后生活方式变化的学习，了解工业革命对人类的巨大影响，深刻理解现代工业取代农业成为人类经济主体对人类社会、城乡、教育等的推动作用。

重点：认识近代以来大机器生产、工厂制度的出现。

难点：充分认识大机器生产、工厂制度对人类社会发展具有的革命性意义。

三、设计导入环节，激发学习兴趣

教师以狄更斯的《双城记》名言作为导入。

这是最好的时代，这是最坏的时代；这是智慧的年代，这是愚蠢的年代；这是信仰的时期，这是怀疑的时期；这是光明的季节，这是黑暗的季节；这是希望之春，这是失望之冬；人们前面有各种事物，人们前面一无所有；人们正在直登天堂，人们正在直下地狱……

教师紧接着抛出问题——"狄更斯所说的最好时代是指什么时代？他为什么又说它是最坏的时代？狄更斯的说法是他个人的观点，还是对社会现实的深刻批判?"，让学生带着问题开始本节课的学习，迅速融入课堂。导入设计在课堂开始就体现出生生互动、师生互动的原则，为教学的下一步展开打下良好的基础。

四、设置问题链条，落实核心素养

教师在依据课标并整合教材的基础上设计出问题链，并向学生展示问题链，如表7-5所示。接着教师引导学生在课堂上依据教师提供的材料以小组合作的形式展开讨论后回答相关问题，展示学习成果。

表 7-5 "技术改变生活"问题链

主题	分主题	问题链
技术改变生活	一、劳作方式的变化	1. 工业革命给工业劳作方式带来怎样的改变？
		2. 这种改变有何影响？
		3. 这种技术方式是怎样传播到全世界的？影响如何？
	二、生产关系的变化	1. 社会分裂成哪两大对立阶级？
		2. 贫富悬殊、工作与生活环境恶劣催生了哪些社会运动？有何深远影响？
	三、生活方式的变化	工业革命给生活方式带来哪些变化？

五、小结

本节课通过对"工业革命与工厂制度"的深入探究，以"技术改变生活"为主题，设置了三个分主题，旨在让学生全面理解工业革命对社会生活的深远影响。在导入环节，引用狄更斯的《双城记》名言，既引发了学生对工业革命时代的好奇与兴趣，也为课堂营造了思辨的氛围。接着，通过设置问题链条，引导学生逐步深入探究工业革命的各个方面，从劳作方式的变化到生产关系的变革，再到生活方式的革新，让学生在思考与讨论中加深对历史的理解。这样的设计不仅符合学生的认知规律，也符合历史教学的要求。它让学生在探究中感受历史的魅力，理解技术与社会发展的密切关系。同时，通过小组合作的形式，也培养了学生的团队协作能力和沟通能力。总之，本节课的设计旨在通过深入探究工业革命的影响，让学生更好地理解历史、认识社会。

第六节 "现代科技进步与人类社会发展"教学设计

一、研读课标要求，确定主题情境

课标对本课要求是学生通过学习，认识人工智能技术对人类劳作方式及生活方式的影响；理解劳动人民对历史的推动作用，以及生活方式的变革对人类社会发展产生的革命性意义。本课在本教材中处于中心地位，是加深学生的唯物史观认识的重要组成部分。从内容上看，本课包括了中外在"新技术"的领域取得的阶段性成果以及劳作方式对人类社会的重大影响，是人类社会生活中劳作方式与技术相关内容的重要组成部分。基于此，确定了本节课内容的主题，即"效率·人·福祉"。同时在整合教材内容以及主题立意的基础上，设置了三个分主题，分别是"新科技：效率大提升""新变革：影响深层次""深反思：科技双重性"。三个分主题依据课程标准，介绍以人工智能为代表的现代科技的典型表现与影响，逻辑呈逐层递进关系。通过以上主题与分主题的设定，将课程标准的要求转化为课堂教学的聚焦问题，做到了课标问题化。

二、明确教学目标，突破重点难点

教学目标：通过运用唯物辩证史观及有关理论，学生将认识到现代科技是一把双刃剑，会对人类社会产生双重影响，培养学生用历史唯物主义和辩证唯物主义分析历史问题的能力；通过认识现代科技进步与人类社会发展所处的特定时空环境，抓住其特定时空背景和阶段特征，培养学生的时空观念；通过历史图片和历史资料提出问题、设置悬念，探究现代科技进步的具体表现，提高学生探究分析历史问题的能力，培养学生史料实证的能力；同时要深入分析教材，做到教材学材化，通过引导学生运用本课教材中文献资料所提供的有效信息，认识现代科技进步的具体成就及产生的历史意义，培养有效解读材料、自主分析归纳知识的能力。

重点：认识人工智能技术对改变人们劳作方式与生活方式的意义。

难点：理解人工智能技术与现代社会发展的关系。

三、设计导入环节，激发学习兴趣

首先，教师给出一段材料。

纵观世界文明史，人类先后经历了农业革命、工业革命、信息革命。每一次产业技术革命，都给人类生产生活带来巨大而深刻的影响。

——习近平《在第二届世界互联网大会开幕式上的讲话》(2015 年 12 月 16 日）

紧接着，教师抛出一个问题——"人类社会每经历一次科技革命，都会给生产生活带来哪些巨大而深刻的影响？"，引发学生的思考和激烈讨论。此问题恰好呼应主题"效率·人·福祉"，让学生带着这个问题开始本节课的学习，迅速融入课堂。导入设计在课堂开始就体现出生生互动、师生互动的原则，为教学的下一步展开打下良好的基础。

四、设置问题链条，落实核心素养

教师在依据课标并整合教材的基础上设计出问题链，并向学生展示问题链，如表 7-6 所示。接着教师引导学生在课堂上依据教师提供的材料以小组合作的形式展开讨论后回答相关问题，展示学习成果。

表 7-6　"效率·人·福祉"问题链

主题	分主题	问题链
效率·人·福祉	一、新科技：效率大提升	1. 二战后的科技革命在哪些方面深刻改变了人们的生产生活？
		2. 二战以来现代科技进步的原因有哪些？
	二、新变革：影响深层次	以计算机为例，说明现代科技进步带来哪些革命性的影响？
	三、深反思：科技双重性	1. 结合史实，谈谈怎样利用科技增加人类福祉。
		2. 现代科学技术发展的主要特点及启示是什么？

五、小结

本节课聚焦于"效率·人·福祉"这一主题，探讨了科技如何引领和推动社会前进的宽广议题。从工业革命到信息时代，再到如今的人工智能与量子计算，每一次科技革新都极大地改变了人类的生产方式和生活状态。本节课内容涉及现代科学技术发展的大量史实，因此在本课讲授中，结合丰富的史料展示给学生，便于学生理解和记忆。本课的内容与现实的联系比较密切，在教学过程中注重以学生为主体，采取小组合作探究的方式，既能活跃课堂氛围，提高学生的表达能力和合作意识，也能促使学生在教师的引导下加强对本课重难点的理解。同时，本课重视对学生核心素养的培养，教师在课堂中运用了大量的史料，以问题为导向，环环相扣，培养学生提取信息、分析概括的能力。思辨过程中既有对史料分析的过程，也有学生提出自己的历史解释的过程，有利于帮助学生形成正确的价值观，提升学生的家国情怀，达到启智增慧、立德树人的效果。

第七节 "古代的商业贸易"教学设计

一、研读课标要求，确定主题情境

课标对本课要求是学生通过学习，了解商业贸易的起源和古代的商贸活动与贸易通道；知道货币、信贷、商业契约等在日常生活中的角色。从内容上看，本课包括"商业贸易的起源与发展"和"货币、信贷、商业契约"两个子目。这两个子目之间的逻辑关系是：第一个子目从宏观层面概述古代商业贸易在世界不同国家和地区的起源、发展及贸易路线的扩展，梳理古代商贸发展的历史脉络；第二个子目从微观层面展现古代商贸的发展，说明货币、信贷、商业契约的出现是商品经济发达的表现。基于此，确定了本节课内容的主题即"交易·交流·交融"。同时在整合教材内容以及主题立意的基础上，设置了三个分主题，分别是："从交易中看商贸历程""从交流中看古代商贸要素""从交融中看古代商贸影响"。三个分主题依据课程标准，介绍了古代商业贸易的发展概况，认识商贸活动在人类社会中的地位，逻辑呈现逐层递进的关系。通过以上主题与分主题的设定，将课程标准的要求转化为课堂教学的聚焦问题，做到了课标问题化。

二、明确教学目标，突破重点难点

教学目标：通过学习，运用唯物辩证史观及有关理论，学生将认识商业贸易的条件和商业发展的影响，培养学生用历史唯物主义和辩证唯物主义分析历史问题的能力；通过认识古代的商业贸易所处的特定时空环境，抓住其特定时空背景和阶段特征，培养学生的时空观念；通过历史图片和历史资料提出问题、设置悬念，探究古代商业贸易的起源，提高学生探究分析历史问题的能力，培养学生史料实证的能力；同时要深入分析教材，做到教材学材化，引导学生运用本课教材中文献资料所提供的有效信息，认识古代东西方商业贸易发展的历史进程及其特点，培养有效解读材料、自主分析归纳知识的能力；通过教学让学生认识丝绸之路的发展概况及其影响，联系当前的共建"一带一路"，培养家国情怀。

重点：古代商贸活动与贸易通道；货币、信贷、商业契约在日常生活中的角色。

难点：货币、信贷、商业契约在日常生活中的角色。

三、设计导入环节，激发学习兴趣

首先，教师展示《清明上河图》(虹桥片段)导入本课学习，使学生感受到北宋商业的繁荣，激发学生学习兴趣，引发学生的思考和激烈讨论。该图是东京当年繁荣的见证，也是北宋城市经济情况的写照。此图恰好呼应主题"交易·交流·交融"，让学生带着这个兴趣开始本节课的学习，迅速融入课堂。导入设计在课堂开始就体现出生生互动、师生互动的原则，为教学的下一步展开打下良好的基础。

四、设置问题链条，落实核心素养

教师在依据课标并整合教材的基础上设计出问题链，并向学生展示问题链，如表7-7所示。接着教师引导学生在课堂上依据教师提供的材料以小组合作的形式展开讨论后回答相关问题，展示学习成果。

表7-7 "交易·交流·交融"问题链

主题	分主题	问题链
交易·交流·交融	一、从交易中看商贸历程	1. 商业出现的背景是什么？
		2. 以明清为例，谈谈影响商业发展的因素。
		3. 区域性贸易发展的意义有哪些？
	二、从交流中看古代商贸要素	1. 货币对商业发展的影响有哪些？
		2. 信贷对商业发展的影响如何？
		3. 商业契约对商业发展的影响如何？
	三、从交融中看古代商贸影响	结合史实，谈谈怎样认识商业对人类生活的影响。

五、小结

本节课所涉及的内容时间跨度大，线索复杂，课堂容量大，"主题+问题链"的设置能更好地整合这些资源。学生对于古埃及、古希腊、阿拉伯世界商业贸易发展的史料接触少，只能以中国古代商业贸易发展作为突破口。本课的难点在于商业贸易中的概念，如货币、信贷、商业契约等，结合材料更容易让学生理解。为此，本课重视对学生核心素养的培养，教师在课堂中运用了大量的史料，以问题为导向，环环相扣，培养学生提取信息、分析概括的能力，思辨过程中既有对史料分析的过程，也有学生提出自己的历史解释的过程。本节课所涉及的内容时间跨度大，线索复杂，探究了商业贸易的起源与发展。通过本课的学习，学生了解到，从远古时期的物物交换到货币的出现，再到丝绸之路等贸易路线的开拓，古代商业贸易经历了从简单到复杂的演变过程。在课堂探讨中，学生认识到古代商业贸易的兴起往往伴随着文明的发展和国家的繁荣。随着贸易的发展，诸如铸币技术、度量衡标准以及商业法律等重要创新逐渐诞生，进一步促进了商业活动和经济发展。而古代商业贸易的兴盛带动了文化的互鉴和交流。丝绸之路不仅是商品交换的通道，更是文化、宗教和科技传播的纽带。通过学习，学生不仅了解了商业贸易在古代社会的重要地位，而且学会了如何将历史知识与当代经济社会发展相联系。

第八节 "世界市场与商业贸易"教学设计

一、研读课标要求，确定主题情境

课标对本课要求是学生通过学习，了解世界市场形成的过程；认识世界市场的形成对商业贸易的意义。本课包括"世界市场的形成"和"近代商业贸易的变化"两个子目。从内容上看，一是资本主义世界市场的形成和发展过程，介绍从新航路开辟、早期殖民扩张到两次工业革命所引发的全球范围的经济秩序的变化；二是着重介绍由此所产生的世界范围内的商业与贸易的变化。基于此，教师确定了本节课内容的主题，即"世界市场时代的商贸"。同时在整合教材内容以及主题立意的基础上，设置了三个分主题，分别是："世界市场的变化""变化之中的贸易""贸易之中的交流"。三个分主题依据课程标准，介绍了近代以来世界市场与商业贸易的发展历程，逻辑呈现逐层递进关系。通过以上主题与分主题的设定，将课程标准的要求转化为课堂教学的聚焦问题，做到了课标问题化。

二、明确教学目标，突破重点难点

教学目标：通过学习，运用唯物辩证史观及有关理论，认识世界市场的形成对中国的影响，培养学生用历史唯物主义和辩证唯物主义分析历史问题的能力；认识世界市场与商业贸易所处的特定时空环境，抓住其特定时空背景和阶段特征，培养学生时空观念；通过历史图片和历史资料提出问题、设置悬念，探究世界市场的形成的过程，提高学生探究分析历史问题的能力，培养学生史料实证的能力；同时要深入分析教材，做到教材学材化，引导学生运用本课教材中文献资料所提供的有效信息，认识世界市场的形成对商业贸易的重大意义，培养有效解读材料、自主分析归纳知识的能力；通过教学让学生认识世界市场的形成对中国的客观积极影响。

重点：近代商业贸易的发展变化。

难点：世界市场与商业贸易发展变化的关系。

三、设计导入环节，激发学习兴趣

首先，教师播放一段视频，展示2022年卡塔尔世界杯无处不在的中国元素。

紧接着，教师抛出一个问题——"近十年，我国货物贸易规模的不断跃升，充分体现了中国不仅是'世界工厂'，也是'世界市场'。什么是'世界市场'呢?"，引发学生的思考和激烈讨论。此问题恰好呼应主题"世界市场时代的商贸"，让学生带着这个问题开始本节课的学习，迅速融入课堂。导入设计在课堂开始就体现出生生互动、师生互动的原则，为教学的下一步展开打下良好的基础。

四、设置问题链条，落实核心素养

教师在依据课标并整合教材的基础上设计出问题链，并向学生展示问题链，如表7-8所示。接着教师引导学生在课堂上依据教师提供的材料以小组合作的形式展开讨论后回答相关问题，展示学习成果。

表7-8　"世界市场时代的商贸"问题链

主题	分主题	问题链
世界市场时代的商贸	一、世界市场的变化	世界市场在新航路开辟后、工业革命后、第二次工业革命后发展状况分别是怎样的?
	二、变化之中的贸易	1. 新航路开辟后商业中心发生了哪些变化?
		2. 近代商业经营方式发生了怎样的变化? 这些经营方式如何传播到世界各地的(以中国为例)?
		3. 英国为何能成为世界贸易中心? 为何又失去这个地位?
	三、贸易之中的交流	世界市场如何促进了商品、文化等传播和交流?

五、小结

新航路开辟、早期殖民扩张,两次工业革命等史实在必修课程《中外历史纲要(下)》已学过,学生有一定的了解。地理大发现对于连接不同大陆、推动商品和文化交流有重大意义,它不仅促进了国际商业的发展,也引发了欧洲列强之间的竞争与殖民扩张。而工业革命则改变了生产方式和贸易结构,创造了全新的国际市场格局。本课分主题采取首尾呼应的教学设计,将世界市场与商业贸易串成一条线索,让学生体会初阶段发展特点,注意引导学生用唯物史观辩证地认识资本主义在全球扩张中所产生的影响,进而理解世界市场和商业贸易发展之间的联系。同时,本课重视对学生核心素养的培养,教师在课堂中运用了大量的史料,以问题为导向,环环相扣,培养学生提取信息、分析概括的能力,思辨过程中既有对史料分析的过程,也有学生提出自己的历史解释的过程,有利于帮助学生形成正确的价值观,提升学生的家国情怀,达到启智增慧、立德树人的效果。

第九节 "20 世纪以来人类的经济与生活"教学设计

一、研读课标要求，确定主题情境

课标对本课要求是学生通过学习，认识 20 世纪以来贸易、金融的变化对人类生活的影响。教材主要从世界经济的发展、国际贸易与人类生活、国际金融与人类生活三个子目进行介绍。从教材内容出发，教师关注到以下两个问题：一是在"世界经济的发展"这一子目的叙述中，对 20 世纪以来世界经济发展的阶段特征体现不明显，学生很难对这 100 多年以来的世界经济发展历程得出历史认识；二是教材对于 20 世纪以来国际金融与国际贸易的发展变化表述理论性较强，学生缺乏相关知识的积累，理解起来相对困难。基于此，教师确定了本节课内容的主题，即"人类社会生活新变化"。同时在整合教材内容以及主题立意的基础上，设置了三个分主题，分别是："经济运行机制的调整""国际贸易体制的优化""国际金融体系的优化"。三个分主题依据课程标准，介绍了 20 世纪以来世界经济的总体发展情况、国际贸易和金融的变化，以及这些变化对人类生活的影响，逻辑呈现逐层递进的关系。通过以上主题与分主题的设定，将课程标准的要求转化为课堂教学的聚焦问题，做到了课标问题化。

二、明确教学目标，突破重点难点

教学目标：通过学习，运用唯物辩证史观及有关理论，认识商业贸易的条件和商业发展的影响，培养学生用历史唯物主义和辩证唯物主义分析历史问题的能力；运用唯物辩证史观及有关理论，认识科技对经济、贸易、金融和人类生活的巨大影响，培养学生用历史唯物主义和辩证唯物主义分析历史问题的能力；认识 20 世纪以来人类的经济与生活所处的特定时空环境，抓住其特定时空背景和阶段特征，培养学生的时空观念；通过历史图片和历史资料提出问题、设置悬念，认识 20 世纪以来资本主义国家与社会主义国家经济发展的脉络与特点，提高学生探究分析历史问题的能力；同时要深入分析教材，做到教材学材化，引导学生运用本课教材中文献资料所提供的有效信息，分析贸易、金融变化对人类生活的影响，培养有效解读材料、自主分析归纳知识的能力；通过教学让学生认识到新中国成立后，特别是改革开放后，中国在经济建设方面取得的巨大成就和对世界作出的贡献。

重点：20世纪以来，国际贸易和金融的发展及其对人们生活的影响。

难点：国际经贸体系与国际金融的具体内容。

三、设计导入环节，激发学习兴趣

首先，教师介绍一本书《与全世界做生意：一个经济学家的环球冒险》，并展示相关材料。

作者柯纳·伍德曼是一位爱尔兰的发展经济学硕士，从事过多年公司财务和金融培训方面的工作，目前热衷于做生意。他怀揣2.5万英镑，他从摩洛哥的马拉喀什出发，在苏丹参与骆驼交易、用赞比亚咖啡换南非红酒、把辣椒卖给印度人、到中亚当马贩子、丝绸之路上押宝和田玉、在巴西伐木头……他用最古老的方式做生意，与最厉害的商贩杀价，时而亏得一塌糊涂，时而赚得盆满钵满。

紧接着，教师抛出一个问题——"为什么作者能够与全世界做生意？"，引发学生的思考和激烈讨论。此问题恰好呼应主题"人类社会生活新变化"，让学生带着这个问题开始本节课的学习，迅速融入课堂。导入设计在课堂开始就体现出生生互动、师生互动的原则，为教学的下一步展开打下良好的基础。

四、设置问题链条，落实核心素养

教师在依据课标并整合教材的基础上设计出问题链，并向学生展示问题链，如表7-9所示。接着教师引导学生在课堂上依据教师提供的材料以小组合作的形式展开讨论后回答相关问题，展示学习成果。

表 7-9　"人类社会生活新变化"问题链

主题	分主题	问题链
人类社会生活新变化	一、经济运行机制的调整	1. 基于经济大危机的教训和苏联经验，二战后资本主义国家经济机制有了怎样的调整？有何效果？
		2. 这些调整有没有从根本上解决经济运行的痼疾？
		3. 社会主义国家的建设道路历经曲折，中国在这方面有何独特的成就？
		4. 新独立的发展中国家在经济发展方面有何成绩？有何困难？
	二、国际贸易体制的优化	1. 基于经济大危机和二战的教训，二战后国际贸易体制有何优化？有何意义？
		2. 20 世纪后期以来，贸易形式有了哪些新变化？
	三、国际金融体系的优化	1. 基于经济大危机和二战的教训，二战后国际金融体制有何优化？有何意义？
		2. 20 世纪 90 年代以来，国际金融有了哪些新变化？
		3. 现代国际金融存在哪些风险？如何应对？

五、小结

本节课主要关注的是 20 世纪至今全球经济的重大变迁及其对人类日常生活的影响。课程从两次世界大战之间的世界经济大萧条开始，探讨了它如何改变了国家间的经济政策和贸易模式。学生了解到各国为恢复经济而采取的不同策略，例如美国的罗斯福新政、苏联（苏俄）的新经济政策、斯大林模式等。随后师生一起探讨了二战后世界经济秩序的重建，特别是布雷顿森林体系的建立和国际货币基金组织（IMF）、世界银行等国际金融机构的作用。这一部分内容帮助学生理解现代全球经济治理的基础。师生还讨论了冷战时期两极分化的世界如何影响国际经济关系，以及美苏两大阵营在经济体制和意识形态上的对立。此外，一些新兴独立国家在这一时期通过不同的经济发展道路寻求自身的提升。这堂课的教学设计旨在让学生意识到，20 世纪以来的经济变革不仅改变了国家之间的互动方式，也深刻影响了每个人的生活，从而让学生更加意识到终身学习的重要性，以适应不断变化的世界。

第十节 "古代的村落、集镇和城市"的教学设计

一、研读课标要求，确定主题情境

课标对本课要求是学生通过学习，了解人类居住条件的变迁及各地民居的差异和特征；了解古村落、集镇和城市形成的原因及影响。本课包括了"村落的产生""集镇的出现""城市的产生""世界各地的民居"四个子目。从内容上看，介绍了人类居住形式的演变——村落、集镇、城市的形成原因与功能；世界各地的民居样式，民居特点与当地自然环境、经济发展水平、文化习俗等因素之间的关系。基于此，教师确定了本节课内容的主题，即"生存·生活·幸福生活"。同时在整合教材内容以及主题立意的基础上，设置了三个分主题，分别是"何以为家——农业是根""何以致富——工商亦本""何以安居——环境影响"。三个分主题依据课程标准，介绍了人类的居住形式和居住环境经历了漫长的演变过程，逻辑呈现逐层递进关系。通过以上主题与分主题的设定，将课程标准的要求转化为课堂教学的聚焦问题，做到了课标问题化。

二、明确教学目标，突破重点难点

教学目标：通过学习，运用唯物辩证史观及有关理论，认识村落、集镇和城市形成的原因，培养学生用历史唯物主义和辩证唯物主义分析历史问题的能力；认识古代的村落、集镇和城市所处的特定时空环境，抓住其特定时空背景和阶段特征，培养学生的时空观念；通过历史图片和历史资料提出问题、设置悬念，探究古代村落、集镇和城市形成的原因和影响，

提高学生探究分析历史问题的能力，培养学生史料实证的能力；同时要深入分析教材，做到教材学材化，引导学生运用本课教材中文献资料所提供的有效信息，分析中外各地民居的差异和特征，培养有效解读材料、自主分析归纳知识的能力；通过教学让学生认识民居演变的历史价值和文化价值。

重点：古代村落、集镇与城市的形成和影响；民居特点与自然环境的关系。

难点：古代村落、集镇与城市发展的时空关联。

三、设计导入环节，激发学习兴趣

首先，教师提供一份材料。

住居，亦因气候地势的不同，而分为巢居、穴居两种。《礼运》说："冬则居橧窟，夏则居橧巢。"《孟子》亦说："下者为巢，上者为营窟。"大抵温热之地为巢。干寒之地，则为营窟。

巢居，现在的野蛮人，犹有其制。乃将大树的枝叶，接连起来，使其上可以容人，而将树干凿成一级一级的，以便上下。亦有会造梯的。人走过后，便将梯收藏起来。《淮南子·本经训》所谓"托婴儿于巢上"，当即如此。后来会把树木砍伐下来，随意植立，再于其上横架许多木材，就成为屋子的骨干。

穴又分復穴两种：（一）最初当是就天然的洞窟，匿居其中的。（二）后来进步了，则能于地上凿成一个窟窿，而居其中，此之谓穴。古代管建设的官，名为司空，即由于此。（三）更进，能在地面上把土堆积起来，堆得像土窑一般，而于其上开一个窟窿，是之谓復，亦作复。再进化而能版筑，就成为墙的起源了。以栋梁为骨骼，以墙为肌肉，即成所谓宫室。所以直至现在，还称建筑为土木工程。

——摘自吕思勉《中国通史》

紧接着，教师分享一个观点——"正是'家'的不断演变发展，促成了村落到集镇再到城市的进化过程"，引发学生的思考和激烈讨论。此观点恰好呼应主题"生存·生活·幸福生活",教师让学生带着这个问题开始本节课的学习,迅速融入课堂。导入设计在课堂开始就体现出生生互动、师生互动的原则,为教学的下一步展开打下良好的基础。

四、设置问题链条,落实核心素养

教师在依据课标并整合教材的基础上设计出问题链,并向学生展示问题链,如表7-10所示。接着教师引导学生在课堂上依据教师提供的材料以小组合作的形式展开讨论后回答相关问题,展示学习成果。

表7-10 "生存·生活·幸福生活"问题链

主题	分主题	问题链
生存·生活·幸福生活	一、何以为家——农业是根	村落的出现与农业息息相关,简析村落的意义。
	二、何以致富——工商亦本	1. 集镇与商业之间关系密切,简析其关系。
		2. 中国的镇的发展有何特点?有何意义?后来有了专业分工,说明了什么?
		3. 西方古代城市有何特点?有何意义?
	三、何以安居——环境影响	1. 民居的形态受哪些因素的影响?
		2. 中国的民居有何特点?
		3. 简要分析各国民居的特色与环境、文化等因素的关系。

五、小结

通过对本课的学习,学生了解了古代人类社会从简单的村落生活到复杂的城市文明的发展脉络。从"何以为家——农业是根"了解到史前时期人类如何在河流、水源附近形成最初的定居点,这些定居点逐渐发展成为村落,学习了村落社会的基本构成,包括居住区、农田和公共空间,并认识到村落是早期人类社会生活的基础单位。从"何以致富——工商亦本"认识到随着农业技术的进步和人口的增长，一些地理位置优越的村落发展成了集镇。集镇作为交易和交通的枢纽，促进了商品的流通和文化的交流。城市作为古代文明的中心，往往与王权、宗教和政治紧密相关，并探讨了不同古代文明中的城市特色。从"何以安居——环境影响"认识到影响民居形态的因素以及不同区域民居的特点。本节课让学生深刻认识到，古代的村落、集镇和城市不仅仅是人类居住的地方，它们还是文明进步的见证，反映了古人在社会组织、经济发展和文化创造上的辉煌成就。

第十一节 "近代以来的城市化进程"教学设计

一、研读课标要求，确定主题情境

学生在本节课中将接触到近代以来的城市化演进历程以及在此期间带来的居住条件的改善和基础设施的发展等相关知识。教科书在归纳梳理城市化演进历程的基础上，对推动城市化演进的原因以及城市化推进过程中出现的问题进行了分析，从而让学生能更加客观看待城市化进程。基于此，教师确定了本节课内容的主题，即"人间烟火气，最抚凡人心"。同时在整合教材内容以及主题立意的基础上，设置了三个分主题：即"城市化的进度""城市化的温度""城市化的效度"。"进度"紧扣课标要求，而"温度""效度"则呼应了主题的"最抚凡人心"。通过以上主题与分主题的设定，将课程标准的要求转化为课堂教学的聚焦问题，做到了课标问题化。

二、明确教学目标，突破重点难点

教学目标：深入分析教材，做到教材学材化，引导学生阅读和梳理教科书，研读史料，了解近代以来城市化的演进过程、居住条件的改善、基础设施建设的基本情况；通过史料研习、问题设置、交流研讨，能够运用唯物史观，分析推动城市化的演进、居住条件的改善以及基础设施的建设背后的主要因素；在立足史实的基础上，树立史料实证意识，对史料作出合理解释，客观看待城市化推进过程中所隐藏的问题，深刻理解城市化过程中出现的问题与工业化、社会制度、城市治理不完善等的密切关系。

重点：近代以来城市化的演进及带来的居住条件的改善、基础设施的建设。

难点：城市化过程中出现的问题与工业化、社会制度、城市治理的关系。

三、设计导入环节，激发学习兴趣

首先，教师给出两张关于江门"一河两岸"的照片材料，如图7-2所示。

图7-2 江门"一河两岸"

教师紧接着抛出问题——"是什么因素导致江门城市容貌发生如此巨大的变化？"，引发学生的思考和激烈讨论。让学生带着这个问题开始本节课的学习，迅速融入课堂。导入设计在课堂开始就体现出生生互动、师生互动的原则，为教学的下一步展开打下良好的基础。

四、设置问题链条，落实核心素养

教师在依据课标并整合教材的基础上设计出问题链，并向学生展示问题链，如表 7-11 所示。接着教师引导学生在课堂上依据教师提供的材料以小组合作的形式展开讨论后回答相关问题、展示学习成果。

表 7-11 "人间烟火气，最抚凡人心"问题链

主题	分主题	问题链
人间烟火气，最抚凡人心	一、城市化的进度	1. 工业化如何推动城市化？还有哪些因素会推动城市化进程？
		2. 中外城市化进程分别呈现出什么特点？又是什么原因推进了中外城市化发展？
	二、城市化的温度	1. 城市居住条件的改善有哪些表现？
		2. 什么原因推动了城市基础设施的发展？发展的表现有哪些？
	三、城市化的效度	城市化推进过程中伴随哪些问题？对此你有何看法？

五、小结

本课展示的"城市化"是距离学生最近的一种居住环境形式，因近而生情，学生的切身体会也会有不少，因而本节课选定主题"人间烟火气，最抚凡人心"，这也是利用了"城市化"贴近学生的这一特点。在结合教材内容和主题立意的基础上设三个分主题，并通过问题链的方式将课标要求问题化，问题呈现逻辑化、层次化，引导学生由浅入深，层层递进从而突破重难点。在"城市化的进度"部分，探讨中外城市化进程，从而得出推动城市化进程背后的各个因素，并理解其中的历史逻辑；在"城市化的温度"部分，从城市居住条件及城市基础设施两个角度体会城市化"温度"的体现；在感受"温度"的同时反思随着城市化进程推进而产生的诸问题，这也是最后一部分"城市化的效度"的设计逻辑。

第十二节 "水陆交通的变迁"教学设计

一、研读课标要求，确定主题情境

　　学生在本节课中将接触到从原始社会到近代社会几千年的交通变迁史相关知识，时间跨度大。教科书主要归纳梳理了古代与近代两个历史时期的交通发展状况，以新航路开辟和工业革命两个重大历史阶段为节点，阶段特征明显，着重强调了经济发展对交通的作用；在此基础上，又立足于中外史实探讨了交通进步对国家政治、经济和文化发展的影响，以及对社会变迁的种种影响，有助于学生客观看待交通发展。基于此，教师确定了本节课内容的主题，即"条条大路通罗马"。同时在整合教材内容以及主题立意的基础上，设置了三个分主题，即"车行四方""船行万里""连通世界"。以此紧扣课标要求，在把握纵向历史发展线的基础上，从横向"水陆"的角度勾勒出人类在 20 世纪以前对交通发展的探索历程。通过以上主题与分主题的设定，将课程标准的要求转化为课堂教学的聚焦问题，做到了课标问题化。

二、明确教学目标，突破重点难点

　　教学目标：深入分析教材，做到教材学材化，引导学生阅读和梳理教科书，研读史料，了解古代与近代交通发展的基本情况；通过史料研习、问题设置、交流研讨，能够运用唯物史观，分析推动不同时期交通发展的主要因素；在立足史实的基础上，树立史料实证意识，对史料作出合理解释，深刻理解交通发展与国家政治、经济与文化发展以及社会变迁之间的密切关系。

　　重点：古代与近代的交通发展状况。

　　难点：交通发展对社会变迁以及国家发展、城市变迁和信息传递的影响。

三、设计导入环节，激发学习兴趣

首先，教师给出两张东晋顾恺之的《洛神赋图》局部图片材料，如图 7-3 所示。

图 7-3 《洛神赋图》（局部）

教师紧接着抛出一个问题——"古代中国的交通工具有何特点，后来又经过了怎样的变迁?"，引发学生的思考和激烈讨论。让学生带着这个问题开始本节课的学习，迅速融入课堂。导入设计在课堂开始就体现出生生互动、师生互动的原则，为教学的下一步展开打下良好的基础。

四、设置问题链条，落实核心素养

教师在依据课标并整合教材的基础上设计出问题链，并向学生展示问题链，如表 7-12 所示。接着教师引导学生在课堂上依据教师提供的材料以小组合作的形式展开讨论后回答相关问题，展示学习成果。

表 7-12 "条条大路通罗马"问题链

主题	分主题	问题链
条条大路通罗马	一、车行四方	1. 影响道路建设的因素有哪些?
		2. 道路建设有哪些意义?
	二、船行万里	1. 中国古代海上对外通道有哪些? 有何意义?
		2. 世界古代史上有哪些著名的海上探索?
		3. 新航路开辟和运河的开通有哪些影响?
	三、连通世界	交通的变革对社会发展有哪些意义?

五、小结

本课呈现了从原始社会到近代社会几千年的交通发展变迁史,从最初的徒步和畜力车,到后来的航运和铁路交通,每一个阶段的变革都极大地推动了社会经济的发展和人们生活方式的改变。在古代,水路交通由于其成本低廉、运输量大的优点,成为了物资交流的主要方式。随着造船技术和航道治理技术的进步,内河航运和海上丝绸之路逐渐兴盛起来。而陆路交通则以驿站制度为基础,形成了四通八达的网络。近代以来随着人类对海洋的不断探索以及全球航路的建立,全球性的交通网络逐渐形成。工业革命更是将交通推向了更深层次的发展。而伴随着交通的改进,人类的社会也在不断变迁。本堂课让学生深刻体会到,无论是古代还是近代,交通都是连接世界的重要纽带。它不仅影响着政治、经济、文化的格局变化,也反映了人类社会的发展水平和科技成就。通过对这一课题的学习,学生更加清晰地理解了交通在历史进程中的作用,以及人类为何需要不断推进交通技术和管理的创新。

第十三节 "现代交通运输的新变化"教学设计

一、研读课标要求，确定主题情境

学生在本节课中将接触到现代交通运输事业的发展进程相关知识。教科书在归纳梳理现代交通运输事业的发展进程的基础上，对推动现代交通运输事业的发展进程的原因以及现代交通运输事业的发展对民众生活及社会变迁的意义进行了分析，从而有助于学生客观看待现代交通运输事业的发展进程。基于此，教师确定了本节课内容的主题，即"现代交通，四通八达"。同时在整合教材内容以及主题立意的基础上，设置了三个分主题，即"交错纵横：陆上交通的新发展""劈波斩浪：海上交通的新发展""天际遨游：航空交通的新发展"。这样的设计按照"陆、海、空"三个角度来整合教材内容，紧扣课标要求：认识 20 世纪交通运输的新变化对民众生活及社会变迁的意义。通过以上主题与分主题的设定，将课程标准的要求转化为课堂教学的聚焦问题，做到了课标问题化。

二、明确教学目标，突破重点难点

教学目标：深入分析教材，做到教材学材化，引导学生阅读和梳理教科书，借助历史年表、历史图片等资料，了解汽车工业、高速公路、高速铁路、航海造船业的发展状况；通过史料研习、问题设置、交流研讨，能够运用唯物史观，分析 20 世纪以来交通运输的新变化及其对社会变迁的影响；在立足史实的基础上，树立史料实证意识，搜集世界航空业的发展历程、中国飞机制造业及航空业的发展历程等相关史料，认识世界航空业的发展，培育史料实证的核心素养。

重点：现代交通工具的出现和发展以及中国交通事业的发展。

难点：现代交通对人们生活方式及社会变迁的多重影响。

三、设计导入环节，激发学习兴趣

首先，教师给出《孙中山全集》中一段关于交通的材料。

道路者，文明之母也，财富之脉也。试观世界今日最文明之国，即道路最多之国，此其明证也。中国最繁盛之区，即交通最利便之地，此又一证也。故吾人欲由地方自治以图文明进步，实业发达，非大修道路不为功。凡道路所经之地，则人口为之繁盛，地价为之增加，产业为之振兴，社会为之活动。道路者，实地方之文野、贫富所由关也。

——《孙中山全集》第 5 卷

教师紧接着抛出问题——"20 世纪以来，各国在交通领域中出现了哪些新变化？中国又是如何紧跟世界潮流，在交通哪些领域迎难赶上实现大幅跨越？"，引发学生的思考和激烈讨论。让学生带着问题开始本节课的学习，迅速融入课堂。导入设计在课堂开始就体现出生生互动、师生互动的原则，为教学的下一步展开打下良好的基础。

四、设置问题链条，落实核心素养

教师在依据课标并整合教材的基础上设计出问题链，并向学生展示问题链，如表 7-13 所示。接着教师引导学生在课堂上依据教师提供的材料以小组合作的形式展开讨论后回答相关问题、展示学习成果。

表 7-13 "现代交通，四通八达"问题链

主题	分主题	问题链
现代交通，四通八达	一、交错纵横：陆上交通的新发展	1. 20世纪陆上交通有何新发展？呈现什么特点？
		2. 中外现代汽车工业的发展带来什么影响？
		3. 中国高速公路建设有何意义？
	二、劈波斩浪：海上交通的新发展	1. 现代海上航运业有何新发展？呈现什么特点？
		2. 现代海上航运业发展有何意义？
	三、天际遨游：航空交通的新发展	1. 现代航空业有何新发展？
		2. 现代交通的发展对于社会生活产生哪些影响？

五、小结

基于对课标要求的理解及本课内容的特点，本节课将主题定为"现代交通，四通八达"。现代交通运输与学生的日常生活密切相关，学生结合自身体会皆"有话可说"，因而在三个分主题当中分别从海、陆、空三个维度展开对"新发展"的探讨学习，基本按照"有何新发展？""发展呈现怎么样的特点？"以及"发展带来了怎么样的影响？"这样的思路来引导学生以小组合作的方式合作探究学习。借助最后一部分的最后一个问题"现代交通的发展对于社会生活产生哪些影响？"将交通运输的发展拉回到社会生活的维度。

第十四节 "历史上的疫病与医学成就"教学设计

一、研读课标要求，确定主题情境

学生在本节课中将接触到古代和近代的疫病危害及中西方医学的发展等相关知识。教科书在归纳梳理历史上长期肆虐的主要疫病的基础上，从横向与纵向将古代和近代中西方医学在防治疫病过程中所取得的成就——

呈现，从而分析得出疫病的肆虐与医学成就之间存在着一定的因果联系，有助于学生客观看待疫病与人类历史的关系。基于此，教师确定了本节课内容的主题，即"'疫'路艰辛，命运与共"。同时在整合教材内容以及主题立意的基础上，设置了三个分主题，即"疫病：一场没有硝烟的战争""医学：战胜灾疫的锐利武器""合作：命运与共、携手同行"。在呼应了主题的同时紧扣课标要求：知道古代历史上疫病的流行与影响；了解中医药的主要成就和西医在中国的传播、发展过程。通过以上主题与分主题的设定，将课程标准的要求转化为课堂教学的聚焦问题，做到了课标问题化。

二、明确教学目标，突破重点难点

教学目标：深入分析教材，做到教材学材化，引导学生阅读和梳理教科书，研读史料，借助数据图表、历史图片等方式了解人类历史上长期肆虐的主要疫病及中医药的主要成就和西医在中国的传播、发展过程；通过史料研习、问题设置、交流研讨，能够运用唯物史观，分析人类历史上的疫病带来的危害并体会疫病是影响历史发展的重要因素之一；在立足史实的基础上，树立史料实证意识，对史料作出合理解释，客观辩证分析中西方医学的特性，正确看待两者关系，形成科学的医学观念；体会现代中西方医学的进步推动了世界医疗事业的发展和人类健康水平的提升。

重点：历史上疫病的流行与危害，中医药的主要成就和西医在中国的传播与发展。

难点：疫病与人类历史发展的关系。

三、设计导入环节，激发学习兴趣

首先，教师给出一则材料。

从公元8—253年的200余年间，有记载的大疫就达18次。如《汉书·平帝纪》："元始二年（公元2年）郡国大旱蝗……诏民疾病者，舍空邸等二，为置医药"；"大荒之后，必有大疫""大兵之后，必有凶年"……《居延汉简》中有军医、医方、诊案、疾病的记载，有军用药函、药盛橐以及驻军疾病负伤统计簿、医护人员记勤簿。《汉书·李陵传》记载了当时救护用的专门车辆；《后汉书·皇甫规传》记载了最早的野战医院……一些疾病出现了爆发流行，还有一些传染病从国外流入国内，而医学必须在新的现实面前，去寻索预防和治疗的方法……武威汉简《治百病方》涉及临床各科，淳于意《诊籍》时疾病分类和疗效统计，华佗的外科麻醉术等，尤其是《伤寒杂病论》的问世，成为这一时期临床医学迈上新台阶的重要标志。

——王琳、李成文《论秦汉时期中医学的发展特点》

教师紧接着抛出问题——"秦汉时期疫病带来了巨大灾难，但人们在疫病的防治上也积累了大量经验，那么中国及世界其他地区在不同时期又是如何应对疫病的呢？"，引发学生的思考和激烈讨论，让学生带着问题开始本节课的学习，迅速融入课堂。导入设计在课堂开始就体现出生生互动、师生互动的原则，为教学的下一步展开打下良好的基础。

四、设置问题链条，落实核心素养

教师在依据课标并整合教材的基础上设计出问题链，并向学生展示问题链，如表 7-14 所示。接着教师引导学生在课堂上依据教师提供的材料以小组合作的形式展开讨论后回答相关问题、展示学习成果。

表 7-14　"'疫'路艰辛，命运与共"问题链

主题	分主题	问题链
"'疫'路艰辛，命运与共"	一、疫病：一场没有硝烟的战争	1. 历史上出现过哪些重大疫病？给人类带来哪些影响？
		2. 有哪些好的防治经验？
	二、医学：战胜灾疫的锐利武器	1. 古代中医药学的发展取得了哪些成就？
		2. 中医药学在抗疫上如何发挥作用？
		3. 西医在中国的传播带来什么影响？
	三、合作：命运与共、携手同行	如何团结各种力量，结合中医西医的优点来战胜疫病？

五、小结

本课展示了人类与疫病斗争的数千年历史以及在此期间积累的防治疫病的经验与教训，因而以"'疫'路艰辛，命运与共"为主题，分设"疫病""医学"与"合作"三部分。在"疫病"部分通过总结历史上出现过的一些重大疫病，得出在此期间好的防治经验，从而引出下一部分"医学"；在"医学"部分以抗疫为切入口重新认识中医药学，可唤起学生的文化自信；在最后一部分"合作"里立足"人类命运共同体"理念，引导学生探讨如何团结各种力量、结合中西医的优点来战胜疫病。

第十五节 "现代医疗卫生体系与社会
生活"教学设计

一、研读课标要求，确定主题情境

学生在本节课中将接触到中西方现代医疗卫生体系建立的相关知识。教科书在归纳梳理中西方现代医疗卫生体系建立的历史背景及历程的基础上，对推动中西方现代医疗体系建立的诸外部因素，以及现代医疗卫生体系对保障人类生命健康的关键作用进行了分析，从而有助于学生更加客观地看待医疗卫生事业的发展与人们社会生活间的关系。基于此，教师确定了本节课内容的主题，即"体系保障生活"。同时在整合教材内容以及主题立意的基础上，设置了三个分主题，即"西方的体系""中国的体系""改善的生活"。"西方的体系""中国的体系"紧扣课标的要求：了解现代医疗卫生体系的建立、发展。而"改善的生活"则呼应了主题"体系保障生活"，同时紧扣课标的要求：了解现代医疗卫生体系的建立、发展对社会生活的影响。通过以上主题与分主题的设定，将课程标准的要求转化为课堂教学的聚焦问题，做到了课标问题化。

二、明确教学目标，突破重点难点

教学目标：深入分析教材，做到教材学材化，引导学生阅读和梳理教科书，并借助数据图表等材料了解现代医疗卫生体系建立和发展的历史背景；通过史料研习、问题设置、交流研讨，能够运用唯物史观，分析影响现代医疗卫生体系发挥作用的外部因素；在立足史实的基础上，树立史料实证意识，对史料作出合理解释，客观看待现代医疗卫生体系对保障人民生命健康的关键作用。

重点：现代医疗卫生体系的建立与发展。

难点：现代医疗卫生体系对人们社会生活的影响。

三、设计导入环节，激发学习兴趣

首先，教师给出一则材料。

经济全球化一方面是半导体、纤维光学和卫星实际上已经消灭了地理上的距离，引起市场经济的日益一体化，另一方面使传染病传播速度加快，范围扩大。快速发展的国际经济贸易，使人口日益在全球范围内流动，传染病也随之流行到各国。频繁的人口流动使得传统的隔离方式根本无法生效，也使得一国爆发的传染病会迅速的传播到其他国家或地区。

教师紧接着抛出一个问题——"进入现代社会，疫情的传播速度加快，严重威胁人类健康，那么中国与世界其他各国是如何有效应对的呢?"，引发学生的思考和激烈讨论。让学生带着这个问题开始本节课的学习，迅速融入课堂。导入设计在课堂开始就体现出生生互动、师生互动的原则，为教学的下一步展开打下良好的基础。

四、设置问题链条，落实核心素养

教师在依据课标并整合教材的基础上设计出问题链，并向学生展示问题链，如表 7-15 所示。接着教师引导学生在课堂上依据教师提供的材料以小组合作的形式展开讨论后回答相关问题，展示学习成果。

表 7-15 "体系保障生活"问题链

主题	分主题	问题链
体系保障生活	一、西方的体系	1. 西方现代医疗卫生体系的建立与发展具有哪些特点?
		2. 西方现代医疗卫生体系建立与发展的原因是什么?
	二、中国的体系	1. 中国现代医疗卫生体系的建立与发展具有哪些特点?
		2. 中国现代医疗卫生体系建立与发展的原因是什么?
		3. 中国现代医疗卫生体系建立与发展有何意义?
	三、改善的生活	医疗卫生事业的发展对社会生活有哪些积极影响?

五、小结

本课呈现出现代医疗卫生体系的建立与发展以及其对社会生活的影响。基于对课标要求的理解及本课内容的特点,将主题定为"体系保障生活",下设三个分主题:"西方的体系""中国的体系"与"改善的生活"。在前两个分主题中就西方现代医疗卫生体系与中国现代医疗卫生体系分别从特点和原因两个角度分析,同时构建起中西横向对比;在最后一部分"改善的生活"中重点探讨医疗卫生事业的发展对社会生活的积极影响。通过本课学习,学生不仅了解了现代医疗体系的结构和功能,而且认识到它对个人健康和社会发展的深远影响。尤其是随着人口老龄化、慢性病负担加重和医疗成本上升,如何保持医疗体系的可持续性成了一个紧迫的问题。本课的教学设计旨在让学生在本课学习的基础上能够对如何应对未来的挑战进行初步的思考。

第八章 《选择性必修3》教学设计

第一节 "中华优秀传统文化的内涵与
特点"教学设计

一、研读课标要求，确定主题情境

学生在本节课中将接触"中华文化的发展历程""中华优秀传统文化的内涵"以及"中华优秀传统文化的特点和价值"三个部分的相关知识。基于此，教师确定了本节课内容的主题，即"解码中华文化"。同时在整合教材内容以及主题立意的基础上，设置了三个分主题，即"探源溯流""推宗明本""寻绎价值"。通过以上主题与分主题的设定，将课程标准的要求转化为课堂教学的聚焦问题，做到了课标问题化。学生将认识到中华优秀传统文化对当代中国的发展和对个人的发展的伟大意义。教师再运用"点—线—面"的思维视角，引导学生从世界文化交流与发展的角度，认识中华优秀传统文化的价值及历史特点，如本土性、多样性、包容性、凝聚性、连续性等，理解五千年绵延不绝的中华文明是文化血脉的延续，树立文化自信，在突出重点的同时，也为后面课程的学习作好铺垫。

二、明确教学目标，突破重点难点

教学目标：通过对中国境内远古人类的时空梳理，从历史发展的角度认识中国文化的起源。同时要深入分析教材，做到教材学材化，通过对多种史料的分析，提升历史解释和史料实证等核心素养，并认识早期中华文化的特点和价值。通过对中国优秀传统文化的梳理和分析，认识中国为人类文明的进步作出了不可磨灭的贡献，增强对中华文明成就的认同感和自豪感，以及承担社会责任的动力与信心。感悟中华优秀传统文化内涵在当代的价值，认识社会主义核心价值观的历史依据，形成民族自信心和对祖国、对人民的深情大爱。

　　重点：认识中华优秀文化的丰富内涵。

　　难点：概括中华优秀文化的特点和价值。

三、设计导入环节，激发学习兴趣

　　教师要求阅读教科书标题图和导语并提出问题："从'社稷坛'到'中山公园'的变迁，展现出中华文化经历了哪些历史时期？它承载了哪些中华文化的内涵？"导入设计引发学生的思考，体现出生生互动、师生互动的原则，为教学的下一步展开打下良好的基础。

四、设置问题链条，落实核心素养

　　教师在依据课标并整合教材的基础上设计出问题链，并向学生展示问题链，如表8-1所示。接着教师引导学生在课堂上依据教师提供的材料以小组合作的形式展开讨论后回答相关问题，展示学习成果。

表 8-1　"解码中华文化"问题链

主题	分主题	问题链
解码中华文化	一、探源溯流	1. 多元一体的文化格局有何表现？
		2. 哪些文化为中华文化的形成起到了基础性作用？
		3. 中华文化在封建社会时期经历了哪些蜕变？遇到了哪些冲击？
	二、推宗明本	1. 中华文化的内涵有哪些？
		2. 民本思想和天人合一的思想分别有何意义？
		3. 和而不同的思想有何意义？
	三、寻绎价值	1. 中华文化的特点有哪些？
		2. 中华文化的价值有哪些？

五、小结

本节课以"解码中华文化"为主题，深入探讨了中华优秀传统文化的内涵与特点及其价值。首先要通过探究中华民族文化的凝聚历程来感悟中华传统文化核心内涵的民本思想。其次，再通过探究中华文化发展推动的民族凝聚，揭示中华优秀传统文化的伟大价值。最后，引导学生从世界文化交流与发展的角度，认识中华优秀传统文化的价值及历史特点，树立文化自信。通过本课的学习，学生不仅了解了中华文化的特点和价值，还增强了对中华文明成就的认同感和自豪感。

第二节　"中华文化的世界意义"教学设计

一、研读课标要求，确定主题情境

本课在上一课的基础上，继续介绍中华文化的重要意义，有利于学生完整掌握中华文化的相关史实。同时，本课从人类文明发展和世界文化交流的角度来介绍中华文化的世界意义，更有助于加深学生对中华优秀文化特点和价值的理解，前后呼应，相互促进。为此，在深刻理解课标及教材内容的基础上，确立本课的教学主题为"解码中华文化"。在整合教材内容以及主题立意的基础上，设置了三个分主题，即"交流中的融合""融合中的发展""发展中的辐射"。通过以上主题与分主题的设定，将课程标准的要求转化为课堂教学的聚焦问题，做到了课标问题化。本课旨在让学生认识：中华文化是在与外来文化的交流中不断丰富、发展、升华的；中华文化在吸收外来文化的同时，也源源不断地向外辐射、传播，促进了世界文明的发展。

二、明确教学目标，突破重点难点

教学目标：阅读教科书，观察地图，研读史料，深入分析教材，做到教材学材化，以时间阶段和空间区域为线索，梳理"中华文化在交流中发展"和"中华文化的世界影响"基础知识，运用唯物史观解释并认识不同阶段中外文化交流的背景和阶段特征；从文化交流与发展角度，认识在与外来文化的互动中，极具包容性的中华文化不断创新、发展和升华，使学生理解中华文化强大的生命力；认识中华文化在吸收外来文化的同时，源源不断地向外辐射、传播，对世界文明产生持久而深远的影响，进而增强对民族文化的认同感，树立文化自信，涵养家国情怀；形成开阔的国际视野和博大的人文情怀，增强文化创新的意识，深化跨文化的理解和包容，树立和坚持正确的文化观。

重点：中华文化在交流中发展；中华文化对世界的影响。

难点：正确认识中华文化在当今人类文明发展中的作用。

三、设计导入环节，激发学习兴趣

首先，教师给出一段材料：

2019 年 5 月 15 日，国家主席习近平在北京国家会议中心出席亚洲文明对话大会开幕式，并发表题为《深化文明交流互鉴　共建亚洲命运共同体》的主旨演讲。"交流互鉴是文明发展的本质要求。……文明交流互鉴应该是对等的、平等的，应该是多元的、多向的，而不应该是强制的、强迫的，不应该是单一的、单向的。我们应该以海纳百川的宽广胸怀打破文化交往的壁垒，以兼收并蓄的态度汲取其他文明的养分，促进亚洲文明在交流互鉴中共同前进。"

教师紧接着抛出一个问题——"中华文化和世界文化有怎样的关系呢?"，引发学生的思考和激烈讨论，为教学的下一步展开打下良好的基础，同时呼应主题"解码中华文化"，并让学生带着这个问题开始本节课的学习，迅速融入课堂。

四、设置问题链条，落实核心素养

教师在依据课标并整合教材的基础上设计出问题链，并向学生展示问题链，如表8-2所示。接着教师引导学生在课堂上依据教师提供的材料以小组合作的形式展开讨论后回答相关问题，展示学习成果。

表8-2 "解码中华文化"问题链

主题	分主题	问题链
解码中华文化	一、交流中的融合	1. 中华文化在两汉、明代分别吸收了哪些异国他邦的文化?
		2. 中华文化在近代分别吸收了哪些异国的文化?
		3. 这给中国带来了哪些影响?
	二、融合中的发展	这些交流分别给中华文化带来了哪些提升?
	三、发展中的辐射	1. 在交流中发展的中华文化向外进行了哪些辐射和传播?
		2. 中华文化向外传播给世界带来了哪些影响?

五、小结

本课以"解码中华文化"为主题，从人类文明发展和世界文化交流的角度深入探讨了中华文化的世界意义。首先从文化交流与发展角度，认识到极具包容性的中华文化不断创新、发展和升华，使学生理解中华文化强大的生命力。其次，认识到中华文化在吸收外来文化的同时，源源不断地向外辐射、传播，对世界文明产生的持久而深远的影响。

通过本课的学习，学生不仅了解了中华文化在吸收外来文化的同时，源源不断地向外辐射、传播，对世界文明产生的持久而深远的影响。这有助于学生增强民族文化认同感，树立文化自信，涵养家国情怀，进一步认识中华文化的世界意义。

第三节 "古代西亚、非洲文化"教学设计

一、研读课标要求，确定主题情境

本课包含三个子目："古代西亚文化""古代埃及文化""阿拉伯文化"。这三个子目表面上看似三个不同地区独立发展的文化体系，事实上有内在的逻辑关系和时空关系。两河流域文化对古代埃及文化有一定的影响，这两个早期的文明又深刻地影响了地中海周边地区及后来出现的古希腊古罗马文化。阿拉伯文化继承了西亚、北非、希腊、罗马的文明传统，成为东西文化交流的桥梁。故本课教学一方面要突出这三个区域文化，另一方面要理清三者的交流与影响，整体地思考问题。基于此，教师确定了本节课内容的主题，即"多彩的文明"。同时在整合教材内容以及主题立意的基础上，设置了三个分主题，即"最早法典背后的文明""金字塔背后的文明""跨地域融合的文明"。通过以上主题与分主题的设定，将课程标准的要求转化为课堂教学的聚焦问题，做到了课标问题化。古代西亚、古代埃及文化是人类文明中的瑰宝，辉煌灿烂的文学、大放异彩的艺术、领先世界的

科技、神政合一的法制等，均对后世产生了深远的历史影响。多样性与交融性是人类文化发展的基本特征，呼应了主题的"多彩的文明"。

二、明确教学目标，突破重点难点

教学目标：深入分析教材，观察地图，研读史料，做到教材学材化，了解古代西亚、古代埃及、阿拉伯文化的地域范围，培育时空观念素养。通过史料分析，突出文字在文明产生、延续及交流过程中的重要作用，掌握古代西亚文化、古代埃及文化和阿拉伯文化的主要成就、基本特点和历史影响，培育学生的唯物史观、史料实证和历史解释等素养。探究诸文化的交流状况及其代表性物件的历史意蕴，体悟器物作为一种特殊的文化交融物化载体所体现的历史价值，思考历史与现实间的关系。

重点：理解古代西亚文化、古代埃及文化和阿拉伯文化的基本内涵。

难点：理解诸文化的基本特征；体悟诸文化间的关系及其对后世的影响。

三、设计导入环节，激发学习兴趣

首先，教师通过展示《古代主要文明示意图》，并出示一段材料：

世界古文明的发源地，如两河流域、尼罗河流域、印度河盆地以及古代中国的黄河流域等，均位于地理条件优越的热带、亚热带和暖温带气候区。其中两河流域位于西亚的美索不达米亚平原，在波斯湾的北部，该平原是幼发拉底河和底格里斯河冲击而成，土壤肥沃，地形平坦，光照充足，降水不太多，因为这里是热带沙漠气候，但这里有灌溉水源，因此孕育了古两河流域文明。古埃及90%以上的国土为沙漠所覆盖，只有尼罗河流域像一条绿色的缎带从南到北贯穿其间。在极端干旱的环境中，尼罗河泛滥的水资源不仅提供了生产、生活所需要的水，还将上游大量的营养土带到埃及，从而产生了古埃及的农耕文明。

——张宁、张纯成：《浅述地理环境与人类文明》，载《安阳师范学院学报》，2010年第5期教师让学生回忆所学知识，并在地图上找到所列的古代文明产生的时间与区域。教师紧接着抛出一个问题——"由于生产力发展水平和交通条件的限制，古代各文明呈现什么特征？"，引发学生的思考和激烈讨论，为教学的下一步展开打下良好的基础，同时呼应主题"多彩的文明"，并让学生带着这个问题开始本节课的学习，迅速融入课堂。

四、设置问题链条，落实核心素养

教师在依据课标并整合教材的基础上设计出问题链，并向学生展示问题链，如表 8-3 所示。接着教师引导学生在课堂上依据教师提供的材料以小组合作的形式展开讨论后回答相关问题，展示学习成果。

表 8-3 "多彩的文明"问题链

主题	分主题	问题链
多彩的文明	一、最早法典背后的文明	1. 西亚古代的文字、文学分别有何价值和意义？
		2. 西亚古代的建筑、艺术取得了哪些成就？
		3. 西亚古代的法典有何价值和意义？
	二、金字塔背后的文明	1. 埃及古代的文字、文学分别有何价值和意义？
		2. 埃及古代的建筑、艺术取得了哪些成就？
		3. 埃及古代的科技有何价值和意义？
	三、跨地域融合的文明	1. 阿拉伯古代的文学有何价值和意义？
		2. 阿拉伯古代的科学取得了哪些成就？
		3. 阿拉伯在东西方文化交流中有何价值和意义？

五、小结

本节课以"多彩的文明"为主题，深入探讨了古代西亚文化、古代埃及文化和阿拉伯文化诸文化的基本特征。首先本课教学要突出这三个区域文化，体悟器物作为一种特殊的文化交融物化载体所体现的历史价值，思考历史与现实间的关系。其次，本课教学还要理清三者的交流与影响，整体地思考问题。通过本课的学习，学生不仅了解了古代西亚文化、古代埃及文化和阿拉伯文化诸文化的基本特征，还体悟到诸文化间的关系及其对后世的影响。这为学习理解历史、认识社会提供了重要的视角和工具。

第四节 "欧洲文化的形成"教学设计

一、研读课标要求，确定主题情境

本课教材分为三个子目："古典希腊文化与罗马文化"介绍了古希腊古罗马代表性文化成果；"中古西欧文化"介绍了中古西欧文化产生的背景、主要内涵及其在欧洲文化发展史上的地位；"拜占庭、俄罗斯文化"介绍了拜占庭文化特色、代表性成就及对东欧国家产生的重大影响。三个子目各有侧重，但又相互关联，共同叙述了欧洲从上古时期到文艺复兴之前的文化发展史。基于此，教师确定了本节课内容的主题，即"交融中的文明"。同时在整合教材内容以及主题立意的基础上，设置了三个分主题，即"希腊罗马：早期文化的滥觞""中古西欧：宗教文化的温床""东部欧洲：传统与现实的交织"。通过以上主题与分主题的设定，将课程标准的要求转化为课堂教学的聚焦问题，做到了课标问题化，从而让学生通过了解世界各主要区域文化，理解世界文化的多样性；认识世界各国、各地区、各民族对人类文化所作出的贡献。文化的多样性与区域文化对人类文化的贡献是本课的核心内容，而如何解释人类文化多样性则是本课的难点。

二、明确教学目标，突破重点难点

教学目标：深入分析教材，做到教材学材化，观察地图，研读史料，通过分析欧洲文化的源头，了解古希腊地理环境的特点及其对希腊文化的形成产生的影响，认识到地理环境和生产方式与区域文化的关系。通过阅读教材和相关史料，了解古希腊、罗马文化的特色，了解中古西欧文化的来源、特色及影响。通过分析拜占庭文化的代表性成果，了解其文化特色，进而认识到特殊的地理位置使其集多种文化于一身，同时又对其他文化产生广泛而深远的影响。

重点：欧洲文化形成、发展的历程；欧洲文化的内涵。

难点：拜占庭文化、欧洲文化的特点。

三、设计导入环节，激发学习兴趣

首先，教师给出一段材料。

没有希腊文化和罗马帝国奠定的基础，也就没有现代欧洲。

——［德］恩格斯《反杜林论》

教师抛出一个问题："思考欧洲文化的源头是什么文化？"，引发了学生的思考和激烈讨论，体现出生生互动、师生互动的原则，为教学的下一步展开打下良好的基础。教师紧接着又抛出问题——"如果把欧洲文化比喻成一条河，那么古希腊、罗马文化就是它的源头。欧洲文化在发源之后，经历了怎样的发展演变？哪些文化因素构成了欧洲文化的底色，并使其有别于其他文明？"，呼应主题"交融中的文明"。并让学生带着这个问题开始本节课的学习，迅速融入课堂。

四、设置问题链条，落实核心素养

教师在依据课标并整合教材的基础上设计出问题链，并向学生展示问题链，如表8-4所示。接着教师引导学生在课堂上依据教师提供的材料以小组合作的形式展开讨论后回答相关问题，展示学习成果。

表 8-4 "交融中的文明"问题链

主题	分主题	问题链
交融中的文明	一、希腊罗马：早期文化的滥觞	1. 古希腊的哲学思想、文学、史学分别有何价值？
		2. 古罗马法律、文学、史学、建筑和历法方面分别有哪些成就？有何价值？
		3. 简析古希腊罗马文化对欧洲文化的关系。
	二、中古西欧：宗教文化的温床	1. 中世纪的宗教文化有何特点？
		2. 简述《圣经》的文艺价值和哲学价值。
		3. 简析中世纪文化的地位。
	三、东部欧洲：传统与现实的交织	1. 拜占庭文化有何成就？有何价值？
		2. 深受拜占庭文化影响的俄罗斯文化有何特点？

五、小结

本节课以"交融中的文明"为主题，深入探讨了欧洲文化的多样性与区域文化对人类文明的贡献。首先分析了古希腊古罗马代表性文化成果，接着探讨"中古西欧文化"产生的背景、主要内涵及其在欧洲文化发展史上的地位。其次，对比了拜占庭文化特色、代表性成就及对东欧国家产生的重大影响，进而让学生认识到特殊的地理位置使其集多种文化于一身，同时又对其他文化产生广泛而深远的影响。通过本课的学习，学生不仅了解了"中古西欧文化"产生的背景、主要内涵及其在欧洲文化发展史上的地位，还认识到特殊的地理环境、历史发展、经济政治社会等多种因素促成了不同地区别具一格的文化；代表性的文化成果反映出不同地区的文化特色，及其相互之间的联系与差异。这为学生理解历史、认识社会提供了重要的视角和工具。

第五节 "南亚、东亚与美洲的文化"教学设计

一、研读课标要求，确定主题情境

本课共分为三个子目："古代印度文化""古代朝鲜与日本文化""美洲印第安文化"。教材主要讲述了印度古代丰富多彩的文化，及其对东南亚产生了重要的影响；古代朝鲜和日本在吸收中国文化的基础上发展了独具特色的民族文化；印第安人独立发展出了特色鲜明的古代文化，但随着殖民者的入侵，独立发展的印第安文化几乎被毁灭殆尽。文化多样性是人类文明进步的重要动力，南亚、东亚和美洲的文化为人类文明发展作出了重要贡献。基于此，教师确定了本节课内容的主题，即"多彩的文明"，同时在整合教材内容以及主题立意的基础上，设置了三个分主题，即"丰富多彩的印度文化""中华文化的东亚辐射""几近隔绝的美洲文化"，通过以上主题与分主题的设定，将课程标准的要求转化为课堂教学的聚焦问题，做到了课标问题化。通过本课的学习，让学生通过了解世界各主要区域文化，理解世界文化的多样性；认识世界各国、各地区、各民族对人类文化发展所作出的贡献。

二、明确教学目标，突破重点难点

教学目标：阅读教科书，观察地图，研读史料，了解古代印度文化、朝鲜和日本文化、玛雅文化等主要成就。同时要深入分析教材，做到教材学材化，通过研读佛教、印度教等史料，理解宗教在印度文化产生发展中的作用，提升依据史料解释历史的能力。通过研读史料，知道中国对古代朝鲜、日本的影响，理解文明影响的相互性，培养史料实证意识。通过分析古代印度文化、朝鲜和日本文化、玛雅文化等，认识到世界文化的发展具有独特性和多样性。

重点：南亚、东亚和美洲文化的特点及意义。

难点：理解世界文化的独特性和多样性。

三、设计导入环节，激发学习兴趣

首先，教师给出一段材料。

对于印度人的生活而言，宗教的影响可谓无处不在，无时不有。正如有人所说："印度教教徒不但一生下来就是个宗教徒，同时，从他下地的第一声啼哭起，就被浓重的宗教仪式、语言、精神所包围，他的一生从此总是脱离不了宗教的影响。"

——贾孟喜：《宗教对印度社会生活的影响及其启示》，载《广东农工商职业技术学院学报》，2015年第2期

教师进行引入：印度可找到世界上几乎所有的宗教，被誉为"宗教博物馆"。全印度约有70%的人信仰印度教，还有信仰伊斯兰教、佛教、锡克教、耆那教等教的。紧接着教师抛出问题——"印度为何深受宗教影响？印度文化和印度宗教有何关系？"，引发了学生的思考和激烈讨论，体现出生生互动、师生互动的原则，为教学的下一步展开打下良好的基础，同时呼应主题"多彩的文明"。教师让学生带着这些问题开始本节课的学习，迅速融入课堂。

四、设置问题链条，落实核心素养

教师在依据课标并整合教材的基础上设计出问题链，并向学生展示问题链，如表8-5所示。接着教师引导学生在课堂上依据教师提供的材料以小组合作的形式展开讨论后回答相关问题，展示学习成果。

表 8-5 "多彩的文明"问题链

主题	分主题	问题链
多彩的文明	丰富多彩的印度文化	1. 古代印度文化的特色是什么？
		2. 古代印度取得了哪些文化成就？
		3. 印度文化对东南亚的影响有哪些？
	中华文化的东亚辐射	1. 古代朝鲜文化的特色是什么？取得了哪些成就？
		2. 古代日本取得了哪些文化成就？
		3. 中华文化对朝鲜和日本产生了哪些影响？
	几近隔绝的美洲文化	1. 古代美洲文化的特色是什么？
		2. 古代美洲取得了哪些文化成就？
		3. 文化被毁灭殆尽的教训有哪些？

五、小结

本节课以"多彩的文明"为主题，深入探讨了南亚、东亚与美洲文化的多样性与区域文化对人类文化的贡献。首先对古代印度、古代朝鲜与日本、美洲印第安文化进行介绍，引导学生分析不同文化的特点及其形成原因及其在世界文化发展史上的地位。其次，还对比了古代印度文化、朝鲜和日本文化、玛雅文化的特色、代表性成就及对各自国家历史产生的重大影响，进而让学生认识到特殊的地理位置又对其文化产生广泛而深远的影响。通过本课的学习，学生不仅了解了南亚、东亚与美洲文化产生的背景、主要内涵及其在世界文化发展史上的地位，还认识到"特殊的地理环境、历史发展、经济政治社会等多种因素促成了不同地区别具一格的文化；代表性的文化成果反映出不同地区的文化特色，及其相互之间的联系与差异"。此外，教师通过对古代印度、古代朝鲜与日本、美洲印第安文化的介绍，引导学生分析不同文化的特点及其形成原因，认识文化发展的社会经济背景和世界文化的多源发展，帮助学生进一步提高运用唯物史观认识历史的能力，培养他们对不同文化的认知和尊重。

第六节　"古代人类的迁徙和区域文化的形成"教学设计

一、研读课标要求，确定主题情境

学生在本节课中将了解古代历史上跨洲、跨国家、跨地区不同规模的人口迁徙等方面的相关知识。教科书在归纳梳理人口迁徙的基础上，对这些人口迁徙出现的原因以及移民所面临的机遇与挑战的因素进行了分析，从而能让学生更加客观看待在迁徙与融入当地社会过程中出现的文化认同。基于此，确定了本节课的主题，即"接触·认同"。同时在整合教材内容以及主题立意的基础上，设置了三个分主题，即"迁徙与交流（传播）""碰撞与交融（借鉴）""汇聚与发展（升华）"。"传播""借鉴""升华"三个词体现了人类在"求生存、谋发展"的过程中不断迁徙，从而达到"文化交融、文化认同"的结果。通过以上主题与分主题的设定，将课程标准的要求转化为课堂教学的聚焦问题，做到了课标问题化。

二、明确教学目标，突破重点难点

教学目标：从时空观念、历史解释的角度，深入分析教材，做到教材学材化，观察地图，研读史料，掌握印欧人早期迁徙和亚欧游牧民族大迁徙的史实，分析人口迁徙对区域文化形成的影响；从史料实证、历史解释的角度，通过史料分析古代人类迁徙的原因和影响；从家国情怀的角度，于农耕民族与游牧民族的相互学习中，认识在迁徙与融入当地社会过程中出现的文化认同。

重点：印欧人的迁徙及其对早期区域文化的影响。

难点：亚欧游牧民族大迁徙对区域文化发展的影响。

三、设计导入环节，激发学习兴趣

首先，教师给出两个历史名词的解释。

人口迁徙：人口在两个地区之间的地理流动或者空间流动，这种流动通常会涉及永久性居住地由迁出地到迁入地的变化。这种迁移被称为永久性迁移，它不同于其它形式的、不涉及永久性居住地变化的人口移动。

文化认同：文化认同是文化层面的身份认同，也是人类共同体意识的文化符号，是人类文化交流、传播和融合进程中的一种历史现象。它体现在各个国家、各个民族的自我意识中，也体现在各个区域文化特征的识别中。

教师紧接着抛出一个问题——"不同时期的人口迁徙与文化认同有什么不同的影响？"，引发学生的思考和激烈讨论，呼应主题情境，即"接触·认同"，并让学生带着这个问题开始本节课的学习，迅速融入课堂。导入设计在课堂开始就体现出生生互动、师生互动的原则，为教学的下一步展开打下良好的基础。

四、设置问题链条，落实核心素养

教师在依据课标并整合教材的基础上设计出问题链，并向学生展示问题链，如表8-6所示。接着教师引导学生在课堂上依据教师提供的材料以小组合作的形式展开讨论后回答相关问题、展示学习成果。

表8-6 "接触·认同"问题链

主题	分主题	问题链
接触·认同	一、迁徙与交流（传播）	1. 古代早期印欧、亚欧人类为什么要迁徙？
		2. 古代早期印欧、亚欧人类迁徙的方向分别是什么？
	二、碰撞与交融（借鉴）	1. 印欧人在迁徙中产生了哪些碰撞？与当地文化融合的表现有哪些？
		2. 亚欧人在迁徙中产生了哪些碰撞？与当地文化交融的表现有哪些？
	三、汇聚与发展（升华）	1. 印欧人的迁徙带来了哪些深远影响？
		2. 亚欧人的迁徙带来了哪些历史影响？

五、小结

本课主要探讨了古代人类迁徙的原因、过程以及这些迁徙如何影响区域文化的形成。学生可以了解到古代人类的迁徙往往是由多种因素驱动的，包括环境变迁、资源争夺、战争和宗教等。这些迁徙活动不仅改变了人类的地理分布，更在迁徙过程中促进了文化的交流、融合与创新。学生学习了古代人类迁徙的原因、过程以及其对区域文化形成的影响。这些迁徙活动不仅塑造了人类历史的地理格局，更在文化交流与融合中催生了丰富多彩的区域文化。在未来的学习中，我们将继续探讨不同历史时期和文化背景下的人类迁徙活动以及它们对文化发展的深远影响。同时，我们也应该关注当代全球化背景下的迁徙现象以及它们对现代文化和社会结构的挑战与机遇。

第七节 "近代殖民活动和人口的跨地域转移"教学设计

一、研读课标要求，确定主题情境

学生在本节课中将了解近代历史上跨洲、跨国家、跨地区不同规模的人口迁徙等方面的相关知识。教科书在归纳梳理人口迁徙的基础上，对这些人口迁徙出现的原因以及移民所面临的机遇与挑战的因素进行了分析，从而让学生更加客观看待在迁徙与融入当地社会过程中出现的文化认同。基于此，教师确定了本节课内容的主题，即"交流与重构"。同时在整合教材内容以及主题立意的基础上，设置了三个分主题，即"华工视角：贡献与文化传播""殖民活动：原住民文化的衰微""人口迁移：新国家文化的重构"。"华工视角""殖民活动""人口迁移"三个词体现了人类在"求生存、谋发展"的过程中不断"迁徙"，从而达到"文化交融、文化认同"的结果。通过以上主题与分主题的设定，将课程标准的要求转化为课堂教学的聚焦问题，做到了课标问题化。

二、明确教学目标，突破重点难点

教学目标：从时空观念、唯物史观的角度，阅读教科书，观察地图，研读史料，了解近代人口跨地域转移的史实，认识近代人口跨地域转移的时代背景与影响；同时要深入分析教材，做到教材学材化，从史料实证、家国情怀的角度，分析近代华工出国的原因、机遇和挑战；从史料实证、历史解释、唯物史观的角度，了解西方殖民扩张的基本史实，辩证地看待殖民活动带来的灾难和对全球化交流起到的促进作用。

重点：近代以来的殖民扩张导致的人口转移和族群变化。

难点：人口和族群的变化最终引起了文化的冲突、交融和认同。

三、设计导入环节，激发学习兴趣

首先，教师给出一张"开平碉楼"图片引入，如图 8-1 所示。

图 8-1　开平碉楼

教师紧接着抛出一个问题——"开平碉楼随着 2010 年姜文执导的电影《让子弹飞》的上映，充分展示出世界文化遗产魅力，但与此同时，也让人们不禁思考，当年的碉楼主人去哪了？"，引发学生的思考和对"华工问题"

的激烈讨论。该问题呼应主题"交流与重构"。教师让学生带着这个问题开始本节课的学习，迅速融入课堂。导入设计在课堂开始就体现出生生互动、师生互动的原则，为教学的下一步展开打下良好的基础。

四、设置问题链条，落实核心素养

教师在依据课标并整合教材的基础上设计出问题链，并向学生展示问题链，如表 8-7 所示。接着教师引导学生在课堂上依据教师提供的材料以小组合作的形式展开讨论后回答相关问题、展示学习成果。

表 8-7 "交流与重构"问题链

主题	分主题	问题链
交流与重构	一、华工视角：贡献与文化传播	1. 华工出国的原因有哪些？
		2. 他们为当地经济和社会发展有何贡献？
	二、殖民活动：原住民文化的衰微	1. 美洲文化为何衰落？有何教训？
		2. 非洲人、欧洲人的涌入，给美洲文化带来哪些影响？
	三、人口迁移：新国家文化的重构	1. 18 世纪后大洋洲的原住民文化出现什么状况？
		2. 为何欧洲文化成为当地文化的主流？

五、小结

本课主要探讨了近代殖民活动以及由此引发的人口跨地域转移现象。学生深入了解了欧洲列强在近代的殖民扩张行为，这些活动不仅改变了世界的政治经济格局，导致了大规模的人口迁徙和文化交流。近代殖民活动和人口的跨地域转移是全球化进程中的重要组成部分。它们对世界历史的发展产生了深远的影响，推动了不同文化之间的交流与融合，也加剧了世界范围内的经济不平等和社会矛盾。在未来的学习中，我们需要更加深入地理解这些历史现象背后的复杂因素，以及它们对当今世界的影响与启示。同时，我们也应关注当代全球化背景下的人口迁徙和文化交流现象，以及它们对人类社会发展的挑战与机遇。通过本节课，学生对近代殖民活动和人口跨地域转移有了更深入地了解。学生认识到，这些历史事件不仅塑造了过去的世界，也对当今的社会和文化产生了深远影响。

第八节 "现代社会的移民和多元文化"教学设计

一、研读课标要求，确定主题情境

学生在本节课中将了解现代历史上跨洲、跨国家、跨地区不同规模的人口迁徙等方面的相关知识。教科书在归纳梳理人口迁徙的基础上，对这些人口迁徙出现的原因以及移民所面临的机遇与挑战的因素进行了分析，从而能让学生更加客观看待在迁徙与融入当地社会过程中出现的文化问题。基于此，教师确定了本节课内容的主题，即"流动与多元"。同时在整合教材内容以及主题立意的基础上，设置了三个分主题。即"经济的流动——经济全球化""人口的流动——多元因素影响""文化的流动——以美国和新加坡为例"。"经济""人口""文化"三个词体现了人类在"求生存、谋发展"的过程中不断迁徙，从而达到"文化交融、文化认同"的结果。通过以上主题与分主题的设定，将课程标准的要求转化为课堂教学的聚焦问题，做到了课标问题化。

二、明确教学目标，突破重点难点

教学目标：从时空观念的角度，阅读教科书，观察地图，研读史料，了解二战后劳动力的全球流动的过程，认识劳动力全球流动的空间特点及其成因；从唯物史观、史料实证的角度，了解难民的分类，分析难民产生的原因及国际社会保护难民基本人权的努力，增强人类命运共同体意识；同时要深入分析教材，做到教材学材化，从史料实证的角度，分析经济全球化对人口迁移的影响，归纳文化多样性的表现和特点。

重点：了解现代移民社会的形成及多元文化特征。

难点：各类移民社会有不同的多元文化和文化认同问题。

三、设计导入环节，激发学习兴趣

首先，教师给出一个表格，复习和巩固相关知识点，如表8-8所示。

表8-8 人口迁移的阶段和特征

阶段	人口迁移的特征	文化交融的表现
古代游牧民族迁移	以游牧民族迁徙为主，迁移后与当地居民融合形成新的人种和民族	形成古代早期的区域文化
近代殖民扩张	伴随着殖民活动，主要从亚、非、欧迁入美洲	以欧洲文化为主导，融合多种文化因素的新文化
现代社会移民	主要从发展中国家流入发达国家	多元一体的移民文化

教师紧接着抛出一个问题——"多元一体的移民文化，在你眼中是怎样的状态?"，引发学生的思考和激烈讨论。该问题呼应主题"流动与多元"，学生带着这个问题开始本节课的学习，迅速融入课堂。导入设计在课堂开始就体现出生生互动、师生互动的原则，为教学的下一步展开打下良好的基础。

四、设置问题链条，落实核心素养

教师在依据课标并整合教材的基础上设计出问题链，并向学生展示问题链，如表8-9所示。接着教师引导学生在课堂上依据教师提供的材料以小组合作的形式展开讨论后回答相关问题、展示学习成果。

表 8-9 "流动与多元"问题链

主题	分主题	问题链
流动与多元	一、经济的流动——经济全球化	1. 当今人口在全球流动的趋势有哪些？
		2. 这给各国带来了哪些机遇和挑战？
	二、人口的流动——多元因素影响	1. 当今劳动力得以在全球流动的条件有哪些？
		2. 难民出现的原因有哪些？应如何应对？
		3. 移民出现的原因有哪些？
	三、文化的流动——以美国和新加坡为例	1. 劳动力的全球流动有何影响？
		2. 难民、移民的流动对当地带来哪些影响？

五、小结

本节课深入探讨了现代社会的两大核心议题：移民和多元文化。移民作为全球化时代的显著特征，不仅改变了人口分布，更在深层次上影响了社会结构、经济形态和文化格局。多元文化则是这一变革中的必然产物，它反映了不同文化背景下的个体和群体如何在同一社会空间中相互交织、碰撞与融合。通过学习，学生认识到移民和多元文化是现代社会发展中不可忽视的重要方面。学生需要以开放的心态接纳不同文化背景的人，以包容的态度处理文化冲突和社会差异。只有这样，才能充分利用移民和多元文化带来的机遇，共同构建一个更加和谐、繁荣的社会。

第九节 "古代的商路、贸易与文化交流"教学设计

一、研读课标要求，确定主题情境

学生在本节课中将了解古代丝绸之路和其他商路的开辟相关知识。教科书在归纳梳理商路的基础上，通过对商品所体现特色文化的了解，从而能让学生更加客观看待理解贸易活动在文化交流中所扮演的重要角色。基

于此，确定了本节课内容的主题，即"古为今用"。同时在整合教材内容以及主题立意的基础上，设置了三个分主题，即"多元化的商贸之路""商贸中的文化交流""交流中的文化影响"。商路、贸易与文化交流之间的关系呼应了时代的主题。通过以上主题与分主题的设定，将课程标准的要求转化为课堂教学的聚焦问题，做到了课标问题化。

二、明确教学目标，突破重点难点

教学目标：阅读教科书并结合地图和史料介绍古代的商路（路线、兴衰）并能结合史料系统叙述张骞通西域的史实及影响；同时要深入分析教材，做到教材学材化，结合史料多角度分析丝绸之路对中西文化交流的影响，进而理解商路、贸易与文化交流之间的关系；从张骞开拓创新、不畏艰难的精神，认识我国对世界文明做出的贡献，联系"一带一路"倡议，感悟"路路相连，美美与共"的大同理念。

重点：古代不同类型商路的开辟；古代中西方文化交流的表现。

难点：理解商贸活动与文化交流之间的关系。

三、设计导入环节，激发学习兴趣

教师给出一张黄金周旅游图片，如图 8-2 所示。

图 8-2 黄金周旅游图

教师紧接着抛出一个问题——"古代的丝绸之路是否真的这么繁荣?"，引发学生的思考和激烈讨论，呼应主题"古为今用"，并让学生带着这个问题开始本节课的学习，迅速融入课堂。导入设计在课堂开始就体现出生生互动、师生互动的原则，为教学的下一步展开打下良好的基础。

四、设置问题链条，落实核心素养

教师在依据课标并整合教材的基础上设计出问题链，并向学生展示问题链，如表 8-10 所示。接着教师引导学生在课堂上依据教师提供的材料以小组合作的形式展开讨论后回答相关问题，展示学习成果。

表 8-10 "古为今用"问题链

主题	分主题	问题链
古为今用	一、多元化的商贸之路	1. 丝绸之路的作用有哪些？
		2. 丝绸之路开通的路线有哪些？有何特点？
	二、商贸中的文化交流	1. 丝绸之路的开通给科学技术带来哪些影响？
		2. 丝绸之路的开通给思想文化带来哪些影响？
	三、交流中的文化影响	1. 简析古代商路开通的历史意义。
		2. "一带一路"对当今社会的重大意义。

五、小结

本节课主要探讨了古代商路的开辟、贸易活动的进行以及伴随其中的文化交流。古代商路不仅是商品交易的通道，更是文明、宗教、语言、艺术等文化要素交流的桥梁。通过对古代丝绸之路、海上丝绸之路等著名商路的探讨，学生将深刻感受到贸易与文化交流在推动人类社会进步中的重要作用。通过学习，学生将认识到古代商路、贸易与文化交流在人类社会发展中的重要地位。我们应该珍惜历史遗产，继承和发扬古代贸易与文化交流的优秀传统，为推动现代社会文明进步贡献力量。同时，我们也应该关注当代全球化背景下的贸易与文化交流新动态，积极参与国际交流与合作，共同构建一个更加和谐、繁荣的世界。

第十节 "近代以来的世界贸易与文化交流的扩展"教学设计

一、研读课标要求，确定主题情境

学生在本节课中将了解近代以来世界贸易发展情况的相关知识。教科书在归纳梳理商路的基础上，通过对商品所体现的特色文化的介绍，让学生更加客观看待贸易活动在文化交流中所扮演的重要角色。基于此，教师确定了本节课内容的主题，即"文化认同"。同时在整合教材内容以及主题立意的基础上，设置了三个分主题，即"贸易中的商品""商品中的文化""文化中的交流"。商路、贸易与文化交流之间的关系呼应了时代的主题。通过以上主题与分主题的设定，将课程标准的要求转化为课堂教学的聚焦问题，做到了课标问题化。

二、明确教学目标，突破重点难点

教学目标：以时空观念为指导，同时要深入分析教材，做到教材学材化，结合教材中的示意图等理解新航路开辟、早期殖民扩张、两次工业革命以及两次世界大战对洲际贸易扩大以及全球贸易网形成的推动作用；从唯物史观、家国情怀的角度，认识茶、钟表与服饰等商品所体现的文化特色；以唯物史观为指导，思考经济对文化交流的推动作用，了解商品的世界性流动促进了各国的文化交流，各国文化也随同商品贸易不断传播到世界其他地区，文化在不断交流、借鉴中向前发展。

重点：把握近代以来世界贸易发展的基本概况；理解近代以来世界不同时期的贸易特点。

难点：分析全球贸易发展的原因；商品的世界性流动对文化交流国际化的推动作用。

三、设计导入环节，激发学习兴趣

首先，教师给出一段视频：中国姑娘穿汉服走在外国街头，外国人看到后称赞：太美了。

教师紧接着抛出一个问题——"为什么中国的汉服会在海外大受欢迎?"，引发学生的思考和激烈讨论，呼应主题"文化认同"，并让学生带着这个问题开始本节课的学习，迅速融入课堂。导入设计在课堂开始就体现出生生互动、师生互动的原则，为教学的下一步展开打下良好的基础。

四、设置问题链条，落实核心素养

教师在依据课标并整合教材的基础上设计出问题链，并向学生展示问题链，如表 8-11 所示。接着教师引导学生在课堂上依据教师提供的材料以小组合作的形式展开讨论后回答相关问题，展示学习成果。

表 8-11 "文化认同"问题链

主题	分主题	问题链
文化认同	一、贸易中的商品	1. 全球贸易网何时得以形成？
		2. 全球贸易网如何向纵深扩展？
	二、商品中的文化	1. 如何理解"国际贸易的过程伴随着文化的传播"？
		2. 请以茶的传播为例，说明文化互动的意义。
	三、文化中的交流	1. 全球贸易网如何推动文化的多元交流和互动？
		2. 谈谈你对商贸交流与文化交流的认识。

五、小结

本节课主要探讨了近代以来世界贸易与文化交流如何随着全球化进程的加速而不断扩展。随着交通工具的改进、通信技术的发展以及国际政治经济格局的变化，世界贸易和文化交流在近代达到了前所未有的广度和深度。通过学习，学生认识到近代以来世界贸易在人类社会文化交流中的重要地位。我们需要抓住机遇，积极参与全球交流与合作，共同推动人类社会的进步与发展。同时，我们也应关注全球化带来的问题与挑战，努力寻求解决方案，实现全球贸易与文化交流的可持续发展。因此，在未来的全球化进程中，我们需要更加关注文化多样性，推动建立更加公正、包容和可持续的全球贸易体系和文化交流体系。

第十一节 "古代战争与地域文化的演变"教学设计

一、研读课标要求，确定主题情境

战争给人民带来了深重的灾难，使人们流离失所，生灵涂炭，给人类的社会经济带来了深重的灾难，但在客观上造成了不同文化之间的碰撞与交锋。学生通过对本课的学习，主要掌握奴隶时代和封建时代不同区域间的战争与文化交流。本课共两个子目："亚历山大的远征与'希腊化时代'""蒙古西征与东西方交流"。教材内容以东西方两个典型的区域展现了古代战争与地域文化的演变。在历史空间上，亚历山大东征与蒙古西征展现了文明的碰撞；在知识层级上，两个典型的事件共同展现了地域文化演变的基本特征。基于此，教师将本节课的主题确定为"阵痛中的文化重构"。"阵痛"展现战争给人类带来的巨大灾难，"重构"则从长时段分析地域冲突之下的文化交融。为进一步帮助学生理解课堂主旨，开展教学内容，教师在课堂主题的基础之上设置了三个分主题："战争下的文化阵痛""阵痛中的重构""重构中的发展"。在课堂授课的过程中，三个分主题层层递进，逻辑相互关联，有助于回扣课堂主旨，推动教学活动的深化。通过以上主题与分主题的设定，将课程标准的要求转化为课堂教学的聚焦问题，做到了课标问题化。

二、明确教学目标，突破重点难点

教学目标：通过深入分析教材，做到教材学材化，观察地图以及图片，知道奴隶时代和封建时代战争的基本概况，认识地域文化交流的主要表现。学生通过史料研习、问题反思、交流研讨等形式，对影响文化重构的重要因素有一定的认识。学生能够在教材内容和已有知识储备的基础之上，运用唯物史观正确理解古代战争与地域文化演变之间的关系。

重点：亚历山大西征与蒙古远征的影响。

难点：希腊化世界与希腊化时代。

三、设计导入环节，激发学习兴趣

在课堂导入环节，教师以 2014 年希腊北部马其顿地区古墓发掘现场图片为线索，由亚历山大的故事展开本节课的授课。

教师通过图片细节的展示和相关材料的引导，引导学生思考亚历山大的历史贡献，并通过"一个人和一个时代""一个民族和一个帝国"两条线索，引出亚历山大东征和蒙古西征的具体史实，开展本节课的授课。导入设计在课堂开始就体现出生生互动、师生互动的原则，为教学的下一步展开打下良好的基础。

四、设置问题链条，落实核心素养

教师在依据课标并整合教材的基础上设计出问题链，并向学生展示问题链，如表 8-12 所示。接着教师引导学生在课堂上依据教师提供的材料以小组合作的形式展开讨论后回答相关问题、展示学习成果。

表 8-12 "阵痛中的文化重构"问题链

主题	分主题	问题链
阵痛中的文化重构	一、战争下的文化阵痛	1. 亚历山大东征的破坏性有何表现？
		2. 蒙古西征的破坏性有何表现？
		3. 结合教材和所学知识，思考应如何理解战争对文化的破坏？
	二、阵痛中的重构	1. 亚历山大如何推广希腊文化，为何被称为"希腊化时代"？
		2. 蒙古西征是如何影响被征服地区的？
		3. 结合教材和所学知识，谈一谈文化重构需要具备哪些要素。
	三、重构中的发展	1. 被征服地区的文化与希腊文化的碰撞交流有何成果？
		2. 蒙古西征客观上为东西方带来了哪些经济文化的交流？
		3. 结合教材和所学知识，阐释"战争的破坏性"与"文化交融性"之间的关系。

五、小结

"战争的破坏性"与"文化交融性"是古代战争中存在的两个重要主题。受制于生产力的落后，古代地域冲突主要以农耕文明和游牧文明的冲突为主。一方面，游牧文明在征服的过程中学习先进的文化；另一方面，农耕文明也在被征服的过程中实现了文化的重组。本教学设计通过分析亚历山大和蒙古帝国的征服两个典型的特征，帮助学生理解冲突与文化的关系。

第十二节 "近代战争与西方文化的扩张" 教学设计

一、研读课标要求，确定主题情境

学生通过对本课的学习，主要掌握资本主义兴起初期各个主要殖民国家对亚非拉等殖民地文化的冲击与交融。本课共三个子目："独立战争后的美国文化与拉丁美洲文化""拿破仑战争后欧洲文化的重构""欧洲殖民者的文化侵略"。教材内容选取了拉美文化、欧洲文化和亚洲文化作为切入点，展示资本主义兴起时代的文化碰撞与重构。在空间分布上，主要涉及亚非拉等被殖民区域的文化的发展；在知识层级上，本课以西方文化的扩张为线索进一步展示了西方主导下世界的发展趋向。基于此，教师将本节课的主题确定为"重压与重构"。"重压"主要指战争的威胁和殖民者的掠夺，"重构"则反映出西方强势文化影响下殖民地文化的演变。为进一步帮助学生理解课堂主旨，开展教学内容，教师以空间分布为标准，设置了三个分主题："美洲：宗主国的差异""欧洲：拿破仑与启蒙思想""亚非：文化侵略与抵制"。在课堂授课的过程中，三个分主题层层递进，逻辑相互关联，有助于回扣课堂主旨，推动教学活动的深化。通过以上主题与分主题的设定，将课程标准的要求转化为课堂教学的聚焦问题，做到了课标问题化。

二、明确教学目标，突破重点难点

教学目标：通过深入分析教材，做到教材学材化，引导学生观察地图以及图片，知道亚非拉各地区文化重构的主要表现。学生通过史料研习，问题反思，交流研讨等形式，对影响不同地区文化的主要因素有一定的认识。学生能够在教材内容和所学知识的基础之上，运用唯物史观辩证地看待殖民入侵与地区文化的重构。

重点：美洲文化的多元性、欧洲政治文化的重构、亚洲传统与现代的交锋。

难点：欧洲政治文化的重构。

三、设计导入环节，激发学习兴趣

首先，教师呈现自由女神像和拉丁舞两幅图片，并告知学生这分别是北美洲和南美洲重要的文化符号之一，并请学生思考这两幅图分别反映了怎样的文化特征。

通过学生的思考，教师进一步引导学生思考："美洲大陆上为什么会产生两种差异如此之大的文化？"问题情境的创设和启发性问题的设置使学生调动已有知识解决问题，较快地融入课堂。导入设计在课堂开始就体现出生生互动、师生互动的原则，为教学的下一步展开打下良好的基础。

四、设置问题链条，落实核心素养

教师在依据课标并整合教材的基础上设计出问题链，并向学生展示问题链，如表 8-13 所示。接着教师引导学生在课堂上依据教师提供的材料以小组合作的形式展开讨论后回答相关问题，展示学习成果。

表 8-13 "重压与重构"问题链

主题	分主题	问题链
重压与重构	一、美洲：宗主国的差异	1. 独立战争前后的美国文化有何特征？促使这种特征形成的因素有哪些？
		2. 拉丁美洲的文化有何特征？影响这些特征的因素有哪些？
		3. 对比影响美国和拉丁美洲的文化特征的因素，你有何启示？
	二、欧洲：拿破仑与启蒙思想	1. 法国大革命前欧洲文化有何特征？
		2. 拿破仑战争如何重构了欧洲的政治文化？
		3. 欧洲文化的发展反映了怎样的历史发展趋势，应如何理解这一趋势？
	三、亚非：文化侵略与抵制	1. 在西方的殖民侵略中，文化侵略有何表现？
		2. 中国、印度和埃及在西方侵略战争的冲击下，文化发生了怎样的变化？
		3. 结合教材和所学知识，思考战争与文化的关系。

五、小结

新航路开辟和殖民扩张拉近了世界不同区域的距离，也使得近代的战争兼具了全球性。在"文化的碰撞交流"到"文化的交融完善"的时代主题下，各地区的知识分子通过"认知外来文化"和"反思本土文化"两个主要手段，最终形成了具有民族特色的文化。近代战争给亚非拉地区带来了深重的灾难，使其在"阵痛"中重构了被殖民地区的文化。

第十三节 "现代战争与不同文化的碰撞和交流"教学设计

一、研读课标要求，确定主题情境

在第一次世界大战中，殖民宗主国把大量的殖民地人民投入战场。在为宗主国的生存而战的过程中，殖民地人民的民族民主意识进一步觉醒。学生通过对本课的学习，主要掌握在资本主义帝国主义阶段的两次世界大战影响之下，亚非拉民族民主意识的觉醒和世界殖民体系的瓦解过程。本课共三个子目："第一次世界大战与民族民主意识的觉醒""第二次世界大战与世界殖民体系的瓦解""第二次世界大战后新兴民族国家的文化发展"。教材内容重点展现了两次世界大战后殖民地人民文化的重构和新生。基于此，教师将本节课的主题确定为"去掉枷锁后的文化新生"。"枷锁"主要是指殖民宗主国对殖民地的压迫和征服，"文化新生"重点指的是伴随着殖民体系的瓦解和新兴民族国家的独立，亚非拉国家文化所展现出的新气象。为进一步帮助学生理解课堂主旨，开展教学内容，教师设置了三个分主题："抗争：殖民体系开始解体""摆脱：殖民体系的瓦解""新生：文化在融合中复兴"。在课堂授课的过程中，三个分主题层层递进，逻辑相互关联，有助于回扣课堂主旨，推动教学活动的深化。通过以上主题与分主题的设定，将课程标准的要求转化为课堂教学的聚焦问题，做到了课标问题化。

二、明确教学目标，突破重点难点

教学目标：通过深入分析教材，做到教材学材化，引导学生观察地图以及图片，知道两次世界大战对客观上传播进步思想的表现，并概括第一次民族民主运动的高潮出现的特点。学生通过史料研习、问题反思、交流研讨等形式，认识二战后世界殖民体系瓦解的原因，并尝试分析二战后民族民主运动的世界意义。学生能够在教材内容和所学知识的基础之上在唯物史观的指导下理解二战后新兴民族国家的文化复兴。

重点：亚非拉民族民主运动的兴起与高涨、世界殖民体系的瓦解。

难点：新兴民族国家文化的发展。

三、设计导入环节，激发学习兴趣

首先，教师为帮助学生理解，向学生展示第一次世界大战前后的欧洲地图并进行对比，如图 8-3 所示。

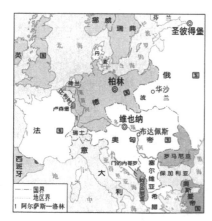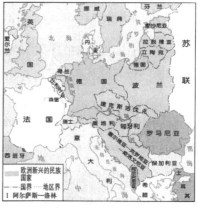

图 8-3　第一次世界大战前后的欧洲地图

第一次世界大战后，沙俄帝国、奥匈帝国、德意志帝国和奥斯曼土耳其帝国相继瓦解，被征服、被压迫地区的人民为争取解放的斗争进行了艰苦卓绝的斗争。教师通过引导学生探寻欧洲版图的变化，引发学生兴趣，启发学生的思考，带着问题开展本节课的教学。导入设计在课堂开始就体现出生生互动、师生互动的原则，为教学的下一步展开打下良好的基础。

四、设置问题链条，落实核心素养

教师在依据课标并整合教材的基础上设计出问题链，并向学生展示问题链，如表 8-14 所示。接着教师引导学生在课堂上依据教师提供的材料以小组合作的形式展开讨论后回答相关问题，展示学习成果。

表 8-14 "去掉枷锁后的文化新生"问题链

主题	分主题	问题链
去掉枷锁后的文化新生	一、抗争：殖民体系开始解体	1. 第一次世界大战客观上传播了哪些进步思想？
		2. 20 世纪第一次民族民主运动的高潮有何特点？
		3. 结合教材和所学知识，如何理解"殖民体系开始解体"这一观点？
	二、摆脱：殖民体系的瓦解	1. 二战后世界殖民体系为何会走向瓦解？
		2. 如何理解二战后民族民主运动的国际意义？
		3. 结合教材和所学知识，谈一谈亚非拉民族民主运动对"文化新生"的推动作用。
	三、新生：文化在融合中复兴	1. 二战后，新兴民族国家的新文化有何特点？
		2. 怎样理解二战后新兴民族国家的文化复兴？

五、小结

两次世界大战给人类的文化带来了破坏，但是也客观上为不同文化的碰撞、交流和重构提供了契机。在教学过程中，通过层层递进的问题，以史料研读和学生讨论为主要方式，帮助学生在情境中认识历史、了解历史，使学生能够运用唯物史观客观的评价近代战争对亚非拉地区所带来的的影响。

第十四节 "文化传承的多种载体及其发展"教学设计

一、研读课标要求，确定主题情境

文化的传承和保护是世界发展过程中一个重要的话题。在早期文明发展的历程中，文化的传承和保护主要靠口头传说和史诗的形式出现。伴随着印刷术等科技的进步，书籍、学校和图书馆博物馆逐渐发展成为文化传承与保护的重要载体。本课内容分为四个子目："学校教育的发展""印刷书的诞生""图书馆的成长""博物馆的建设与发展"。教材分别从基础、技术、内容三个角度阐释的文化传承的重要载体，因此教师将本节课的主题确定为"文化的承载者"，并通过三个分主题来实现课堂主题的深化："一校：传承文化""一术：记载文化""二馆：保存文化"。通过以上主题与分主题的设定，将课程标准的要求转化为课堂教学的聚焦问题，做到了课问题化。

二、明确教学目标，突破重点难点

教学目标：通过深入分析教材，做到教材学材化，引导学生观察地图以及图片，研读史料，从考古、传说、信史等多个角度了解历史上学校教育、留学、书刊出版以及图书馆、博物馆对文化传承和传播中的作用；通过史料研习、问题设置、交流研讨，能够运用唯物史观认识文化遗产保持文化的传承、维护世界文化多样性和创造性具有的重要意义。

重点：文化载体对文化传承的作用。

难点：文化传承的历史意义。

三、设计导入环节，激发学习兴趣

首先，教师利用课本的导言部分北京国子监的琉璃牌坊图片为线索，并展示材料"国子监是元明清三代国家最高学府兼教育行政机构"来引导学生思考学校教育在文化传承、科学研究、人才培养方面发挥的重要作用。

教师通过材料的呈现和问题的设置，引发学生的思考，呼应主题"文化承载者"，并以此为开端开始本节课的学习。导入设计在课堂开始现出生生互动、师生互动的原则，为教学的下一步展开打下良好

四、设置问题链条，落实核心素养

教师在依据课标并整合教材的基础上设计出问题链，并向学生展示问题链，如表8-15所示。接着教师引导学生在课堂上依据教师提供的材料以小组合作的形式展开讨论后回答相关问题，展示学习成果。

表8-15 "文化的承载者"问题链

主题	分主题	问题链
文化的承载者	一、一校：传承文化	1. 古代中国的学校教育有何特点？在文化传播上有何作用？
		2. 近代中国学校教育有何特点，新中国成立后教育为何发展迅速？有何意义？
		3. 西方近代以来的学校教育有何特色？有何作用？
	二、一术：记载文化	1. 印刷书的发展与哪些技术进步关系密切？
		2. 印刷书在文化传承与传播中有何作用？
	三、二馆：保存文化	1. 西方国家的图书馆在文化传承与传播中有何作用？
		2. 中国古代的图书有何文化价值？近代以来的图书馆发挥了怎样的作用？
		3. 博物馆在文化传承与传播中有何作用？

五、小结

文化对于学生而言并不陌生，但真正理解文化的概念不是很容易。通过……留学、印刷书籍以及博物馆等角度，帮助学生梳理东西方文化传……同，阐释文化传承与传播过程中的关键要素和历史意义。课堂主题……于核心素养视角下的"主题+问题链"教学模式，强调师生的共……师在教学中教学技艺得到了提升，学科专业素养得到了发展，……历史学习中培养了创新精神、合作精神以及分析与解决问题的

第十五节 "文化遗产：全人类共同的财富"教学设计

一、研读课标要求，确定主题情境

截至 2019 年 7 月，世界上共有 53 项遗址被列入《濒危世界遗产名录》，如何有效保护全人类共同的财富是世界各国人民面临的共同话题。难以抵御的自然灾害、频频发生的战争以及对资源的过度消耗，使得这些遗产不断遭到破坏。为帮助学生对教材内容有清晰的理解，教师对本节课的教学内容进行资源整合。本课内容共三个子目："文化遗产的保护与利用""《世界遗产公约》""各国的历史遗迹与文化遗产"。基于此，教师将本节课的主题确定为"活动探究视角下的文化遗产"，并通过三个分主题"世界文化遗产的标准""从标准看敦煌石窟""遗产保护的价值"来实现课堂主题的深化。通过以上主题与分主题的设定，将课程标准的要求转化为课堂教学的聚焦问题，做到了课标问题化。

二、明确教学目标，突破重点难点

教学目标：阅读教科书，观察地图以及图片，研读史料，从考古、传说、信史等多个角度了解历史上学校教育、留学、书刊出版以及图书馆、博物馆对文化传承和传播的作用；同时要深入分析教材，做到教材学材化，通过史料研习、问题设置、交流研讨，能够运用唯物史观认识文化遗产保持文化的传承、维护世界文化多样性和创造性具有的重要意义。

重点：文化载体对文化传承的作用。

难点：文化传承的历史意义。

三、设计导入环节，激发学习兴趣

首先，教师展现图片《西方殖民者对莫高窟的破坏》，引导学生思考"为什么莫高窟会被破坏""应该如何避免这种破坏""有没有更好的方法来保护莫高窟""为什么要保护莫高窟"一系列的问题。

莫高窟是中华民族重要的文化遗产，学生从已有知识出发解决教师所提出的问题。在学生解决问题的过程中，也就涉及本节课教学的主旨——文化遗产的标准及保护的原则。以莫高窟图片为导入开展教学调动了学生的学习积极性，照顾到了不同层次学生的知识层级，有助于课堂教学的顺利展开。导入设计在课堂开始就体现出生生互动、师生互动的原则，为教学的下一步展开打下良好的基础。

四、设置问题链条，落实核心素养

教师在依据课标并整合教材的基础上设计出问题链，并向学生展示问题链，如表 8-16 所示。接着教师引导学生在课堂上依据教师提供的材料以小组合作的形式展开讨论后回答相关问题，展示学习成果。

表 8-16 "活动探究视角下的文化遗产"问题链

主题	分主题	问题链
活动探究视角下的文化遗产	一、世界文化遗产的标准	1. 世界文化遗产的标准是什么，应如何进行分类？
		2. 为何要开展文化遗产保护？
	二、从标准看敦煌石窟	1. 敦煌石窟属于哪一类遗产？
		2. 敦煌石窟承载了哪些文化？
		3. 如何更好地对敦煌石窟进行保护利用？
	三、遗产保护的价值	1. 遗产的保护有何意义？
		2. 关于世界文化遗产的保护，给我们什么启示？

五、小结

莫高窟是中国文化遗产保护中典型的文化符号。本节课通过莫高窟的保护和修建，引导学生认识到文物保护的基本原则和方法，阐释了世界文化遗产保护的重大意义。课堂主题的设计立足于核心素养视角下的"主题+问题链"教学模式，强调师生的共同参与，旨在提高学生史料应用分析能力和综合性思维、批判性思维及创新性思维能力。